Weltweit investieren mit Fonds

Gerd Kommer studierte Politikwissenschaft, Germanistik und Betriebswirtschaftslehre in Deutschland und den USA. Er ist heute im internationalen Firmenkundengeschäft einer großen deutschen Bank in München tätig. Zu seinen bisherigen Veröffentlichungen gehören *Cleveres Banking. Profi-Know-how für Klein- und mittelständische Unternehmen* (1999) sowie *Indexfonds und -zertifikate für Einsteiger. Gewinnen mit der genial einfachen Anlagestrategie der Profis* (Campus 2000).

Gerd Kommer

Weltweit investieren mit Fonds

Wie Sie Ihre Gewinne erhöhen und
Ihr Risiko senken können

Campus Verlag
Frankfurt/New York

Lektorat: Jan W. Haas, Berlin

Die Deutsche Bibliothek – CIP-Einheitsaufnahme

Ein Titeldatensatz für diese Publikation ist bei
der Deutschen Bibliothek erhältlich
ISBN 3-593-36711-4

Copyright © 2001 Campus Verlag GmbH, Frankfurt/Main
Umschlaggestaltung: Guido Klütsch, Köln
Umschlagmotiv: © Getty Images
Satz: TypoForum GmbH, Nassau
Druck und Bindung: Druckhaus Beltz, Hemsbach
Gedruckt auf säurefreiem und chlorfrei gebleichtem Papier.
Printed in Germany

Besuchen Sie uns im Internet: www.campus.de

Inhalt

1
Einleitung

>»Geld allein macht nicht glücklich.
>Es muss einem auch gehören.«
>Graffito an einer Münchner Häuserwand

Stellen Sie sich vor, Sie wären vor zehn Jahren auf eine Südseeinsel ausgewandert und genössen seitdem dort Ihr Aussteigerleben. An einem schönen Frühlingsmorgen weckt Sie nun ausnahmsweise nicht das Rauschen der Brandung, sondern der Anruf eines nahen Verwandten aus Deutschland. Er berichtet aufgeregt, Ihr wohlhabender Onkel sei gestorben, und auch Sie hätten einen größeren Geldbetrag geerbt. Da Sie diesen Onkel kaum persönlich kannten, trifft Sie sein Verscheiden nicht allzu sehr. In den folgenden Tagen beginnen Sie darüber nachzudenken, wie Sie diesen Geldbetrag, den Sie zum Leben in den nächsten Jahren nicht brauchen werden, anlegen könnten. Ihre Zielkriterien: langfristig, sicher und möglichst profitabel. Direktanlagen in Aktien kommen nicht in Frage, da Ihnen Einzelinvestments zu zeitaufwendig und risikoträchtig sind. Viel attraktiver erscheint ihnen daher eine Fondsanlage.

Als langjähriger Südseebewohner werden Sie Ihr Augenmerk in dieser Situation wohl weder ausschließlich auf Südsee-Investmentfonds noch allein auf deutsche Fonds richten. Vielmehr ist anzunehmen, dass Sie die am besten für Ihre Zwecke geeigneten Investmentfonds *weltweit* suchen würden – gleichgültig also, wo auf dem Globus die Anlageschwerpunkte dieser Fonds lägen, vorausgesetzt nur, die Fonds böten die bestmögliche Kombination aus Sicherheit und Ertrag.

Mit einer solchen »global orientierten« Anlegereinstellung lägen Sie richtig, denn nichts anderes empfiehlt die Finanzwissenschaft jedem Anleger, sei er nun Deutscher, Amerikaner, Japaner, Hawaiianer oder Neuseeländer, und zwar unabhängig davon, ob sein Vermögen klein oder groß ist. Doch die Praxis der Kapitalanlage in Deutschland sieht anders aus.

Über 95 Prozent des weltweiten Aktienkapitals (im Börsendeutsch »Marktkapitalisierung«) befindet sich *außerhalb* Deutschlands, rund 74 Prozent außerhalb der Europäischen Union. Bei festverzinslichen Wertpapieren ist das Ungleichgewicht zu Lasten Deutschlands und Westeuropas noch größer. Dennoch investieren die Deutschen – das haben statistische Untersuchungen gezeigt – fast ausschließlich in deutsche oder westeuropäische Aktien und Fonds. In dieser Hinsicht sind wir noch immer »Kirchturmpolitiker« – trotz Globalisierung und zunehmender Nutzung des Internets.

Aber warum eigentlich sollte ein deutscher (oder auch österreichischer oder Schweizer) Privatanleger bei seinen Anlageentscheidungen über die Grenzen Westeuropas hinausgehen? Mit dieser Frage werden wir uns im Folgenden ausführlich beschäftigen, an dieser Stelle mögen daher einige Schlaglichter genügen:

▸ Die weltweit höchsten langfristigen Durchschnittsrenditen für Aktien sind – trotz gewaltiger Kursrückgänge zwischen Mitte 1997 und Ende 1999 – in den Aktienmärkten der Schwellenländer Osteuropas, Ost- und Südostasiens sowie Lateinamerikas zu erzielen, und in den zurückliegenden 30 Jahren wiesen *alle* bedeutenden Aktienmärkte der Welt, einschließlich Japans, höhere durchschnittliche Jahresrenditen als der deutsche Markt auf (gemessen am Index MSCI-Deutschland).

▸ Mit Hilfe theoretisch komplexer, aber praktisch einfach umzusetzender Regeln für die weltweite Streuung von Investmentanlagen lässt sich – gegenüber einem auf Westeuropa konzentrierten Depot – die Rendite eines internationalen Depots erhöhen und *gleichzeitig* das Risiko senken. Das heißt, ein richtig diversifiziertes[1] Depot weist bei höheren Renditen ein niedrigeres Risiko (gemessen an der Gefahr negativer Wertschwankungen) auf als ein gering diversifiziertes Depot. Mehr kann sich ein Anleger eigentlich nicht wünschen.

Wenn also globale Streuung von Aktien- und Fondsanlagen so klare Vorteile hat, warum ist sie in Deutschland noch derart unbeliebt? Welche Gründe hat der statistisch belegte, krasse Mangel an Diversifikation in den Wertpapierdepots deutscher Privatanleger?

▶ Die große Mehrzahl der Privatanleger überschätzt systematisch die Risiken internationaler Fondsanlagen und ist über die enormen Rendite- und Risikovorteile einer einfachen, aber systematischen Diversifizierung nicht richtig informiert.

▶ Privatanleger nehmen fälschlich an, dass sich bei kleinen Anlagebeträgen von beispielsweise 10 000 Euro internationale Diversifizierung »nicht lohne« oder nicht durchführbar sei.

▶ Viele Privatanleger spüren ein Unbehagen bei internationalen Anlagen, da ihre Kenntnisse über ausländische Unternehmen und Marktstrukturen, zum Beispiel in Japan, Osteuropa und Lateinamerika, im Vergleich zu ihrem Wissen über den deutschen Markt gering sind. Dieses Unbehagen wurde noch durch die erwähnten Kursrückgänge in den Schwellenländern zwischen 1997 und 1999 verstärkt.

▶ Die inzwischen weithin bekannte Tatsache, dass es 90 Prozent und mehr aller Investmentfonds Jahr für Jahr nicht gelingt, ihren Vergleichsindex zu schlagen, trägt ebenfalls zur Abschreckung gegenüber internationalen Anlagen bei, denn die Gefahr, ohne Sachkenntnis den falschen Fonds zu wählen, scheint bei Auslandsfonds besonders hoch zu sein.

▶ Auch werden viele Anleger von den zumeist höheren Kosten (Ausgabeaufschlag, Verwaltungsgebühr) internationaler Investmentfonds abgeschreckt.

▶ Die meisten Wertpapier- und Anlageberater bei den Banken tragen – aus Mangel an Fachwissen, Zeit und wegen einseitiger Verkaufsvorgaben – kaum dazu bei, ihre Kunden sachgerecht über die erstaunlichen Vorteile internationaler Anlagen aufzuklären. Stattdessen empfehlen sie einfache, konzerneigene »Hausprodukte«, an denen die jeweilige Bank ebensogut wie an internationalen Fonds verdient, allerdings bei deutlich niedrigerem Beratungsaufwand.

Mit *Weltweit investieren mit Fonds* führen wir Sie ein für alle Mal aus dieser Rendite- und Risikomisere heraus, und zwar indem wir zeigen:

▸ wie bemerkenswert groß die Vorzüge internationaler Anlagen in Bezug auf Renditesteigerung und Risikoreduktion sind.

▸ warum diese Vorteile bestehen. Dabei lernen Sie – in für Nichtfachleute verständlicher Form – einige der faszinierendsten Erkenntnisse der Modernen Portfoliotheorie (MPT) kennen. Die MPT ist die einzige wissenschaftlich unstrittige Theorie der Vermögensanlage. Für Beiträge zu dieser Theorie wurden inzwischen fünf Wirtschaftsnobelpreise vergeben.

▸ wie man die grundsätzlichen Vorteile internationaler Fondsanlagen für sich persönlich nutzt, indem man – je nach persönlicher Risikoneigung und individuellem Anlagehorizont – eines von neun einfach strukturierten Musterportfolios verwendet. Besonderes Augenmerk legen wir dabei auf die Bedürfnisse der »echten« Kleinanleger, also solcher Anleger, die weniger als 20 000 Euro einmalig und/oder nur 100 Euro pro Monat anlegen können.

▸ worauf man bei der Auswahl konkreter Fonds besonders achten muss. Hierbei zeigen wir, dass und warum die von den meisten Anlegerzeitschriften, Bankberatern und Buchautoren in den Vordergrund gestellte Kriterien wie »historische Rendite« oder »Renommee der Fondsgesellschaft« gegenüber den anderen, entscheidenden Kriterien annähernd bedeutungslos, ja irreführend sind. Für jede Anlagekategorie (Asset-Klasse) in den neun vorgestellten Musterportfolios nennen wir mindestens vier empfehlenswerte Fonds (insgesamt 80 Fonds plus Wertpapierkennnummer) einschließlich der günstigsten Bezugsquellen.

Dieses Buch leistet aber noch einiges mehr:

▸ Wir decken die häufigsten Fehler von Anlegern auf und zeigen, warum diese Fehler immer und immer wieder begangen werden.

▸ Für einen möglichen Börsencrash, wie er – je nach Definition – durchschnittlich etwa alle 15 Jahre stattfindet, geben wir ganz konkrete Verhaltensempfehlungen.

▸ Und schließlich gehen wir intensiv auf die neuen heimlichen Stars der Fondsbranche ein: Indexfonds sowie die mit ihnen gut vergleichbaren Alternativen der Indexaktien und Indexzertifikate.

Diese Produkte sind vor allem für Fondsanleger, die einen geringen Zeitaufwand schätzen, ideal.

Nach der Lektüre dieses Buches werden Sie in der Lage sein, Ihr Depot im Hinblick auf ein bestmögliches Verhältnis von Rendite und Risiko mit nationalen und internationalen Investmentfonds optimal zu strukturieren – gleichgültig, ob dieses Portfolio 5 000 Euro oder zwei Millionen Euro »schwer« ist. Sie werden »Facts and Fiction« in Fonds-prospekten, in der Bankenwerbung, der Berichterstattung der Anle-germagazine und in den »herrschenden Meinungen« über Geldanlage unterscheiden können. Und Sie werden in der Lage sein, das einzige Anlagesystem mit dem »TÜV-Siegel« der Finanzwissenschaft für sich anwenden zu können, die *Moderne Portfoliotheorie*. Dieses Buch wird die langfristige Rendite Ihrer Geldanlagen erhöhen und Ihren Zeitaufwand für die Pflege dieser Anlagen reduzieren. (Fast) garan-tiert.

Hinweise für den Leser

Der Verzicht auf weibliche Substantivformen in diesem Buch erfolgt allein im Interesse der Lesbarkeit des Textes und ist im Übrigen ohne Bedeutung.

Alle Zitate aus der englischsprachigen Literatur wurden ins Deut-sche übersetzt, ohne dies jeweils gesondert zu vermerken.

Investieren heißt immer auch Risiken übernehmen. Wertpapieran-lagen sind mit Verlustgefahren verbunden. Autor und Verlag können daher keine Haftung für Schäden übernehmen, die aus der Befolgung der in diesem Buch gegebenen Empfehlungen resultieren.

Anregungen und Kritik zu diesem Buch nehmen Verlag und Autor gerne entgegen. Bitte wenden Sie sich dazu an den Campus Verlag oder senden Sie dem Autor eine E-Mail: *gerd_kommer@hotmail.com*. Weitere Informationen zu internationalen Fondsanlagen finden Sie auf der Website www.indexinvestments.de, an deren Entwicklung der Autor mitgewirkt hat.

2
Warum überhaupt international investieren?

»Die simple Wahrheit ist, dass die bei weitem höchsten
langfristigen Gesamtrenditen für Aktienanlagen heutzutage
in den Märkten der Schwellenländer zu erzielen sind.«

Burton Malkiel, Finanzwissenschaftler und Bestsellerautor

Die Frage nach den Vorteilen einer internationalen Anlage lässt sich in einem einfachen Satz beantworten: International gestreute (diversifizierte) Portfolios erwirtschaften höhere Renditen als rein deutsche oder rein westeuropäische Depots, und das – sofern man es richtig anstellt – sogar bei vermindertem Risiko. In dieser Hinsicht kommt ein sorgfältig diversifiziertes internationales Portfolio also der sprichwörtlichen »eierlegenden Wollmilchsau« nahe.

2.1 Die Überlegenheit internationaler Aktienmärkte gegenüber Deutschland

Um den Nutzen internationaler Aktienanlagen zu erkennen, lohnt es sich, einen kurzen Blick auf die historische Entwicklung einiger wichtiger Aktienmärkte zu werfen (Tabelle 1). Wir betrachten hierbei den Zeitraum von 1970 bis 1999.

Aus der Tabelle lassen sich die folgenden drei Aussagen ableiten:

1. *Der deutsche Aktienmarkt weist eine im internationalen Vergleich relativ schwache Langfristrendite auf.*
   Der Weltaktienmarkt, der US-Markt und der Hongkonger Markt übertrafen in den untersuchten 30 Jahren den deutschen Markt beträchtlich. Selbst der japanische Aktienmarkt, der zwischen 1990 und 1998 eine geradezu katastrophale Wertentwicklung

Tabelle 1: Entwicklung ausgewählter internationaler Aktienmärkte von 1970 bis 1999
(in lokaler Währung)

Jahr	MSCI Deutschland	S&P 500 USA	MSCI Japan	MSCI Hongkong	MSCI World*
1970	−23,8%	4,0%	11,4%	45,4%	−2,0%
1971	11,5%	14,3%	35,5%	64,8%	19,6%
1972	16,0%	19,0%	117,1%	164,3%	23,6%
1973	−19,4%	−14,7%	−25,9%	−45,8%	−14,5%
1974	4,4%	−26,5%	−9,4%	−58,5%	−24,5%
1975	41,6%	37,2%	21,7%	118,0%	34,5%
1976	−3,9%	23,8%	20,8%	30,5%	14,7%
1977	12,2%	−7,2%	−5,0%	−12,4%	2,0%
1978	8,3%	6,6%	24,3%	23,2%	18,2%
1979	−9,2%	18,4%	8,6%	88,6%	12,7%
1980	1,7%	32,4%	10,7%	79,7%	27,7%
1981	2,7%	−4,9%	25,2%	−6,9%	−3,3%
1982	16,9%	21,4%	6,3%	−36,5%	11,3%
1983	42,0%	22,5%	23,1%	16,7%	23,3%
1984	9,6%	6,3%	27,1%	47,8%	5,8%
1985	84,4%	32,2%	14,6%	51,4%	41,8%
1986	7,2%	18,5%	59,0%	55,9%	42,8%
1987	−38,4%	5,2%	8,8%	−4,5%	16,8%
1988	36,3%	16,8%	39,7%	28,9%	24,0%
1989	40,2%	31,5%	17,7%	8,4%	17,2%
1990	−19,3%	−3,2%	−39,5%	9,1%	−16,5%
1991	10,4%	30,6%	0,3%	49,2%	19,0%
1992	−3,9%	7,7%	−21,4%	31,6%	−4,7%
1993	46,2%	10,0%	12,4%	116,3%	23,3%
1994	−6,2%	1,3%	8,7%	−28,8%	5,6%
1995	8,0%	37,4%	4,3%	22,5%	21,3%
1996	22,9%	23,1%	−4,8%	33,1%	14,0%
1997	45,9%	33,4%	−14,4%	−23,2%	16,2%
1998	20,2%	28,6%	−8,7%	−2,9%	24,8%
1999	41,2%	40,0%	46,8%	55,4%	28,1%

Jahr	MSCI Deutsch-land	S&P 500 USA	MSCI Japan	MSCI Hong-kong	MSCI World*
Geometrischer Durchschnitt**	10,7%	14,3%	10,6%	20,9%	12,9%
Arithmetischer Durchschnitt	13,5%	15,5%	13,8%	30,7%	14,1%
Höchster Jahreswert	84,4%	40,0%	117,1%	164,3%	42,8%
Niedrigster Jahreswert	−38,4%	−26,5%	−39,5%	−58,5%	−24,5%
Standard-abweichung	25,2%	16,3%	28,4%	49,6%	15,8%
Einfaches Sharpe-Ratio	0,54	0,95	0,49	0,62	0,89

Quelle: Morgan Stanley Capital International. Bei den Länderindizes handelt es sich um die entsprechenden MSCI-Regionalindizes bzw. – im Falle der USA – um den S&P 500.

* Der MSCI-World-Index spiegelt die Entwicklung fast des gesamten Weltaktienmarktes wider. Der Index repräsentiert etwa 1000 Standardwerte aus den 22 größten nationalen Aktienmärkten, darunter allerdings nur zwei Schwellenländer (Hongkong, Singapur). Obwohl die rund 20 weiteren Schwellenländer fehlen, umfassen die in dem Index berücksichtigten Länder (nicht der Index selbst) etwa 90% der Weltmarktkapitalisierung.

** Erläuterungen zur wichtigen Unterscheidung zwischen dem geometrischen Durchschnitt und dem arithmetischen Durchschnitt finden sich in Abschnitt 3.1.1; ebenso eine Erläuterung zur Standardabweichung als dem gebräuchlichsten Risikomaß.

erlebte, lag über den Gesamtzeitraum von 30 Jahren gemessen mit dem deutschen Aktienmarkt praktisch gleichauf. Wegen des Zinseszinseffektes wirken sich auch relativ kleine prozentuale Renditeunterschiede langfristig stark auf den Wertzuwachs eines Portfolios aus. Ein grob am MSCI-World-Index ausgerichtetes »Weltportfolio« (wie wir es in Abschnitt 4.3 vorstellen) hätte – bei einem Anfangsinvestment von 10000 Euro – nach 30 Jahren einen Wert von 381000 Euro erreicht, ein rein deutsches Portfolio dagegen hätte einen Wert von nur 211000 Euro erzielt. Noch dramatischer wäre der Renditevorsprung des Weltportfolios auf der Basis einer monatlichen Anlage von 100 Euro (Fondssparen) nach 30 Jahren ausgefallen. Das Weltportfolio hätte einen Wert von 437 000 Euro erreicht, das Dax-Portfolio dagegen wäre mit nur 263 000 Euro aus dem Rennen gegangen.

Auch wenn man über die in der Tabelle aufgeführten Aktienmärkte hinausginge: In den drei Jahrzehnten seit 1970 stand der deutsche Aktienmarkt unter den 21 entwickelten Aktienmärkten der Welt hinsichtlich der Jahresperformance nur ein einziges Mal an der Tabellenspitze. Auch bei kurzfristiger Betrachtung sähe das Bild nicht anders aus: Von 1990 bis 1999 lag der deutsche Aktienmarkt im unteren Drittel der etwa 50 nationalen Aktienmärkte. Unter den zehn rentabelsten Aktienmärkten in diesen zehn Jahren befanden sich acht der als Emerging Markets bezeichneten Länder – und dies trotz der Emerging-Markets-Krise von 1997 bis Ende 1999.

2. *Auch hinsichtlich des Risikos von Wertschwankungen (gemessen in Form der Standardabweichung) schneidet der deutsche Aktienmarkt gegenüber den Vergleichsmärkten langfristig nicht besonders gut ab.*
Nur Japan und Hongkong weisen eine höhere Schwankungsintensität (man könnte auch salopp sagen: einen höheren »Zitterfaktor«) auf. Der amerikanische und der Weltaktienmarkt sind dagegen mit einem um rund ein Drittel geringeren Risiko behaftet als der deutsche Markt. Das Wertschwankungsrisiko des MSCI-World-Index ist um 40 % kleiner als das des Dax (15,8 % Standardabweichung gegenüber 25,3 %). Mit einem global diversifizierten Portfolio kann somit – gegenüber einem rein deutschen oder europäischen Portfolio – die Rendite erhöht und *gleichzeitig* das Risiko gesenkt werden. Man kann also sagen, dass Auslandsmärkte zusammengenommen – entgegen der landläufigen Meinung – vielfach sogar ein *geringeres* Risiko als der deutsche Aktienmarkt aufweisen.

Auf dem jährlich veröffentlichen Index der »ökonomischen Freiheit« der französischen INSEAD-Business-School[2] befindet sich Deutschland seit Jahren nicht einmal mehr unter den ersten zehn Ländern. Gerade dieser Index weist jedoch eine hohe positive Korrelation zur nationalen Aktienmarktperformance auf.

3. *Schließlich landet Deutschland auch bezüglich des »Sharpe-Ratios« unter den fünf untersuchten Märkten nur an vierter Stelle.* Das so genannte Sharpe-Ratio, eine »risikoadjustierte« (risikogewichtete) Renditekennzahl, drückt die Rendite bezogen auf ein Prozent Standardabweichung aus und erlaubt somit den Renditevergleich von Portfolios mit unterschiedlichen Risiken. Daher ist das Sharpe-Ratio ein in vielerlei Hinsicht objektiveres Vergleichskriterium als Rendite oder Standardabweichung (Volatilität) allein (mehr zum Sharpe-Ratio in Abschnitt 3.1).

Summa summarum können wir festhalten: Im internationalen Vergleich ist der deutsche Aktienmarkt nur »drittklassig«. Mit einem einfach strukturierten, international ausgerichteten »Weltportfolio«, wie wir es in Kapitel 4 vorstellen werden, lassen sich langfristig bei geringerem Risiko höhere Renditen erzielen. Diese Chance sollte jeder Anleger nutzen.

Mancher Leser wird Bedenken gegen unser Fazit anmelden. Einwand Nr. 1: Die oben angeführte Tabelle zeige ja »nur« Daten aus der Vergangenheit; wer garantiere, dass die Verhältnisse und Strukturen auch in der Zukunft so bestehenblieben? Antwort: niemand. Und in der Tat werden in vielen Analysen historische Datenreihen ganz und gar unkritisch in die Zukunft fortgeschrieben – ein Problem, auf das wir in diesem Buch noch mehrmals zu sprechen kommen werden. Dennoch ist die Orientierung an der Vergangenheit hier aus den folgenden Gründen zulässig: Es geht uns nur um die Ableitung grober Trendaussagen, wir beziehen uns auf einen sehr langen historischen Zeitraum, und schließlich dürfte es kaum eine bessere Alternative zu dieser Vorgehensweise geben. Im Übrigen gibt es gute Argumente dafür, dass der Renditeabstand zwischen den deutschen und den Schwellenländerbörsen bestehen bleibt, wie wir gleich sehen werden. Einwand Nr. 2: Die Renditen in der Tabelle seien in lokaler Währung angegeben, für einen deutschen Anleger seien jedoch in D-Mark bzw. Euro gemessene Renditen maßgeblich. Ebenfalls ein an sich korrekter Einwand. Allerdings: Die Kennzahlen am Fuß von Tabelle 1 würden auch in D-Mark oder Euro gemessen nicht wesentlich anders aussehen (die Auslandsrenditen wären tendenziell sogar noch etwas höher). Ferner würde die Berücksichtigung von Währungseinflüssen die Übertragbarkeit dieser Zahlen auf die Zukunft wohl eher beeinträchtigen. Und schließlich soll dieses Buch auch für nicht in Deutschland ansässige Anleger nutzbar sein, wozu sich Zahlenreihen in lokaler Währung besser eignen. Etwas ausführlicher behandeln wir die hiermit in Zusammenhang stehende Frage der Wechselkurssicherung bei internationalen Fonds in Abschnitt 6.6.

2.2 Warum die Schwellenländerbörsen den deutschen Aktienmarkt auch künftig schlagen werden

> »Gelegentlich gibt es Sicherheit
> an den gefährlichsten Orten.«
> Chinesisches Sprichwort

Fünfundachtzig Prozent der Weltbevölkerung in etwa 195 Staaten leben außerhalb der 22 Länder mit entwickelten Aktienmärkten. Von diesen 195 Staaten besitzen nur etwa 35 Schwellenländer[3] das, was man gemeinhin als einen gering entwickelten Aktienmarkt bezeichnet. Diese Volkswirtschaften – sowohl diejenigen, die bereits Aktienmärkte besitzen, als auch diejenigen, in denen das noch nicht der Fall ist – haben im Ganzen und langfristig betrachtet höhere wirtschaftliche Wachstumsraten zu erwarten als die bereits hoch entwickelten Volkswirtschaften des Westens, und auf lange Sicht ist das volkswirtschaftliche Wachstum die wichtigste einzelne Einflussgröße auf die Gesamtrendite der Aktienmärkte.

Die Erwartung höherer künftiger Wachstumsraten für die Gruppe der etwa 35 Schwellenländer stützt sich vor allem darauf, dass für viele Einflussfaktoren auf das volkswirtschaftliche Entwicklungspotenzial dieser Länder eine günstige Entwicklung prognostiziert wird. Das heißt zwar im Umkehrschluss, dass die jetzige Lage dieser Länder nicht immer zufriedenstellend ist, doch kann man zweifellos von positiven Trends sprechen. Diese Trends gelten nicht für jedes einzelne Land und auch nicht für jedes einzelne Jahr, sie liegen aber unzweifelhaft vor, wenn man die Gruppe der Schwellenländer als Ganzes in Drei- bis Fünfjahresintervallen seit etwa 1980 betrachtet. Bei einer solchen Betrachtung lassen sich folgende wachstumsfördernde Entwicklungen beobachten:

▶ steigendes Bildungsniveau;
▶ eine Stärkung marktwirtschaftlicher Elemente in der Volkswirtschaft durch Deregulierung, Privatisierung und Steuersenkungen bei gleichzeitigem tendenziellen Abbau der Staatsverschuldung;
▶ eine Verbesserung des Rechtsstaatlichkeitsprinzips und der Demokratie;
▶ ein leichter Rückgang des Bevölkerungswachstums und allmähliche Fortschritte bei der medizinischen Versorgung, gepaart mit einer leichten Erhöhung der statistischen Lebenserwartungen;
▶ anhaltend niedrige Kosten für viele Produktionsfaktoren (z.B. Löhne, Immobilienpreise, Rohstoffe);
▶ geringere Umweltauflagen;
▶ geringere Kosten der Alterssicherung, da die Bevölkerung im Durchschnitt jünger ist als in den Industrieländern;
▶ eine Zunahme der ausländischen Direktinvestitionen (Kapitalimport);
▶ geringere Kosten für Forschung und Entwicklung, denn vielfach wird die Entwicklung kostensenkender Technologien in den Industrieländern finanziert und diese danach in den Schwellenländern eingesetzt;
▶ ein durchschnittlich deutlich niedriger bewerteter Aktienmarkt als in den Industrieländern und damit mittel- und langfristig höhere Wertsteigerungschancen. So betrug das durchschnittliche Kurs-Gewinn-Verhältnis (ein gängiger Maßstab für die Bewertung einer Aktie oder eines Aktienmarktes) der 20 größten Schwellenländer Mitte 2000 11,9 gegenüber 24,4 für die 22 größten Aktienmärkte der Industrieländer (nach Marktkapitalisierung gewichteter Durchschnitt).

Eines der ehernen Gesetze der Ökonomie ist die zwingende Abhängigkeit von Rendite und Risiko. Mehr Rendite lässt sich bei einzelnen Investments nur durch Inkaufnahme eines höheren Risikos erreichen.

Tabelle 1 unterstreicht das deutlich. Der Aktienmarkt von Hongkong wies über die dargestellten 30 Jahre hinweg zwar die beste Performance auf, aber zugleich auch das höchste Risiko. Da jedoch Schwellenländer tatsächlich mit höheren Investitionsrisiken behaftet sind als entwickelte Länder, muss zwangsläufig auch die langfristige Rendite ihrer Aktienmärkte höher liegen; andernfalls würde niemand in diese Märkte investieren. Dieses höhere Risiko wird unter anderem bedingt durch folgende Faktoren (die jeweils nicht für jedes einzelne Schwellenland zutreffen müssen):

▸ höhere und volatilere Zinsen als in den Industrieländern, höhere Inflationsraten;
▸ volatile Wechselkurse, oft verbunden mit langfristiger Abwertungstendenz der heimischen Währung gegenüber den Hartwährungen;
▸ geringe Liquidität der Wertpapiermärkte;
▸ höhere Staatsverschuldung;
▸ politische Instabilität, religiöser Fundamentalismus, Korruption, Mangel an Rechtsstaatlichkeit und Demokratie;
▸ niedriges Bildungsniveau verknüpft mit unterentwickeltem Bildungswesen (Schulsystem, Universitäten, Berufsausbildung);
▸ unterentwickeltes Gesundheitssystem.

Nicht trotz, sondern wegen dieser unbestrittenen Risiken zeigten die Schwellenländermärkte in der Vergangenheit eine höhere Performance als die entwickelten Länder. Die mit diesen höheren Renditen einhergehenden größeren Schwankungen können – und das ist eine der Kernaussagen dieses Buches – durch die richtige Zusammenstellung eines weltweit differenzierten Portfolios größtenteils beseitigt werden. Konkret heißt das: Durch die »Vermischung« unterschiedlicher Einzelrisiken in einem Portfolio ist es möglich, dessen Gesamtrisiko *unter* den gewichteten Durchschnitt der Einzelrisiken zu senken – und das, ohne dafür Rendite aufgeben zu müssen! Ein nur scheinbarer Widerspruch zum zitierten ehernen Gesetz der Ökonomie, der unentrinnbaren Kopplung von Risiko und Rendite.

Am Ende dieses Kapitels sei mit einem Augenzwinkern angemerkt, dass die Aufteilung der Welt in entwickelte, weniger entwickelte und kaum entwickelte Volkswirtschaften nicht in Stein gemeißelt ist: ein Gedanke, den man auch als langfristig orientierter Anleger im Hinterkopf behalten sollte. Vor gut 100 Jahren waren die USA das, was man heute ein Emerging-Market-Land nennen würde. Zu dieser Zeit war Großbritannien die mit Abstand größte und reichste Volkswirtschaft der Welt. Heute liegt Großbritannien – gemessen am Pro-Kopf-Einkommen oder der absoluten Größe seiner Volkswirtschaft – nicht einmal mehr unter den ersten zehn Staaten weltweit. Seine verblichene Führungsrolle nimmt nun das ehemalige Schwellenland USA ein. Hätten Ihre Urgroßeltern im Jahr 1900 für insgesamt 100 Dollar verschiedene amerikanische Aktien gekauft, besäßen Sie als Urenkel heute 12,7 Millionen Dollar oder knapp 27 Millionen DM.[4] Nicht übel, oder?

2.3 Warum Investmentfonds gegenüber Einzelanlagen in Aktien überlegen sind

> »Ab und zu kaufe ich auch einzelne Aktien,
> allerdings strikt zum Spaß.«
> *Merton Miller*, Wirtschaftsnobelpreisträger

Es sollte nicht schwer sein, die Leser dieses Buches davon zu überzeugen, dass Investments in Einzelwerte (Aktien, Renten) nur den wenigsten Privatanlegern zu empfehlen sind. Letztlich spricht für Einzelinvestments nur ein einziger Grund: dass sie manchen Anlegern schlicht mehr Spaß machen. Für viele Menschen sind Geldanlagen nicht nur ein notwendiges Übel im Rahmen der langfristigen Vermögensbildung und Altersvorsorge, sondern ein echtes Hobby. Da geht es um Geld, um prominente Stars (Super-Fondsmanager und Börsengurus), um Geheimtipps und Gerüchte, um ökonomische Trends, schnelle Gewinne und Verluste und um Risiko. Mancher braucht diesen Kick, den Investmentfonds und ganz besonders eine passive Anlagestrategie mit Indexanlagen nicht bieten können. Passives Investieren – schon der Name sagt es – ist im Vergleich zu aktivem Anlegen in

Einzelwerten dröge und taugt auch nicht für »heiße Storys« in der Firmencafeteria oder bei Cocktailpartys. Doch von diesem nicht ganz seriösen Unterhaltungswert-Argument einmal abgesehen, spricht alle ökonomische Vernunft *gegen* Einzelanlagen durch Privatanleger, und alle rationalen Argumente sprechen *für* Investmentfonds oder Indexzertifikate. Welche Argumente sind das?

Renditevorteile: Kein deutscher Anleger (genau genommen überhaupt niemand) ist auch nur annähernd in der Lage, die etwa 70 000 Einzelaktientitel in den gut 50 nationalen Aktienmärkten der Welt zu überblicken. Selbst unter optimistischen Annahmen kann ein deutscher Anleger allenfalls einen kleinen Teil der deutschen, europäischen und amerikanischen Aktien kennen. Sich nur in diesen Märkten zu bewegen wäre somit eine selbst auferlegte, aber dennoch willkürliche und vor allem renditesenkende Beschränkung des Investmentuniversums. Den deutlichen Renditevorteil internationaler Anlagen, insbesondere auch in den Emerging Markets, gilt es zu nutzen; das aber ist für Privatanleger in der Praxis nur mit Fonds möglich.

Risikobegrenzung: Auch hier besitzt globale Diversifizierung, die de facto nur mit Investmentfonds (und am leichtesten mit Indexfonds) zuverlässig zu realisieren ist, einen spürbaren Vorteil gegenüber Einzelanlagen in deutschen/europäischen Aktien. Generell führen Investmentfonds fast immer zu einer besseren Diversifikation als mehrere persönlich ausgewählte Einzelinvestments, und generell ist eine optimale Diversifizierung (also Risikosenkung) nur durch ein global ausgerichtetes Portfolio möglich. In der Konsequenz kommt mithin derjenige, der den risikosenkenden Vorteil eines internationalen Aktienportfolios bestmöglich und nach wissenschaftlich untermauerten Kriterien nutzen will, kaum an Investmentfonds vorbei.

Kostenminimierung: Viele Anleger beklagen sich zu Recht über die hohen Kosten von Fondsanlagen in Deutschland. Bei Einzelanlagen scheinen die Anleger aber viel weniger empfindlich zu sein. Dabei sind – über einen längeren Zeitraum betrachtet – Fondsanlagen für die große Mehrzahl der Anleger selbst im Falle überdurchschnittlich teurer Fonds günstiger als Einzelanlagen. Wer es geschickt angeht, kann in Deutschland selbst bei relativ kleinen Depotvolumina von 5000 Euro mit kostengünstigen Indexfonds seine Gesamtkostenbelastungsquote sogar auf etwa 0,5 % p.a. des Anlagevolumens drücken (wir werden später zeigen, wie das geht). Mit Einzelanlagen schnellt die Gesamtkostenquote jedoch selbst im günstigsten Fall auf 1,5 % p.a. hoch. Die Mehrzahl der Einzelwertanleger endet sogar bei horrenden 3 % und mehr. Unterstellt man eine durchschnittliche Bruttorendite von 12 % p.a. – und auf sehr lange Sicht ist bei normalem Risikolevel mehr kaum möglich –, gibt ein Aktienanleger mit dieser typischen Quote von 3 % ein Viertel seines Jahresgewinns an die Finanzbranche ab. Welche dramatischen Auswirkungen eine derartige Kostenbelastung wegen des Zinseszinseffektes auf lange Sicht hat, können sich die wenigsten Anleger vorstellen: Eine Kostendifferenz von 2,5 Prozentpunkten bei 12 % Bruttorendite führt dazu, dass das kostengünstige Portfolio nach 25 Jahren einen um 41 % höheren Wert besitzt.

Professionelle Asset-Allokation: In Abschnitt 3.4 zeigen wir, dass über 90 % der Rendite eines durchschnittlichen Portfolios auf seine spezifische Verteilung auf bestimmte Asset-Klassen zurückgeht, und eben nicht auf die spezifischen einzelnen Wertpapiere innerhalb der Asset-Klassen. Für einen Privatanleger ohne Doktortitel in Statistiktheorie ist jedoch eine einigermaßen professionelle und zeitsparende Asset-Allokation nur mit Hilfe von Fonds möglich.

Geringe Mindestanlagesummen: Bei vielen Fonds sind Einmalanlagen bereits ab Beträgen von 1000 Euro möglich; in der Form von Fondssparplänen sogar schon ab 100 Euro und weniger pro Monat. Bei Einzelanlagen liegen diese Mindestgrenzen – je nach Bank – zum Teil beträchtlich höher.

Abwehr der psychologischen Fallen: Einzelwert-Anleger sind typischerweise diejenigen, die in die ebenso raffinierten wie gefährlichen »Investmentfallen« tappen, die die *Behavioral Finance* in den letzten Jahren aufgedeckt hat (mehr dazu in Abschnitt 6.1).

Bequemlichkeit: Anlagen in Investmentfonds verursachen weitaus weniger Aufwand bei Kauf, Depotverwaltung, Verkauf und Steuerer-

klärung. Auch das ist ein oft großer Vorteil gegenüber Einzelwertan-
lagen (wobei dieser Vorteil für die eingangs genannten Anleger, die
aus »Leidenschaft« in Einzeltitel investieren, naturgemäß nicht von
Belang ist).

3
Erfolgreich global anlegen: Die Grundlagen

»Internationale Diversifikation kommt einer Situation,
in der 100-Dollar-Scheine auf dem Boden herumliegen,
die man nur aufzusammeln braucht, sehr nahe.«

Burton Malkiel, J. P. Mei, Finanzwissenschaftler

In diesem Kapitel werden wir genauer betrachten, wie die Rendite- und Risikovorteile eines globalen Portfolios gegenüber einem deutschen oder rein europäischen Portfolio zustande kommen. Als Ergebnis stellen wir in Kapitel 4 ein »Weltportfolio« vor, das diese Vorteile optimal nutzt.

Entscheidend ist zunächst, die Grundprinzipien dreier Konzepte zur Beurteilung von Wertpapierportfolios (und Investmentfonds) zu kennen. Diese drei Konzepte sind:

▶ Rendite
▶ Risiko, gemessen in Form der Standardabweichung
▶ risikogewichtete (risikoadjustierte) Rendite, gemessen in Form des Sharpe-Ratios

Wenn Sie sich bezüglich dieser drei Themen bereits sattelfest fühlen, können Sie den folgenden Abschnitt 3.1 getrost überblättern. Sollten Sie aber Ihr Wissen auf diesem Gebiet noch einmal auffrischen wollen, lohnt es sich, diese wenigen Seiten zu lesen. Gerüstet mit diesem Wissen, werden Ihnen die späteren Abschnitte über internationale Diversifizierung, die Bedeutung von Asset-Klassen und die Konstruktion des Weltportfolios keine Mühe bereiten.

3.1 Risiko und Rendite auf den Zahn gefühlt

»In der Fondsbranche ist es kein Geheimnis,
dass konventionelle Renditemaße – mit wenigen
Ausnahmen – eine Performance wiedergeben,
die signifikant, in einigen Fällen sogar extrem
über derjenigen liegt, die die einzelnen
Anleger tatsächlich erzielt haben.«

John Bogle, Gründer von Vanguard,
einer der größten Fondsgesellschaften der Welt

Die vier wichtigsten Methoden zur Renditemessung

Ein weit verbreiteter Anlegerglaube lautet etwa wie folgt: »Es mag
zwar den ewigen Streit über die Nützlichkeit verschiedener Anlagestrategien geben, doch wenigstens die Renditemessung ist eine objektive,
rein mathematische Angelegenheit. Da kann man sich auf das verlassen, was in Fondsprospekten schwarz auf weiß zu lesen ist. Manipula-
tion ausgeschlossen.« Leider handelt es sich dabei um einen Wunsch-
traum. Wir zeigen im Folgenden, welche beträchtlichen Unterschiede
zwischen einzelnen Methoden zur Renditeberechnung bestehen. Alle
diese Methoden kommen in Fondsprospekten, Werbeanzeigen und
Presseartikeln zur Anwendung. Ergebnis ist jeweils eine Rendite von
x %, die die meisten Anleger für bare Münze nehmen. Selten wird klar-
gestellt, wie die Berechnung, die zu dieser Rendite führte, tatsächlich
aussah. Und wie Sie gleich sehen werden, führen die verschiedenen
Berechnungsmethoden je nach Konstellation zu völlig unterschiedlichen Zahlenwerten. Derjenige, der eine Rendite für »sein« Anlage-
produkt berechnet, wird nach Möglichkeit diejenige Methode verwenden, die zum höchsten Wert führt.[5] Zur Auswahl stehen dabei:

▸ arithmetische Durchschnittsrendite,
▸ geometrische Durchschnittsrendite,
▸ zeitgewichtete Durchschnittsrendite und
▸ kumulierte Durchschnittsrendite.

Um die Unterschiede zwischen diesen vier gebräuchlichen Methoden
zu veranschaulichen, verwenden wir das folgende einfache Beispiel,

für das wir alle vier Renditearten betrachten. Nehmen wir an, unser hypothetischer Anleger Fritzi investiert zu Beginn des ersten Jahres 100 Euro in einen Investmentfonds. Dann lässt er – Fritzi ist ein Buy-and-Hold-Investor – das Depot drei Jahre lang ruhen. Alle Ausschüttungen werden von der Fondsgesellschaft automatisch reinvestiert. In Tabellenform dargestellt entwickelte sich Fritzis Depot folgendermaßen:

Anfangsinvestment zu Beginn von Jahr 1	Depotwert am Ende von Jahr 1	Depotwert am Ende von Jahr 2	Depotwert am Ende von Jahr 3
100 Euro	130 Euro	80 Euro	140 Euro

Die Frage ist nun: Wie hoch war die Rendite von Fritzis Drei-Jahres-Investment? Antwort: Das kommt ganz darauf an – je nachdem, wie wir sie berechnen. Beginnen wir mit der arithmetischen Durchschnittsrendite.

Arithmetische Durchschnittswerte

Anfangsinvestment zu Beginn von Jahr 1	Depotwert am Ende von Jahr 1	Depotwert am Ende von Jahr 2	Depotwert am Ende von Jahr 3
100 Euro	130 Euro	80 Euro	140 Euro
Einzelne Jahresrenditen	+30,0%	−38,5%	+75%

Die »Jahresrendite« entspricht dem Wertzuwachs des Depots im Jahresverlauf dividiert durch den Depotwert am Anfang des Jahres. Für das Jahr 2 ist das beispielsweise ein Wertverlust von 50 Euro dividiert durch 130 Euro (den Depotwert zu Beginn von Jahr 2), woraus sich eine negative Rendite von − 38,5 % ergibt. Die arithmetische Durchschnittsrendite für den Dreijahreszeitraum ist nun ganz einfach der Durchschnitt aus den drei einzelnen Jahresrenditen, also:

$$30,0\,\% + (-38,5\,\%) + 75,0\,\% = 66,5\,\% \text{ dividiert durch } 3 = 22,2\,\%$$

p.a. Eine stattliche Zahl. Doch das Ergebnis kann auch ganz anders aussehen.

Geometrische Durchschnittsrendite

Für diese Berechnung verwendet man folgende Formel (nicht erschrecken, sie ist im Grunde recht simpel):

Anfangsinvestment × (1 + r)ⁿ = Endwert des Investments

Dabei ist *r* die Rendite als Dezimalzahl (also der Wert, den wir ausrechnen wollen), *n* ist die Anzahl der Jahre. Für Fritzis Investment würde die Formel wie folgt aussehen: $100 \times (1 + r)^3 = 140$. Wenn wir diese Formel nach r auflösen, erhalten wir: $r = (140 : 100)^{1/3} - 1 = 11,9\,\%$ *p.a.* Hoppla! – plötzlich ist Fritzis Rendite um fast die Hälfte geschrumpft.

Die geometrische Durchschnittsrendite ist der gleichbleibende Jahreszinssatz, der unter Berücksichtigung des Zinseszinseffektes von der Anfangsinvestition zum Endwert der Investition führt. Dabei wird jedoch unterstellt, dass während dieses Zeitraums dem Depot weder Mittel zugeflossen noch Gelder von ihm abgeflossen sind. Die geometrische Rendite stimmt nur dann mit der arithmetischen Durchschnittsrendite überein, wenn die jährlichen Ist-Renditen nicht schwanken. Bei schwankenden Jahresrenditen – wie in diesem Beispiel und wie auch zumeist in der Realität – ist die geometrische Durchschnittsrendite stets niedriger als die arithmetische.

Es wird mithin deutlich, wie zwei gleichermaßen korrekte, anerkannte und verbreitete Berechnungsmethoden für dasselbe Investment zu gravierend unterschiedlichen Renditeangaben führen können.

Zeitgewichtete Durchschnittsrendite

Die oben erwähnte einschränkende Voraussetzung zur Errechnung der geometrischen Durchschnittsrendite – nämlich dass während des Investitionszeitraums keine Mittel zu- oder abfließen – ist natürlich in der Realität häufig nicht gegeben. In der Praxis nehmen die meisten Anleger zwischendurch weitere Einzahlungen vor (z. B. durch einen Fondssparplan) oder ziehen Mittel ab (z. B. um einen Autokauf zu finanzieren). In diesen Fällen würde der geometrische Durchschnitt zu fehlerhaften Ergebnissen führen. Man verwendet stattdessen eine leider etwas kompliziertere Formel: den »internen Zinsfuß«, von dem Sie vielleicht schon einmal gehört haben. Es ist für unsere Zwecke nicht entscheidend, sie im Detail zu verstehen, und wir wollen uns im Folgenden auf ihre Kernaussage beschränken:

$$BW = NCF_1/(1+r)^1 + NCF_2/(1+r)^2 + \ldots + (NCF_n/1+r)^n$$

BW = Barwert des Investments (also der Gegenwartswert des Depots),
NCF = Netto-Cash Flow (das ist der jährliche Nettogeldfluss aus dem
     Depot heraus oder in das Depot hinein),
r = der interne Zinsfuß (nach dieser Größe wird die Formel auf-
     gelöst).

Die zeitgewichtete Durchschnittsrendite würde in unserem Beispiel zum gleichen Ergebnis wie die geometrische Durchschnittsrendite führen, weil Fritzis Depot während der drei Jahre weder Mittelzuflüsse noch -abflüsse verzeichnete.

Im Unterschied zu den beiden anderen bisher betrachteten Methoden berücksichtigt die zeitgewichtete Durchschnittsrendite, wie viel Geld während einer bestimmten Teilperiode investiert war. Das heißt, jede einzelne Jahresrendite wird mit dem Geldbetrag, der während des entsprechenden Jahres angelegt war, gewichtet. Deshalb ist dieses Renditemaß aus Sicht des Anlegers am objektivsten. Bedauerlich nur, dass es von Fondsgesellschaften und Banken so gut wie nie verwendet wird.

Welche Konsequenzen das hat, zeigt ein Beispiel »aus dem wirklichen Leben«: Robert Sanborn galt in den USA noch 1998 als einer der wenigen »Superstar-Fondsmanager«. In den vorausgegangenen Jahren waren er und sein Fonds Oakmark I Thema eines Dutzends begeisterter Artikel in der Finanzpresse gewesen, die alle die außergewöhnliche Performance des Fonds feierten. In den Anfang 1999 veröffentlichten Werbeanzeigen für den Oakmark I (ein amerikanischer Blue-Chip- und Mid-Cap-Fonds) wurde Robert Sanborn persönlich abgebildet. Die arithmetische Durchschnittsrendite für den 1992 (also sieben Jahre zuvor) aufgelegten Fonds war mit eindrucksvollen

24,3 % p.a. angegeben, während der S&P 500-Index (ebenfalls in den Anzeigen genannt) in diesem Zeitraum nur um 19,9 % p.a. zugelegt hatte. Nicht überraschend war das Fondsvolumen zur Zufriedenheit der Fondsgesellschaft bis Ende 1998 stark angewachsen. Doch sehen wir uns das Bild etwas genauer an (Tabelle 2).

Tabelle 2: Die Entwicklung des Fonds Oakmark I gegenüber seinem Vergleichsindex (S&P-500)

	1992	1993	1994	1995	1996	1997	1998	Arithm. Ø
Rendite S&P 500	7,70%	10,10%	1,30%	37,50%	22,90%	33,40%	28,50%	19,9%
Rendite Oakmark I Fund	49,00%	30,50%	3,30%	34,40%	16,20%	32,60%	3,70%	24,3%
Renditevorsprung des Fonds in Prozentpunkten (*Überrendite*)	+41,30%	+20,40%	+2,00%	−3,10%	−6,70%	−0,80%	−24,80%	+4,4%
Ø Oakmark I Fondsvol. (Mio. $)	328	1214	1626	3301	4194	7301	7667	

Quelle: Morningstar Inc.

Wenn man nun den internen Zinsfuß für jeden einzelnen Anleger ausrechnen würde (was auch ein Außenstehender näherungsweise leisten könnte), würde sich eine durchschnittliche Rendite für den Fonds von nur 16,8 % gegenüber 24,3 % für den Index (arithmetischer Siebenjahresdurchschnitt) ergeben, denn in den späten, schlechten Jahren des Fonds war das Fondsvolumen viel höher als in den anfänglichen, guten Jahren.

Wie in diesem Beispiel wird in der Fondswerbung häufig der arithmetische Durchschnitt verwendet. Es liegt auf der Hand, warum das so ist. Besonders bei anfangs guten Jahren, wie in diesem Fall 1992 und 1993, »funktioniert« diese Methode gut, denn der arithmetische Durchschnitt verbleibt danach noch eine Reihe von Jahren über dem entsprechenden Durchschnitt für den Index. Die Anleger pumpen nun Geld in diesen Fonds in der Annahme, dass es so weitergehen werde, dabei ist längst der Abstieg in den Keller im Gange.

Es bleibt noch das Ende dieser kleinen Fallstudie nachzutragen: Die 99er Jahresrendite des Oakmark I Fund betrug – 10,5 % gegenüber einem 40-prozentigen Zuwachs für den S&P 500 (Renditerückstand des Fonds: 50,5 Prozentpunkte). Das Fondsvolumen schrumpfte bis Ende 1999 auf etwa 3,5 Milliarden Dollar, und Robert Sanborn wurde als Fondsmanager abgelöst. Eine Geschichte, wie sie das Leben in der Fondsbranche sehr oft schreibt…

Kommen wir nun zur vierten und letzten Renditevariante.

Kumulierte Rendite

Die kumulierte Rendite ist im Gegensatz zu den vorangegangenen keine Durchschnittsrendite, sondern eine »angesammelte« Rendite (*kumulieren* heißt soviel wie *ansammeln*). Für Fritzis Investment sähe die kumulierte Rendite von Jahr zu Jahr folgendermaßen aus:

Anfangsinvestment zu Beginn von Jahr 1	Depotwert am Ende von Jahr 1	Depotwert am Ende von Jahr 2	Depotwert am Ende von Jahr 3
100 Euro	130 Euro	80 Euro	140 Euro
Einzelne Jahresrenditen	+30,0%	–38,5%	+75,0%
Kumulierte Rendite	+30%	–20%	+40%

Die einzelnen Renditewerte kommen wie folgt zustande: *Jahr 1:* 30 Euro Zuwachs gegenüber dem Anfangsinvestment von 100 Euro; *Jahr 2:* 20 Euro Gesamtverlust gegenüber dem Anfangsinvestment von 100 Euro; Jahr 3: 40 Euro Zuwachs gegenüber dem Anfangsinvestment von 100 Euro. Die kumulierte Rendite ist – obwohl in Werbeanzeigen oft verwendet – im Grunde genommen völlig nutzlos, da kein Mensch ein Gefühl dafür besitzt, was z. B. der aus einer Fondswerbeanzeige entnommene Renditewert von + 378 % für den Fonds X im Zeitraum von 1995 bis 1999 wirklich bedeutet.

Mancher Leser wird über die beachtlichen Unterschiede zwischen den einzelnen Durchschnittsrenditen staunen. Unser Spektrum reicht von 11,9 % bis 40 %. Und es bleibt der wohl berechtigte Zweifel, ob

die Anleger sich stets bewusst sind, mit welcher Zahl sie es im Einzel-
fall zu tun haben.

Arithmetische Durchschnittsrendite	Geometrische Durchschnittsrendite (hier identisch mit der zeitgewichteten Durchschnittsrendite)	Kumulierte Rendite
22,9 % p.a.	11,9 % p.a.	+ 30 % (nach 1 Jahr)
–	–	– 20 % (nach 2 Jahren)
–	–	+ 40 % (nach 3 Jahren)

Von wegen objektive Mathematik ... Fachleute weisen allen hier dargestellten Methoden jeweils unterschiedliche Vor- und Nachteile zu,
aber es hat sich in der internationalen Fondsarena bisher keine
Methode eindeutig durchgesetzt. Was also liegt für viele Finanzinsti-
tute näher, als die in der jeweiligen Situation vorteilhafteste Methode
zu verwenden? Immerhin gibt es in Deutschland die so genannte *BVI-
Methode* des Bundesverbandes Deutscher Investmentgesellschaften,
die die deutschen Fondsgesellschaften in den Prospekten ihrer im
Inland angesiedelten Fonds überwiegend benutzen.[6] Das ist aber bei
den zahlreichen ausländischen Fondsgesellschaften und Offshore-
Fonds eher die Ausnahme.

Summa summarum bleibt festzustellen: Es gibt noch keine echte
internationale Übereinkunft über eine gemeinsame Performance-Be-
rechnungsmethode, nicht einmal zwischen Deutschland und Luxemburg, obwohl dort aus steuer- und aufsichtsrechtlichen Gründen mehrere hundert »deutsche« Fonds registriert sind.

Diese Hinweise sollen Sie keinesfalls verunsichern, sondern lediglich sensibilisieren. Nehmen Sie also das, was in Sachen Rendite und
Performance in Fondsprospekten schwarz auf weiß gedruckt ist, nicht
zwangsläufig für bare Münze.

In dieser Hinsicht bieten Indexfonds (vgl. Abschnitt 5.5) einen
gewissen Vorteil gegenüber konventionellen (aktiv gemanagten)
Investmentfonds: Bei Indexanlagen ist es in der Praxis unerheblich,
welche Berechnungsmethode mehr oder weniger »angemessen« ist.
Zwar kann man auch für Indexfonds mit den einzelnen Methoden

unterschiedliche Durchschnittsrenditen ausrechnen, da aber die Renditen aller konkurrierender Indexanlagen für einen gegebenen Index praktisch identisch sind und ohnehin niemand »persönlich« für die Rendite eines Indexfonds verantwortlich ist, gibt es kaum einen Grund, die unterschiedlichen Methoden zur Renditemessung manipulativ einzusetzen.

Was kann der Anleger nun tun, um die Klippen bei der Renditemessung und -beurteilung zu umschiffen? In jedem Fall sollte er die folgenden vier Grundsätze beherzigen – ganz gleich, welche Methode zur Renditemessung im konkreten Fall zur Anwendung kommt:

1. *Das gesamte Portfolio berücksichtigen*

Ein Anleger sollte seine Rendite – sofern er über ein strategisch zusammengestelltes Anlageportfolio verfügt – stets für das Portfolio als Ganzes betrachten, so ähnlich wie bei einem Fußballspiel, bei dem ja vor allem das Gesamtergebnis (der Spielstand am Ende) zählt. Es wäre unsinnig, einen einzelnen Spieler nur deswegen aus der Mannschaft herauszunehmen, weil er kein Tor geschossen hat. Genauso unsinnig ist es, ein einzelnes Investment in einem integrierten Portfolio nur deswegen herauszunehmen, weil es in einer bestimmten Periode eine geringe Rendite erzielt hat.

2. *Den gesamten Anlagezeitraum betrachten*

Ein Anleger sollte seine Rendite primär für den Gesamtzeitraum (seit Beginn seines Investments) im Auge haben. Es ist zumeist unsinnig, die Renditen von Teilperioden zu betrachten, obwohl viele Anleger genau das tun. Ein Anleger, der im ersten Jahr 1 000 Euro investiert, dabei 40 % Rendite erzielt und im zweiten Jahr davon wieder 20 % verliert, hat am Ende nur 120 Euro dazu gewonnen – das sind 12 % über zwei Jahre oder 5,83 % pro Jahr (geometrischer Durchschnitt). Dieses Ergebnis wird in keiner Weise dadurch aufgewertet, dass der Investor schildbürgergleich reklamiert: »Aber im ersten Jahr ist es mir gelungen, 40 % Gewinn zu erzielen!« Investieren ist ein Marathonlauf. Es zählt nicht, wer von Kilometer 15,0 bis 15,5 der Schnellste war, sondern in welcher Reihenfolge der Zieleinlauf stattfindet. Sofern überhaupt Messungen vor dem Zieleinlauf erfolgen, sind sie nur wichtig, wenn schon mindestens 25 Kilometer gelaufen wurden, um in diesem Bild zu verbleiben.

3. *Das Risiko mit einbeziehen*
Renditevergleiche, die das jeweils eingegangene Risiko ignorieren, sind ein naives und oft gefährliches Unterfangen. Jeder kann für ein, zwei Jahre mit russischen Staatsanleihen 30 % p.a. verdienen. So hoch ist die beim Kauf bekannte Umlaufrendite dieser Papiere. Offen bleibt, wie kräftig die zwischenzeitlichen Wertschwankungen ausfallen und wie wahrscheinlich es ist, diese Rendite ein oder zwei Jahre nach dem Kauf auch tatsächlich zu realisieren. Ebenso unsicher ist, mit welcher Wahrscheinlichkeit man sein eingesetztes Kapital wieder zurückerhält. Niemand darf daher ein solches Investment mit der Rendite eines Bundesschatzbriefes vergleichen. Die Risiken sind schlichtweg unterschiedlich. Dennoch messen fast alle Fondsgesellschaften (wie auch die meisten Anleger in Einzelaktien) ihre Fonds bzw. Investments permanent an so genannten *Benchmarks*, Börsenindizes, die einen geringeren Risikograd aufweisen. Es ist z. B. gang und gäbe, dass sich deutsche Aktienfonds mit dem Dax vergleichen, obwohl sie bis zu drei Vierteln in (kleinere) nicht im Dax gelistete Werte investiert sind. Diese kleineren Aktien sind aber riskanter (»volatiler«) als Dax-Werte. Das Ergebnis ist ein Vergleich von Äpfel und Birnen zum Vorteil des Fonds und zum Nachteil des Anlegers. Aber auch diesem Dilemma kann ein Anleger entgehen.

4. *Alle Kosten berücksichtigen*
Es liegt auf der Hand, dass für einen Anleger nur die Nettorendite, also die Rendite *nach* Berücksichtigung aller seiner Anlagekosten (und Steuern) zählt, denn nur die Nettorendite landet in seinem Geldbeutel. In der Fondswerbung wird aber regelmäßig die Bruttorendite angegeben, also die Fondsrendite *ohne* Berücksichtigung der Verwaltungsgebühr und der Ausgabeaufschläge. Zwar ist es für den einzelnen Anleger zugegebenermaßen schwierig, diese Kosten in seinen eigenen Renditeberechnungen korrekt zu berücksichtigen, und es ist verständlich, wenn er sich diese Mühe nicht machen will. Doch sollte er im eigenen Interesse die in den Werbe-

anzeigen genannten Bruttorenditen mit der nötigen Distanz betrachten und im Hinterkopf behalten, dass ein mehr oder weniger großer Teil dieser Bruttorendite bei den Finanzinstituten hängen bleibt, mit denen er zusammenarbeitet.

Risiko (Volatilität): Worauf es ankommt

Die ganze Finanzbranche redet permanent von Risiko, aber selten darüber, was es ist und wie es gemessen wird. Fachleute verwenden zur Risikomessung das Konzept der *Volatilität* (das Wort leitet sich vom lateinischen »volare« = fliegen ab). Wie viele andere Risikokonzepte stellt auch die Volatilität auf die Abweichung eines tatsächlichen Ergebnisses von seinem *erwarteten Wert* (bei Kapitalanlagen zumeist dem *historischen* Durchschnitt) ab. Für die Einstufung eines bestimmten Ereignisses als »Risiko« kommt es also nicht darauf an, dass es ein »negatives«, sprich unerfreuliches Ereignis ist, sondern dass es nicht »erwartet« wurde. Hier ein illustratives Beispiel: Wüsste man mit Gewissheit, dass ein Fonds mit einem Anteilswert von 100 Euro in den nächsten zehn Jahren jährlich 10 Euro Wertverlust erfahren würde, dann wäre dies ein »risikoloser« Fonds, denn seine (negative) Rendite wäre gewiss und unterläge keiner nicht voraussehbaren Schwankung. Das mag zunächst etwas paradox erscheinen, doch bei genauerer Überlegung macht es Sinn.

Zurück zur Volatilität: Sie bezeichnet also die Schwankung von Renditen um ihren langfristigen Durchschnitt herum. Ein Wertpapier, dessen Rendite im Zeitablauf nicht oder kaum von der erwarteten Rendite abweicht, birgt wenig Risiko und im umgekehrten Fall – wenn die Abweichungen stark sind – viel Risiko. Es leuchtet unmittelbar ein, dass Volatilität ein unangenehmes Phänomen ist, denn sie beinhaltet die Möglichkeit, zu einem *bestimmten* Zeitpunkt für den davor liegenden Anlagezeitraum nur eine niedrigere als die erwartete Rendite realisieren zu können. Volatilität wird mit der statistischen Maßzahl der *Standardabweichung* ausgedrückt.

Das klingt kompliziert, und doch lohnt es sich, ein paar Minuten auf dieses Konzept zu verwenden. Verbal kann man die Standardabweichung wie folgt beschreiben: Sie drückt die *durchschnittliche*

Abweichung der (z. B. monatlichen) Wertpapierrendite von ihrer durchschnittlichen (monatlichen) Rendite im Laufe eines Jahres aus. Man kann die Standardabweichung auch für beliebige andere Intervalle und Zeiträume messen, z. B. die Standardabweichung der Jahresrenditen über einen Zehnjahreszeitraum hinweg. Für ein gegebenes Wertpapier sinkt die Standardabweichung, je länger die Teilintervalle sind (hier Monate gegenüber Jahren). So wäre z. B. die Standardabweichung der Fünfjahresrenditen der Siemens-Aktie über einen 25-Jahres-Zeitraum wesentlich niedriger als die Standardabweichung der Monatsrenditen über diese 25 Jahre. Genau deswegen kann man zu Recht behaupten, dass Aktien umso »risikoloser« werden, je länger man sie hält – ebenfalls eine scheinbar paradoxe Aussage. Eine einheitlichen zeitlichen Bezugsrahmen für die Berechnung der Standardabweichung gibt es aber nicht, daher sollte man diesem Bezugsrahmen vor allem in Fondsprospekten, wo die Standardabweichung angegeben wird, genaue Beachtung schenken. Ein Beispiel:

Der Investmentfonds ABC erzielte in den zehn Jahren von 1990 bis 1999 eine durchschnittliche Rendite von 9,0 % pro Jahr. Dabei betrug die Standardabweichung der Jahresrenditen 12,5 %. Aus diesen Daten lassen sich aufgrund bestimmter statistischer Gesetzmäßigkeiten (auf die wir hier nicht weiter eingehen) die folgenden drei interessanten Aussagen ableiten: (a) Die tatsächlichen jährlichen Renditen schwankten in diesen zehn Jahren *durchschnittlich* um 12,5 Prozentpunkte um den Wert von 9 %; (b) in zwei Drittel der betreffenden Jahre lagen die tatsächlichen Jahresrenditen jeweils innerhalb einer Spannbreite von 9,0 % ± 12,5 Prozentpunkte; (c) in 95 % der Jahre lagen die tatsächlichen Renditen in einer Spannbreite von 25 Prozentpunkten (= 2 × 12,5 %) über oder unter 9,0 %.

Weist ein Investmentfonds (oder ein Index) eine hohe Volatilität, also Standardabweichung, auf, vollzieht er auch große Wertschwankungen. In einem Bullenmarkt steigt dieser Fonds mehr als der Gesamtmarkt, und in einem Bärenmarkt wird er stärker einbrechen. Umgekehrt bedeutet eine niedrige Volatilität, dass nur geringe Wertschwankungen im Zeitablauf zu erwarten sind. Rentenfonds sind normalerweise weniger volatil als Aktienfonds. Tendenziell kann man sagen, dass je breiter ein Investmentfonds diversifiziert ist (je mehr verschiedene Einzeltitel er enthält), desto niedriger auch seine Standardabweichung ausfällt.

Oft wird kritisiert, dass das sogenannte Risikomaß Volatilität auch positive Wertschwankungen beinhalte. Da positive Schwankungen jedoch kaum als unerwünscht gelten könnten, sei die Verwendung der Standardabweichung nicht zur Risikomessung geeignet; sie übertreibe und verzerre das wahre Risiko. So sei z. B. eine Anlage, die sehr stetig an Wert verliere und dadurch eine niedrige Volatilität aufweise – siehe das bereits erwähnte Beispiel – jedenfalls intuitiv risikoreicher als eine Anlage, die stark zwischen 0 % und +25 % Rendite schwanke (hohe Volatilität = hohes Risiko). Dieser Einwand erscheint aber bei genauer Betrachtung als wenig stichhaltig. Gegenargument Nr. 1: Die Volatilität misst die positiven Wertschwankungen *aller* Anlagen. Eine Verzerrung, die alle Messobjekte gleichermaßen trifft, ist aber weniger gravierend, denn es geht ja in erster Linie darum, *relative* Risiken zu messen. Gegenargument Nr. 2: Anlagen von der Art wie oben beschrieben sind schlicht unrealistisch und wenig praxisrelevant. Gegenargument Nr. 3: Noch hat niemand ein vielseitigeres und – aus wissenschaftlicher Sicht – weniger mangelbehaftetes Risikomaß präsentiert als die Volatilität. Gegenargument Nr. 4: Volatilität ist unter vielen bestehenden Methoden zur Risikomessung die einzige, die fast allgemein anerkannt ist und somit noch am ehesten eine Vergleichbarkeit der von unterschiedlichen Personen und Institutionen gemessenen Risiken gewährleistet.

Es liegt auf der Hand, dass für Anlageentscheidungen vor allem die künftige Volatilität einer Kapitalanlage interessant ist. Da zuverlässige Prognosen der künftigen Volatilitäten, genauso wie solche der künftigen Renditen, erwiesenermaßen unmöglich sind, behilft man sich, indem man die Volatilität anhand *vergangener* Wertschwankungen misst und diesen Wert (in der Regel) unverändert für die Zukunft annimmt. Hier besteht ein Dilemma, das jedoch kein Mensch und keine Maschine je wird lösen können. Alle unsere Informationen – übrigens auch unser so genanntes »Bauchgefühl« – gründen auf Daten der Vergangenheit. Wenn wir diese Daten für in die Zukunft gerichtete Risikoschätzungen verwenden, unterstellen wir unausgesprochen, dass in der Zukunft in dieser Hinsicht ähnliche oder gleiche

Gesetzmäßigkeiten gelten. Diese eigentlich gewagte Annahme ist oft genug gerechtfertigt, oder sie ist als das kleinste mögliche Übel zu betrachten, denn besser Alternativen sind schwer zu finden.

Risikogewichtete Rendite mit dem Sharpe-Ratio messen

Fast immer liefert der Vergleich der Jahres- und/oder Gesamtrenditen zweier Fonds oder Wertpapiere nur ein unvollständiges Bild, denn die Attraktivität eines Investments hängt nicht nur von seiner Rendite ab, sondern auch von dem dabei eingegangenen Risiko in Form von Wertschwankungen. Das verdeutlicht das in Tabelle 3 zu findende Beispiel.

Tabelle 3: Vergleich zweier Fonds mit der gleichen geometrischen Jahresrendite, aber unterschiedlichen jährlichen Schwankungen

		Jahr 0	Jahr 1	Jahr 2	Jahr 3	Annualisierte Rendite	Volatilität (Stand.-abw.)
Fonds A	Wert des Fonds zu Jahresbeginn	1000 Euro	1200 Euro	700 Euro	1250 Euro		
	Jahresrendite	+20%	−42%	+79%	−	7,7% p.a.	49,4%
Fonds B	Wert des Fonds zu Jahresbeginn	1000 Euro	1077 Euro	1160 Euro	1250 Euro		
	Jahresrendite	+7,7%	+7,7%	+7,7%	−	7,7% p.a.	0%

Auch ohne komplizierte Beweisführung dürfte klar ersichtlich sein, dass Fonds B – trotz gleicher Gesamtrendite – nach drei Jahren aufgrund der viel konstanteren (in diesem Beispiel völlig konstanten) Ertragsentwicklung das attraktivere Investment war. Da seine Rendite in den einzelnen Jahren überhaupt nicht schwankte, hatte er eine Volatilität (Standardabweichung) von Null. In der Praxis sind die jeweiligen Verhältnisse bei der gleichzeitigen Beurteilung von Risiko und Rendite unterschiedlicher Investments jedoch selten so klar.

Daher hat man unterschiedliche Kennzahlen entwickelt, die jeweils die beiden Qualitätskriterien einer Anlage zusammenfassen. Die bekannteste dieser Kennzahlen ist das *Sharpe-Ratio*, benannt nach seinem Entwickler, dem Nobelpreisträger William Sharpe. Das Sharpe-Ratio hat den Zweck, Risiko und Rendite in einer Zahl zusammenzuführen, um so Anlagen vergleichbar zu machen, von denen die eine eine bessere Rendite und die andere ein besseres (geringeres) Risiko aufweist. Das Sharpe-Ratio ist somit eine *risikogewichtete* oder »risikoadjustierte« Ertragskennzahl. Mathematisch ist es folgendermaßen definiert:

Sharpe-Ratio = (Rendite – risikofreier Zinssatz) ÷ Standardabweichung

Oder, etwas ausführlicher ausgedrückt: Sharpe-Ratio = Wertpapierrendite (bzw. Fondsrendite) abzüglich des risikofreien Zinssatzes ÷ Standardabweichung des Wertpapiers. Der Vorteil einer solchen risikoadjustierten Kennzahl wird an einem Beispiel deutlich.

Investmentfonds A hatte in den zurückliegenden drei Jahren eine Jahresrendite von 12,1 % und eine Standardabweichung von 7,0 Prozentpunkten. Investmentfonds B wies eine Jahresrendite von 8,9 % und eine Standardabweichung von 3,5 Prozentpunkten auf. Welcher Fonds ist vorzuziehen?

Hier hilft die Ermittlung des Sharpe-Ratios der beiden Fonds. Um es zu errechnen, brauchen wir nur noch eine Zusatzinformation, den risikofreien Zinssatz. Der risikofreie Zinssatz ist ein Zinssatz, der keinerlei Ausfallrisiko (Bonitätsrisiko) beinhaltet. In der realen Welt gibt es nur Näherungsgrößen für diesen Zinssatz. Die in Deutschland übliche Näherungsgröße ist der über mehrere Jahre hinweg errechnete Durchschnittszinssatz für kurzfristige Verbindlichkeiten der Bundesrepublik Deutschland (z. B. einjährige Finanzierungsschätze der Bundesrepublik). Nehmen wir diesen Durchschnittszinssatz hier der Einfachheit halber mit 4,0 % p.a. an. Die beiden Sharpe-Ratios für die oben genannten Fonds errechnen sich wie folgt:

Sharpe-Ratio Fonds A = (12,1 % – 4,0 %) ÷ 7,0 % = 1,16 %

Sharpe-Ratio Fonds B = (8,9 % – 4,0 %) ÷ 3,5 % = 1,40 %

Somit war Fonds B auf risikoadjustierter Basis der bessere Fonds. Für jeweils 1 Prozent Risiko (Standardabweichung) weist er eine höhere Rendite auf. Er besitzt eine höhere risikoadjustierte Rendite, obwohl die Rendite dieses Fonds für sich allein genommen in der Vergangenheit niedriger war als jene von Fonds A.

Mancher Leser wird sich fragen, welcher Sinn dahinter steckt, den risikofreien Zinssatz zu subtrahieren, zumal Fonds B auch ohne die Subtraktion »gewonnen« hätte. In der Tat wird das Sharpe-Ratio oft nur in der vereinfachten Form *Rendite ÷ Standardabweichung* berechnet (wie wir das in diesem Buch auch gelegentlich tun werden). Die Begründung der Experten für die Subtraktion des risikofreien Zinssatzes lautet – etwas vereinfacht formuliert – wie folgt: Ohne diese Subtraktion würde die Standardabweichung innerhalb des Ratios relativ zur Rendite ein zu hohes Gewicht bekommen. Im Ergebnis würde die Kennzahl dann nur noch niedrig verzinsliche Investments mit sehr niedrigem Risiko »empfehlen«.

Leider veröffentlichen recht wenige Anlegerzeitschriften das Sharpe-Ratio. Selbst in den meisten Fondsprospekten fehlt es. Immerhin ist es im *GFA Fonds Guide* (siehe Literaturverzeichnis) und in vielen internetbasierten Fondsdatenbanken enthalten. Zwar sollten Neuanlagen in Fonds ohnehin nicht auf der Basis historischer Renditen (also auch nicht auf Basis des historischen Sharpe-Ratios) getätigt werden (siehe Abschnitt 3.6 »Warum historische Renditen wenig relevant sind«), aber für die Frage der vergangenheitsbezogenen Performance-Bewertung eines Fonds gegenüber einem Vergleichsindex oder anderen Fonds ist das Sharpe-Ratio eine der besten einzelnen Kennzahlen.

Nach diesem vielleicht etwas spröden Ausflug in die Welt der Rendite- und Risikobeurteilung wollen wir uns nun ansehen, wie man aus wissenschaftlicher Sicht zum so genannten »idealen« Portfolio gelangt. Die hinter diesem Modellportfolio stehende Theorie ist zwar in ihrer Herleitung und Beweisführung hoch komplex, lässt sich aber dennoch leicht erklären.

3.2 Wie internationale Diversifizierung funktioniert

»Diversifikation ist dein Freund.«

Merton H. Miller, Wirtschaftsnobelpreisträger

Es ist inzwischen eine Binsenweisheit, dass Diversifizierung – die Streuung des Vermögens auf unterschiedliche Anlageformen (Fachausdruck: *Asset-Klassen*) – das Anlegerrisiko senken kann. Wirkung und Technik der Diversifizierung stehen im Zentrum des wohl wichtigsten Themas in der Finanzwissenschaft überhaupt: dem Zusammenhang zwischen Risiko und Rendite. Kein anderes Problem hat die Zunft mehr beschäftigt – nicht einmal das uralte Grundproblem der Volkswirtschaftslehre, der Konjunkturzyklus. Diese große Bedeutung der Risiko-Rendite-Beziehung in der Finanzwissenschaft ist kein Zufall. Wer Anlagerisiken versteht, ist im Vergleich zu Investoren, die das nicht tun, gewaltig im Vorteil. Hinzu kommt, dass viele Konzepte im Kontext von Risiko und Rendite sich auf die Existenz des Menschen schlechthin übertragen lassen. Es lohnt also in jeder Hinsicht, sich mit diesem faszinierenden, beinahe schon philosophischen Thema zu beschäftigen.

Die positive Wirkung, die Diversifizierung auf Rendite und Risiko eines Portfolios haben kann, wird oft mit dem folgenden – je nach Autor leicht abgewandelten – Beispiel illustriert:

Wir denken uns zwei Aktiengesellschaften. Die eine stellt Badehosen her, die andere Regenschirme. In überwiegend heißen Jahren geht es der Badehosen AG finanziell gut, ihr Gewinn steigt. In eher kalten Jahren hingegen geht er zurück. Genau umgekehrt verhält es sich mit der Regenschirm AG. Im langfristigen Durchschnitt gibt es gleich viele kalte wie heiße Jahre. Ein Investor hätte – vereinfacht gesagt – drei Möglichkeiten: Er könnte seine Mittel komplett in die Badehosen AG, komplett in die Regenschirm AG oder 50:50 in beide Unternehmen investieren. Wie aus Tabelle 4 hervorgeht, ist die langfristige Durchschnittsrendite aller drei Portfolios identisch. Dennoch ist das diversifizierte »50:50-Gesamtportfolio« (Portfolio Nr. 3) klar vorzuziehen, denn es weist keinerlei jährliche Renditeschwankungen und daher kein Risiko auf. Bei den anderen beiden Portfolios ist das nicht der Fall.

Tabelle 4: Die Wirkung der Diversifizierung auf die Schwankung der jährlichen Renditen eines gemischten Portfolios

Portfoliostruktur (PF)	»Kaltes« Jahr 1	»Heißes« Jahr 2	»Kaltes« Jahr 3	»Kaltes« Jahr 4	»Heißes« Jahr 5	»Heißes« Jahr 6	»Heißes« Jahr 7	»Kaltes« Jahr 8	∅ Jahres-rendite
Rendite PF 1: 100% Badehosen AG	4 Euro	10 Euro	4 Euro	4 Euro	10 Euro	10 Euro	10 Euro	4 Euro	7 Euro
Rendite PF 2: 100% Regen-schirm AG	10 Euro	4 Euro	10 Euro	10 Euro	4 Euro	4 Euro	4 Euro	10 Euro	7 Euro
Rendite PF 3: 50% Badehosen AG / 50% Regen-schirm AG	7 Euro	7 Euro	7 Euro	7 Euro	7 Euro	7 Euro	7 Euro	7 Euro	7 Euro

Gewiss ist dieses Beispiel, gemessen am realen Wertpapiermarkt, stark vereinfachend. Insbesondere unterstellt es stillschweigend, dass sich die Aktionärsrendite (die Summe aus Kurssteigerungen und Dividenden) genau so entwickelt wie der Gewinn der Unternehmen, was nur in sehr langfristiger Betrachtung zutrifft. Gleichwohl bringt das Beispiel, selbst in dieser primitiven Form, den Effekt einer bestimmten, wirksamen Form der Diversifizierung zum Ausdruck. Außerdem illustriert es indirekt, dass zwei »ähnliche« Aktien, z.B. die Aktie der Deutschen Bank und der Dresdner Bank, zusammen einen denkbar geringen Diversifizierungseffekt bieten, denn sie entwickeln sich – betrachtet man Zeiträume von mehr als sechs Monaten – aus bestimmten Gründen hochgradig parallel.

Damit eine so optimale Diversifikation – in unserem Beispiel die vollständige Eliminierung der Volatilität des Gesamtportfolios – erreicht werden kann, dürfen die Gewinne der beiden Unternehmen (bzw. in der realen Welt die Aktienkurse) nicht vollkommen positiv miteinander »korrelieren« – sie müssen eine Korrelation (präziser formuliert: einen Korrelationskoeffizienten) von unter + 1,0 haben. Die Spannbreite reicht von + 1 bis – 1 (»1« steht für vollständige Korrelation, das heißt perfekte Parallelentwicklung, »0« steht für vollständig unabhängige Entwicklung, das heißt allenfalls zufällige Parallelentwicklung, und »– 1« steht für perfekt gegenläufige Entwicklung). Die

Korrelation der jährlichen Unternehmensgewinne der Badehosen AG und der Regenschirm AG hatte den Optimalwert von – 1. Die beiden Unternehmen waren deswegen perfekt geeignet zur Risikosenkung eines gemischten Portfolio. Eine Korrelation von 0,5 zwischen zwei Aktien A und B würde bedeuten, dass für jedes Prozent Kursanstieg der Aktie A die Aktie B im Durchschnitt nur um 0,5 % ansteigt und für jeden Kursverlust der Aktie A von 1 % die Aktie B nur um 0,5 % fällt.

In der Realität entwickeln sich jedoch nicht alle Aktienkurse unabhängig voneinander, denn von bestimmten Faktoren werden viele Aktien gleichermaßen tangiert, seien es volkswirtschaftliche Einflüsse wie das Zinsniveau und die Wechselkurse oder auch der Optimismus oder Pessimismus der Anleger. Im Ergebnis verlaufen die Kurse dieser Aktien zwar nicht völlig parallel, aber doch ähnlich; ihre Korrelation liegt dann irgendwo zwischen Null und Eins. Die Korrelationen zwischen zwei einzelnen Aktien A und B oder Aktienmärkten A und B sind im Zeitablauf zwar nicht völlig stabil – wie deren jährliche Renditen schwanken auch sie im Zeitablauf, aber viel geringer. Und auch hier gilt: Je länger die gewählten Betrachtungszeiträume, desto geringer auch die Schwankungen.

Unter welchen Umständen könnte man auf Diversifizierung verzichten? Auch die Antwort zu dieser Frage liefert unser kleines Beispiel. Könnte unser hypothetischer Anleger mit 100-prozentiger Treffsicherheit am Jahresanfang vorhersagen, welche der beiden Firmen in dem beginnenden Jahr den höheren Gewinn erzielen wird (er müsste hier also in erster Linie perfekte Zwölf-Monats-Wettervorhersagen machen können), dann könnte dieser Anleger natürlich immer in das profitablere Unternehmen investieren und so den jährlichen Durchschnittsgewinn von 7 Euro auf 10 Euro erhöhen. Leider sind derartig treffsichere Prognosen nicht möglich, im Gegenteil: Die Kursprognosen der Experten sind *weitaus* schlechter, als die Mehrzahl der Anleger glaubt[7] (in Abschnitt 3.5, der sich mit der Efficient-Market-Theorie beschäftigt, gehen wir darauf etwas näher ein). Da sie also kaum funktionieren, macht es Sinn, die risikosenkende Wirkung der Diversifizierung für sich zu nutzen.

Um in den Genuss dieses Vorteils zu kommen, ist es erfreulicherweise nicht notwendig, Anlageformen (Asset-Klassen) zu finden, deren Aktionärsrendite sich vollständig gegensätzlich entwickelt. Selbst zwei Anlagen, die eine Korrelation von + 0,9 aufweisen, sich also weitgehend parallel entwickeln, führen zur Senkung des Portfoliorisikos. Aber je stärker sich die Korrelation zwischen zwei Anlagen (oder einem Portfolio von Anlagen und einer zusätzlichen Anlage) dem Wert von − 1 annähert, desto stärker ist der risikosenkende Effekt. Nun lässt sich beobachten, dass die Korrelation der Aktionärsrenditen von Unternehmen, die ganz oder vorwiegend in unterschiedlichen nationalen Märkten agieren, niedriger ist als bei Unternehmen innerhalb eines nationalen Marktes. Beispiel: Die Korrelation zwischen den Aktien der Deutschen Bank und der amerikanischen Citibank ist niedriger als die Korrelation zwischen der Deutschen Bank und der Dresdner Bank. Besonders niedrig ist die Korrelation zwischen den Aktienmärkten der Industrieländer und denen der Schwellenländer. Hieraus – und aus der höheren durchschnittlichen Jahresrendite der Schwellenländermärkte – resultiert der risikosenkende Effekt, den Investments in diesen Ländern für deutsche Anleger haben. Tabelle 5 nennt die Korrelationen zwischen dem deutschen Aktienmarkt und einigen wesentlichen nationalen Aktienmärkten. Schon ab einer Korrelation von unter + 0,75 kann man von einem nennenswerten Risikosenkungseffekt sprechen, der bei sinkender Korrelation immer stärker wird.

Tabelle 5: Langfristige Korrelationen zwischen dem deutschen und ausgewählten internationalen Aktienmärkten (Datenbasis: Monatliche Renditen der MSCI-Länderindizes von 1970 bis 1998)

Schweiz	+0,68
Großbritannien	+0,43
Italien	+0,39
USA (S&P 500)	+0,38
Japan	+0,37
Australien	+0,30
Hongkong	+0,29

Quelle: Morgan Stanley Capital International

Gelegentlich ist in der Presse zu lesen, im Zuge der weltwirtschaftlichen Integration und der generellen Globalisierung würden die Korrelationen zwischen den nationalen Aktienmärkten abnehmen. Abgesehen von der banalen Tatsache, dass Korrelationen vor allem kurzfristigen Schwankungen unterliegen und während globaler Marktabschwünge vorübergehend zunehmen, stimmt diese scheinplausible Aussage nicht mit den Ergebnissen der anspruchsvollsten Untersuchungen auf diesem Gebiet überein.

Tabelle 6 illustriert, wie mit Hilfe von Anlagen, deren Renditekorrelation niedriger als 1,0 ist, das Risiko des Gesamtportfolios gesenkt werden kann, *ohne* gleichzeitig auf Rendite verzichten zu müssen. Wir nehmen zwei Aktien oder Fonds A und B an, die beide dieselbe durchschnittliche Jahresrendite von 12,0 % erwirtschaften und dasselbe individuelle Wertschwankungsrisiko in Höhe einer Standardabweichung von 15,0 % besitzen. Je geringer die angenommene Korrelation zwischen den beiden Anlagen ist, desto stärker sinkt das Risiko des Gesamtportfolios. Der positive Effekt kommt auch in einem Anstieg der risikogewichteten Rendite des Portfolios in Form des Sharpe-Ratios zum Ausdruck.

Tabelle 6:   Senkung des Portfoliorisikos in Abhängigkeit von der Korrelation zwischen den Portfolioteilen

Korrelationskoeffizient zw. Anlage A und Anlage B	Gesamtportfoliorendite p.a.	Standardabweichung des Gesamtportfolios	Einfaches Sharpe-Ratio (Risikogewichtete Rendite)
1,0	12,0%	15,0%	0,8%
0,6	12,0%	13,4%	0,9%
0,0	12,0%	10,6%	1,1%
−1,0	12,0%	0%	unendlich hoch

Quelle: Kreitler, Seite 56

Die Tabelle illustriert übrigens zwei weitere interessante Gesichtspunkte: Die Rendite eines Portfolios entspricht der Rendite des gewichteten Durchschnitts seiner Bestandteile. In diesem (sehr einfachen) Fall also $0,5 \times 12\% + 0,5 \times 12\% = 12\%$ p.a. Beim Risiko ist die Rechnung komplizierter. Das Gesamtrisiko (die Standardabweichung) entspricht nicht dem gewichteten Durchschnitt (der wäre hier $0,5 \times 15\% + 0,5 \times 15\% = 15\%$), sondern sinkt erfreulicherweise bei jeder Hinzufügung eines neuen Investments, das mit dem restlichen Portfolio unter 1,0 korreliert, *unter* den gewichteten Durchschnitt der einzelnen Standardabweichungen.[8]

3.3 Risikomanagement und seine Grenzen

>»Es ist das Zeichen eines weisen Mannes,
>heute bereits für morgen gerüstet zu sein und
>nicht alle Eier in einen Korb zu legen.«
>
>Don Quixote, in Miguel de Cervantes' (1547–1616)
>gleichnamigem Roman

Die unterste Zeile von Tabelle 6 zeigt, dass bei vollständig negativ korrelierten Anlagen das Risiko eines Portfolios vollständig beseitigt würde. Das wäre gewissermaßen das »Diversifikationsparadies«, in dem wir – wenig überraschend – allerdings nicht leben. Wie schon angedeutet, gibt es praktisch keine zwei Wertpapieranlagen, deren Korrelation den Traumwert von – 1,0 erreicht. Zumeist liegt sie zwischen 0 und + 1. Damit ist allerdings bereits eine erhebliche Risikosenkung erreichbar. Dies hängt damit zusammen, dass die Wertschwankungen, denen eine Aktie unterliegt, auf drei Typen von Ursachen zurückgehen. Diese drei Kategorien sind:

▸ Risikofaktoren, die nur das jeweilige Unternehmen betreffen;
▸ Risikofaktoren, die die jeweilige Asset-Klasse betreffen (Asset-Klassen sind Gruppierungen von Aktien, die ähnlichen ökonomischen Rahmenbedingungen unterliegen, z. B. alle deutschen Aktien im Unterschied zu den Aktien anderer nationaler Märkte, oder alle Pharmaaktien in Abgrenzung zu den übrigen Branchen; vgl. auch das Glossar);
▸ Risikofaktoren, die alle Aktien weltweit betreffen.

Nun zur Krux: Die beiden erstgenannten Risikofaktoren lassen sich durch Diversifizierung vollständig neutralisieren, der dritte dagegen nicht. Warum das so ist, werden wir sehen, wenn wir die drei Klassen ein wenig differenzierter betrachten (Tabelle 7).

Tabelle 7: Die drei Risikotypen und ihre Beherrschbarkeit durch Diversifizierung[9]

Einzelwertrisiko (wegdiversifizierbar)	Dieses Risiko kann man durch geeignete Diversifizierung vollständig eliminieren, da es auf negative Einflüssen zurückgeht, die nur diese einzelne Aktie treffen, z. B. auf eine falsche Entscheidung der Geschäftsleitung, einen Großbrand auf dem Firmengelände, die spezifische Eigenkapitalausstattung des Unternehmens, eine desolate Personalpolitik, das Auslaufen eines profitablen Patents etc.
Asset-Klassen-Risiko (wegdiversifizierbar)	Dieses Risiko lässt sich durch Diversifizierung über mehrere Asset-Klassen hinweg beseitigen, da es auf negative Einflüsse zurückgeht, die jeweils nur eine oder wenige Asset-Klassen treffen, z. B. auf den negativen Einfluss fallender Zinsen auf Bankaktien, den Ölpreisanstieg auf die Automobilindustrie, branchenweite Streiks etc.
Gesamtmarktrisiko (*nicht* wegdiversifizierbar)	Darunter versteht man das Risiko des weltweiten Aktienmarktes schlechthin. Auch durch noch so viel Diversifizierung lässt sich dieses Risiko nicht beseitigen, denn es geht auf Einflussfaktoren zurück, die alle Aktien weltweit betreffen (z. B. die »Nachrangigkeit« von Dividendenansprüchen gegenüber Zinsansprüchen, die Wechselkurse der Weltwährungen, die Konjunktursituation in den größten Volkswirtschaften der Welt und viele andere Einflüsse, die weltweit alle Aktienmärkte tangieren).

Durch eine breite Streuung auf verschiedene Aktien und Asset-Klassen lassen sich die unternehmensspezifischen und Asset-Klassen-spezifischen Renditeschwankungen eines Portfolios vollständig eliminieren, denn aufgrund genau dieser beiden Risikotypen liegt die Korrelation zwischen einzelnen Aktien und einzelnen Asset-Klassen häufig unter 1,0. Mithin ist niemand, der in Aktien investieren will, gezwungen, diese beiden Risikoarten zu tragen. Da das so ist, »bezahlt« der Finanzmarkt die Anleger *nicht* für das Tragen dieser Risiken, denn diese können ja ohne Renditeverzicht – also ohne Kosten – wegdiversifiziert werden. Der Markt bezahlt den Anleger lediglich für das Tragen gesamtmarktbezogener Risiken (da sich diese *nicht* wegdiversifizieren lassen). Diese Erkenntnis ist von kaum zu überschätzender praktischer Tragweite und geht auf den Nobelpreisträger William Sharpe zurück. Sie ist durch viele statistische Untersuchungen bestätigt worden und in der Finanzwissenschaft unumstritten.

Untersuchungen zufolge umfasst das gesamtmarktbezogene, nicht wegdiversifizierbare Risiko einer individuellen Aktie oder Anleihe in einem nicht bis kaum diversifizierten Portfolio durchschnittlich etwa 30–40 % des Gesamtrisikos. Die übrigen 60 bis 70 % bestehen aus unternehmensspezifischem und Asset-Klassen-spezifischem – also wegdiversifizierbarem – Risiko. Mischt man nun verschiedene Einzelwerte und Asset-Klassen in einem Portfolio, so führt das zu einer erfreulichen Senkung des Gesamtrisikos, wie Abbildung 1 (S. 50) veranschaulicht.

Das gesamtmarktbezogene Risiko lässt sich zwar nicht wegdiversifizieren, aber man kann es bis zu einem gewissen Grad »steuern«. Genauer gesagt verfügt der Anleger über zwei »indirekte« Einflussmöglichkeiten auf dieses unangenehme Restrisiko:

1. *Die Beimischung einer risikofreien Anlage*, z. B. eines Festgeldes, eines Bundeswertpapiers mit einer Laufzeit von bis zu zwölf Monaten oder eines (fast risikofreien) Geldmarktfonds einer namhaften Bank (alle Anlagen in Euro). Proportional zur Beimischung der risikofreien Anlage sinkt auch die Rendite eines vormals zu 100 % aus Aktien bestehenden Portfolios, aber auch sein Risiko (seine Wertschwankungen).

2. *Die Wahl des Anlagehorizonts.*
Je länger der Anlagezeitraum für ein einzelnes Asset oder für ein Portfolio von Assets ausfällt, desto höher ist die Wahrscheinlichkeit, in diesem Zeitraum die langfristig zu erwartende Durch-

Abbildung 1: **Beseitigung des einzelwertbezogenen und des Asset-Klassen-Risikos eines Portfolios durch internationale Diversifizierung**

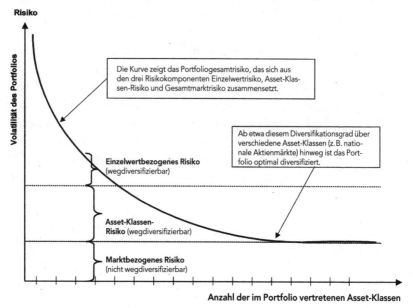

Risiko

Volatilität des Portfolios

Die Kurve zeigt das Portfoliogesamtrisiko, das sich aus den drei Risikokomponenten Einzelwertrisiko, Asset-Klassen-Risiko und Gesamtmarktrisiko zusammensetzt.

Ab etwa diesem Diversifikationsgrad über verschiedene Asset-Klassen (z. B. nationale Aktienmärkte) hinweg ist das Portfolio optimal diversifiziert.

Einzelwertbezogenes Risiko (wegdiversifizierbar)

Asset-Klassen-Risiko (wegdiversifizierbar)

Marktbezogenes Risiko (nicht wegdiversifizierbar)

Anzahl der im Portfolio vertretenen Asset-Klassen

schnittsrendite des Assets bzw. Portfolios auch tatsächlich zu erreichen. Was bedeutet das konkret? Je länger ein Portfolio unverändert existiert, desto wahrscheinlicher wird das Gesamtergebnis am Ende dieses Zeitraumes dem ursprünglich erwarteten Ergebnis (zum Beispiel dem langfristigen Durchschnittsertrag für das bestimmte Wertpapier bzw. die Asset-Klasse) entsprechen. Grund dafür ist, dass mit zunehmender Anlagedauer die einzelnen vorübergehenden, positiven wie negativen Renditeschwankungen dazu neigen, sich auszugleichen. Dieses Gesetz kommt in der allgemein akzeptierten Empfehlung zum Ausdruck, dass man risikobehaftete, also stark schwankende Anlagen nur tätigen sollte, wenn man es sich leisten kann, lange Zeit (mehrere Jahre) zu warten, bevor die Anlage wieder liquidiert wird. Noch einmal anders formuliert: Die Wahrscheinlichkeit, dass das Erwartete (die langfristige Durchschnittsrendite) auch tatsächlich eintritt, steigt deutlich mit der Länge der Anlageperiode. Das geht auch aus der folgenden Tabelle hervor.

	Einzelne Jahresrenditen von 1970 bis 1999 (30 Einzelwerte)		Rollierende Zehnjahresrenditen von 1970 bis 1999 (21 Einzelwerte)	
	Deutschland (MSCI-Index)	Welt (MSCI-Index)	Deutschland (MSCI-Index)	Welt (MSCI-Index)
Standard-abweichung	25,2%	15,8%	4,2%	3,6%
Höchster Einzelwert	84,4% p.a.	42,8% p.a.	16,1% p.a.	19,3% p.a.
Niedrigster Einzelwert	-38,4% p.a.	-24,5% p.a.	2,2% p.a.	6,3% p.a.

Quelle: Morgan Stanley Capital International

Ein Vergleich der beiden Betrachtungszeiträume von einem Jahr und von zehn Jahren zeigt, dass für das kürzere jährliche Intervall sowohl die Spannbreite der Renditen als auch die Standardabweichung weitaus höher liegen.

3.4 Asset-Klassen-Allokation: Nichts beeinflusst Rendite und Risiko ihres Portfolios stärker

»The market will go up and it will go down,
but not necessarily in that order.«
J. P. Morgan, 1837–1913, erfolgreichster Bankier der Neuzeit

Viele Leser wird es überraschen: Die wichtigste einzelne Entscheidung im Hinblick auf die Rendite und das Risiko eines Portfolios betrifft die Auswahl der in dem Portfolio enthaltenen Asset-Klassen und deren Gewichtung – nicht jedoch, wie viele Anleger annehmen, die Auswahl der in der einzelnen Asset-Klasse enthaltenen konkreten Wertpapiere. Warum das so ist, werden wir in diesem Abschnitt erläutern. Dieses Wissen wird ihnen dabei helfen, den höchstmöglichen Ertrag bei einem gegebenen Risiko zu erzielen.

Tabelle 8: Die wesentlichen Asset-Klassen[10]

Aktien	Staatsanleihen	Unternehmensanleihen	Immobilien
Europa	Cash / kurzfr. Laufzeit (< 12 Mon.)*	Kurzfr. Laufzeit (< 12 Mon.)	Wohnimmobilien
→ Blue-Chips	→ Währung: Euro	→ Währung: Euro	→ national
→ Mid-Caps	→ Fremdwährung	→ Fremdwährung	→ international
→ Small-Caps	Mittelfr. Laufzeit (12–60 Mon.)	Mittelfr. Lautzeit (12–60 Mon.)	Gewerbeimmobilien
Nordamerika			
→ Blue-Chips	→ Währung: Euro	→ Währung: Euro	→ national
→ Mid-Caps	→ Fremdwährung	→ Fremdwährung	→ international
→ Small-Caps	→ Langfr. Laufzeit (> 60 Mon.)	→ Langfr. Laufzeit (> 60 Mon.)	
Japan, Ozeanien	→ Währung: Euro	→ Währung: Euro	
→ Blue Chips	→ Fremdwährung	→ Fremdwährung	
→ Mid-Caps			
→ Small-Caps	Hochzinsanleihen (Junk-Bonds)	Hochzinsanleihen (Junk-Bonds)	
Emerging Markets	→ Fremdwährung	→ Währung: Euro	
→ Osteuropa		→ Fremdwährung	
→ Asien inkl. Russl.			
→ Lateinamerika			

* Darunter sind z. B. Termingelder, verzinsliche Tagesgeldkonten, Geldmarktfonds und festverzinsliche Wertpapiere mit Laufzeiten unter einem Jahr zu verstehen.

Doch zunächst noch einige ergänzende Bemerkungen zum unscheinbaren, aber wichtigen Begriff der »Asset-Klasse«. Aktien können, ebenso wie andere Wertpapiere, in solche Klassen eingruppiert werden. Eine Asset-Klasse ist eine Gruppe von Assets mit ähnlichen Risiko- und Renditemerkmalen, die weitgehend gleichen makroökonomischen Einflüssen ausgesetzt sind. So besitzen z. B. alle deutschen Bankaktien in langfristiger Betrachtung verblüffend ähnliche Rendite- und Risikomerkmale, das heißt, die Aktienkurse dieser Banken entwickeln sich im Zeitablauf überwiegend parallel und reagieren auf Markteinflüsse (z. B. Zinsveränderungen) ähnlich. Mit zunehmender

Feindifferenzierung nimmt die Einheitlichkeit des Risiko-/Rendite-profils in den daraus resultierenden Asset-Klassen ebenfalls weiter zu.

Der Begriff der Asset-Klasse lässt sich gut anhand einiger Beispiele verdeutlichen. Tabelle 8 zeigt dazu eine grobe, aber für unsere Zwecke ausreichende Aufstellung einiger Haupt-Asset-Klassen.

Eine feinere Untergliederung der hier genannten Haupt-Asset-Klassen wäre zwar ohne weiteres möglich. Die beiden Anleihenkategorien könnte man beispielsweise noch nach Bonität (Rating) differenzieren. Eine stärkere Feingliederung wäre aber wohl nur für Investoren mit sehr großen Anlagevolumina interessant. Für den normalen Privatinvestor dürfte schon diese Klassifizierung zu stark differenziert sein.

Man könnte die Haupt-Asset-Klassen auch ganz anders untergliedern, z. B. bei Aktien nach Branchen und unterhalb der Branchenebene nach Weltregionen. Jede Struktur – sofern einigermaßen umfassend – ist so gut wie jede andere. Die hier präsentierte hat unter anderem den Vorteil, dass man sie mit den am Markt vorhandenen Investmentfonds relativ einfach nachbilden kann.

Eingangs nannten wir bereits eines der faszinierendsten Forschungsergebnisse der Finanzwissenschaft in den letzten 20 Jahren, das wir nun weiter ausführen wollen:

Über 90 % der Rendite eines Aktienportfolios wird von der Auswahl der in ihm enthaltenen Asset-Klassen bestimmt, der sogenannten Asset-Klassen-Allokation. Weniger als 10 % der Rendite geht auf die in den einzelnen Asset-Klassen enthaltenen konkreten Wertpapiere zurück.

Wie kommt es nun zu dieser Feststellung, die so weitreichende Bedeutung für die Festlegung einer Anlagestrategie hat? Betrachten wir dazu kurz die Methodik zahlreicher Forschungsstudien zu diesem Thema:

Schritt 1: Auf Zufallsbasis wählt man eine größere Zahl von Aktienportfolios aus (z. B. 100), die Aktien aus mehrere Asset-Klassen enthalten.

Schritt 2: Man dokumentiert die Renditen und Volatilitäten dieser Portfolios über einen Zehnjahreszeitraum hinweg, z. B. für jedes Jahr oder für zwei, fünf und zehn Jahre.

Schritt 3: Man vergleicht mithilfe relativ komplexer statistischer Techniken diese Renditen und Volatilitäten, um herauszufinden, welche Ursachen für die 100 unterschiedlichen (Brutto-)Portfoliorenditen in welchem Maße verantwortlich waren. Solche Ursachen können etwa das Timing der Aktienkäufe und -verkäufe sein, die Auswahl von bestimmten Aktientypen wie etwa Growth- oder Value-Aktien (siehe Glossar), die Konzentration auf bestimmte Asset-Klassen usw.

Die bekannteste Studie zu diesem Thema stammt von den amerikanischen Wissenschaftlern Brinson, Hood und Beebower (siehe Literaturverzeichnis). Ihre Langzeitstudien ergaben einen Einfluss der Asset-Klassen-Allokation auf die Portfoliorendite von 91,5 %. Seitdem wurden zahllose weitere Studien angestellt, die zu ähnlichen Ergebnissen kamen.

Aber selbst als Laie kann man dieses Phänomen – ohne jedes wissenschaftliche Hilfsmittel – beobachten. Nimmt man eines der monatlich erscheinenden Fonds-Rankings in den Anlegerzeitschriften *Capital*, *FinanzTest* oder ähnlichen Magazinen zur Hand und vergleicht dort die Renditen verschiedener Fonds innerhalb klar definierter Asset-Klassen (z. B. deutsche Nemax-Fonds) über einen Zeitraum von zwei Jahren oder länger hinweg, wird man eine erstaunlich geringe Variation dieser Renditen zwischen den einzelnen Fonds feststellen. Vergleicht man hingegen Fonds aus *unterschiedlichen* Asset-Klassen (z. B. amerikanische Technologiefonds mit deutschen Dax-Fonds), sind die Ergebnisse sehr viel breiter gestreut. Das ist zu erwarten, denn diese Fonds decken unterschiedliche Asset-Klassen ab. Daher sind auch ihre Renditen mit hoher Wahrscheinlichkeit sehr unterschiedlich, während Fonds, die dieselbe Asset-Klasse abdecken, auch sehr ähnliche Renditen aufweisen.

Warum ist das so? Eine einfache Antwort auf diese Frage könnte lauten: Da eine Asset-Klasse ja dadurch definiert wird, dass die in ihr zusammengefassten Wertpapiere ähnliche Rendite- und Risikomerkmale besitzen und ähnlichen makroökonomischen Einflüssen ausgesetzt sind, überrascht es nicht, wenn die Auswahl eines einzelnen Wertpapiers innerhalb einer Asset-Klasse langfristig keinen großen Einfluss auf die Rendite eines Gesamtportfolios hat.

Neben den gleichartigen Eigenschaften und Einflüssen spielt aber eine andere wichtige Ursache für die hohen Einfluss der Asset-Klassen und den geringen Einfluss der Einzelaktienauswahl eine Rolle, nämlich die inzwischen in annähernd zweitausend wissenschaftlichen Studien bestätigte Erkenntnis, dass »aktives Portfoliomanagement«, wie z. B. Stock-Picking, verblüffend schlecht funktioniert. Aktives Portfoliomanagement ist das, was rund 80 % aller professionellen Anleger und 98 % aller Privatanleger betreiben: der Versuch, auf der Basis einer bestimmten Anlagestrategie eine »Überrendite« zu erzielen, also eine höhere Rendite als der relevante Vergleichsindex. Der jeweilige Anleger oder Fondsmanager sucht dazu Wertpapiere, die der restliche Markt aus seiner Sicht vorübergehend gegenüber ihrem »fairen« Preis entweder über- oder unterbewertet hat. (Das Wort »fair« hat in diesem Zusammenhang, anders als im allgemeinen Sprachgebrauch, keine moralische Bedeutung.) Das Gegenteil von aktivem Portfoliomanagement ist – natürlich – passives Portfoliomanagement, z. B. in der Form von Indexfonds (siehe dazu Abschnitt 5.5).

Überrendite

In diesem Buch werden wir den Begriff der *Überrendite* (Outperformance) noch oft gebrauchen. Um Missverständnisse zu vermeiden, muss man »Überrendite« und »Rendite« sehr klar auseinanderhalten. Überrenditen sind Renditen, die über der Performance des entsprechenden Marktsegmentes (der Asset-Klasse) liegen, wenn man das Risiko (z. B. in Form des Sharpe-Ratios) und die Transaktionskosten des Wertpapierhandels berücksichtigt. Beispiel: Deutsche Top-Aktien (Blue-Chips) erbringen im langfristigen Durchschnitt eine Bruttorendite von etwa 12 %. Erzielt ein Anleger in diesem Marktsegment (unter Berücksichtigung des Risikos) langfristig ein Ergebnis über 12 %, liegt eine Überrendite vor. Man kann auch für einzelne Jahre von einer Überrendite sprechen: Der amerikanische Blue-Chip-Aktienmarkt lieferte 1999 eine Bruttorendite von 39,9 %. Ein besseres Ergebnis innerhalb dieses Marktsegmentes unter Berücksichtigung des Risikos und der Transaktionskosten wäre eine Überrendite gewesen. Je kürzer man das Betrachtungsintervall wählt, desto häufiger treten Überrenditen auf.

Wenn es stimmt, dass aktives Portfoliomanagement schlecht funktioniert, dann sind einzelne Kaufentscheidungen für Aktien in circa 50 Prozent der Fälle »richtig« (sie liefern also eine Überrendite) und in 50 Prozent der Fälle »falsch« (sie liefern keine Überrendite). Somit spielt das konkrete Kaufverhalten des einzelnen Fondsmanagers normalerweise eine untergeordnete Rolle, und es müssen andere Ursachen für das Rendite-/Risikoprofil des Portfolios verantwortlich sein.

Warum aktives Portfoliomanagement so schlecht funktioniert und welche Schlussfolgerungen ein internationaler Fondsanleger daraus ableiten sollte, wollen wir im Folgenden untersuchen.

3.5 Die Bedeutung der Efficient-Market-Theorie für internationale Anleger

»Die Efficient-Market-Theorie ist die praktischste Sache der Welt.«

Eugene Fama, Finanzwissenschaftler, Nobelpreisanwärter

Die Efficient-Market-Theorie (EMT) hat zwei ins Auge stechende Eigenschaften: Erstens ist sie die mit Abstand am schärfsten angegriffene finanzwissenschaftliche Theorie in der Investmentbranche (weniger in der Finanzwissenschaft) und zweitens ist sie diejenige Theorie, die – sofern Sie zutrifft – unter allen Forschungsergebnissen der Finanzwissenschaft die größte Bedeutung für Anleger hat. Der Kern dieser Theorie lässt sich relativ einfach darstellen:

Die EMT sagt aus, dass Wertpapierkurse zu jedem gegebenen Zeitpunkt alle *existierenden Informationen über diese Wertpapiere beinhalten. Daher sind Marktpreise stets faire Preise. Eine Unterbewertung oder Überbewertung von Wertpapieren ist somit ausgeschlossen.*

Die Implikationen dieser Aussage – die manchen zunächst naiv erscheinen mag – sind tiefgreifend. Die meisten Aktienanleger kaufen Aktien in der Annahme, dass diese Wertpapiere mehr wert sind als der Preis, den sie dafür bezahlen, und verkaufen Aktien in der Annahme, dass diese Papiere weniger wert sind als das, was sie dafür erhalten.

Nimmt man jedoch einen effizienten Aktienmarkt an, spiegeln die gegenwärtigen Marktpreise (Kurse) *alle* Information über die entsprechenden Aktien wider. Dann ist das Kaufen und Verkaufen von Aktien mit dem Ziel, den Markt zu schlagen, ein glücksspielartiges Unterfangen (luck based game) und eben gerade kein Vorhaben, bei dem Können und/oder Wissen den Erfolg bestimmen (skill based game).

Der EMT zufolge sind Kursprognosen in gewisser Weise sinnlos; der gegenwärtige Marktkurs wird als die beste Schätzung für den künftigen Kurs betrachtet. Jeder andere Kurs ist weniger wahrscheinlich. Dementsprechend sind auch »systematisch ausbeutbare« Kursprognosen, wie sie Analysten jährlich zu Tausenden abgeben, nutzlos. Und tatsächlich wurde nachgewiesen, dass solche Prognosen für einzelne Wertpapiere oder für ganze Marktsegmente (a) eine Trefferquote aufweisen, die über einen längeren Zeitraum hinweg nur relativ wenig über der statistischen Zufallstrefferquote liegt, und (b) *nach* Transaktionskosten und bei Berücksichtigung des im Rahmen einer »aktiven Anlagestrategie« in Kauf zu nehmenden Risikos (dazu weiter unten mehr) nicht profitabel ausgebeutet werden können. Mit anderen Worten: Das Anlegen nach Kursprognosen führt risikoadjustiert nur zufällig zu einer langfristigen Überrendite gegenüber dem relevanten Marktindex.

Die EMT entstand in den sechziger Jahren mit der Dissertationsschrift des amerikanischen Ökonomen Eugene Fama. Seine damalige, später vielfach zitierte Definition eines effizienten Marktes lautete wie folgt:

> »Ein effizienter Markt wird definiert als ein Markt, in dem eine große Anzahl rationaler Investoren agieren, die gewinnmaximierend handeln, die aktiv miteinander konkurrieren und die alle die Zukunft zu prognostizieren versuchen, und wo wesentliche Informationen allen Anlegern beinahe kostenlos zur Verfügung stehen. In einem solchen Markt führt der Wettbewerb unter den Marktteilnehmern zu einer Situation, in der zu jedem gegebenen Zeitpunkt die tatsächlichen Preise einzelner Wertpapiere alle Auswirkungen von Ereignissen widerspiegeln, die entweder bereits stattgefunden haben oder die der Markt in diesem Augenblick für die Zukunft erwartet. Mit anderen Worten, in einem effizienten Markt stellt der tatsächliche Wertpapierkurs zu jedem Zeitpunkt eine gute Schätzung des inneren Wertes des Wertpapiers dar.«

In einem effizienten Markt ist es somit nicht möglich, systematische Überrenditen zu erzielen.

Ein wichtiger Spezialaspekt der EMT ist die Random-Walk-Theorie (wörtlich übersetzt: Zufallslauftheorie). *Random Walk* ist ein Begriff aus der Statistik, der in diesem Zusammenhang den Verlauf von Aktienkursen im Zeitablauf beschreibt. Die Random-Walk-Theorie sagt aus, dass historische Kursverläufe keine Aussagen über künftige Kursverläufe zulassen. Tatsächlich lässt sich nachweisen, dass der Verlauf von Wertpapierkursen – nach Berücksichtigung des natürlichen Aufwärtstrends (beim Dax rund 0,052 % pro Trading-Tag) – keinerlei Muster enthält, die nicht auch durch Zufall entstanden sein könnten. Dementsprechend sind selbst Experten oder Computer nicht in der Lage, Kursdiagramme, die per Zufallsgenerator (mit einprogrammiertem natürlichem Aufwärtstrend) erzeugt wurden, von echten Kursdiagrammen zu unterscheiden. Salopp formuliert: »Der Wertpapiermarkt hat kein Gedächtnis.« Die Kurse von gestern bedeuten nichts für die Kurse von heute. Zwar kann allein der Glaube an die Wirksamkeit eines Chartsignals kurzfristige Marktanomalien auslösen, falls die »Anlegerherde« diesem Signal folgt, doch genügt es für einen effizienten Markt bereits, wenn ein relativ kleiner Teil der Akteure rational handelt, und diese Anleger müssen nicht immer dieselben sein. Darüber hinaus treten solche Phänomene nicht systematisch auf, das heißt, sie lassen sich nicht zuverlässig vorhersagen – und nur unter dieser Voraussetzung könnte eine risikolose Zusatzrendite erzielt werden.

Erhält der Markt nun tatsächlich eine neue (also *unerwartete*) Information, passt sich der Marktpreis rasend schnell, buchstäblich innerhalb von Sekunden, an. Viele Untersuchungen haben für die meisten Börsen Anpassungszeiträume zwischen fünf Sekunden und wenigen Minuten festgestellt. Für das Bekanntwerden der neuen Information im Markt bedarf es keiner speziellen Verlautbarung; das Reagieren der einzelnen Marktteilnehmer auf die Information selbst sorgt bereits für ihre Übertragung.

Wie muss man sich diese Informationseffizienz konkret vorstellen? Ein Beispiel: Angenommen, die Aktie der Tango AG notiert heute bei genau 100 Euro. Morgen werden die Quartalszahlen zusammen mit

einer Einschätzung des Managements über den erwarteten Geschäfts-
verlauf für die kommenden zwölf Monate einschließlich des Verhand-
lungsstandes über einen sehr lukrativen Großauftrag bekannt gegeben. Im Einzelnen sind diese Informationen aber heute noch nicht
bekannt. Allgemein besteht kein Zweifel – so auch in der Presse nach-
zulesen –, dass die morgigen Neuigkeiten »erfreulich« sein werden, es
werden sogar erwartete Werte zu den wesentlichen Ertragskennzah-
len angegeben. Bestätigt sich nun am nächsten Tag diese Annahme,
wird sich der Kurs nicht ändern, denn das Erwartete ist eingetroffen.

Anders formuliert: Wüsste man mit Sicherheit, dass der Preis der
Tango-Aktie morgen von 100 auf 110 stiege, würde man die Aktie
schon heute kaufen, und zwar so lange, bis der Preis auf 110 gestiegen
wäre. Folglich könnte der Preis morgen nicht mehr steigen. Es ist somit
logisch unmöglich, dass am Markt verfügbare Informationen nicht
bereits im aktuellen Kurs enthalten (im Börsendeutsch: »eskomptiert«
oder eingepreist) sind. Louis Bachelier, der Begründer der modernen
Finanzwissenschaft, stellte schon im Jahr 1900 fest: »Ganz klar ist der
vom Markt als am wahrscheinlichsten angenommene Preis der wahre,
korrekte Preis; wäre der Markt anderer Meinung, wäre der Marktpreis entweder höher oder niedriger.« In einem effizienten Markt
ändern sich Preise nicht, wenn das Erwartete eintritt. Ändern sich die
Preise doch, dann nur aufgrund *neuer* Informationen. Neu sind Informationen aber nur, wenn sie eben *nicht* schon bekannt und auch nicht
vorhersehbar waren. Wenn ein Ereignis »vorhersehbar« ist, ist die entsprechende Information nicht neu und hat daher den Preis bereits
beeinflusst, ist also schon darin berücksichtigt. Jede wirklich neue
Information wird und muss jedoch – weil sie nicht systematisch erahn-
oder vorhersagbar ist – zufälligen Inhalt haben (Börsendeutsch: »random«). »Zufällig« nicht im Sinne von gut oder schlecht, sondern hinsichtlich der Frage, ob die Information die Markterwartungen (die
gegenwärtige Einschätzung der Aktie) bestätigt oder nicht. Da der
Zufall nicht vorhersagbar ist, ist auch der Wertpapierkurs nicht vorhersagbar. Weil also alle verfügbaren Informationen bereits im Preis
eines Wertpapiers enthalten sind und ein Prognostiker all jene Informationen, die der Kurs noch nicht reflektiert, nicht kennen kann, sind
systematisch ausbeutbare Kursprognosen unmöglich.

Die Informationseffizienz betrifft insbesondere den kursbeeinflussenden Effekt von Risiken. In einem effizienten Markt sind alle bekannten (erwarteten) Risiken und die Wahrscheinlichkeit ihres Auftretens bereits im Marktpreis des Wertpapiers enthalten. Insofern können solche Risiken nur dann einen weiteren negativen Einfluss auf den Marktpreis eines Wertpapiers auslösen, wenn die Risiken plötzlich, vom Markt unerwartet, größer oder wahrscheinlicher werden oder der Risikofall tatsächlich eintritt. Das könnte z.B. die Senkung des Ratings einer Aktie durch eine der großen Rating-Agenturen sein.

Mittlerweile sind unzählige Studien zur Efficient-Market-Theorie und Random-Walk-Theorie veröffentlicht worden, insbesondere zu der Frage, *wie* effizient bestimmte Märkte sind, aber auch grundsätzliche Überprüfungen dieser Theorien. Zusammenfassend kann man sagen, dass die Ergebnisse dieser Studien die Markteffizienz für Wertpapiermärkte sehr weitgehend bestätigt haben.[11]

Die wesentliche Schlussfolgerung der EMT besteht in einem Satz darin, dass Wertpapierinvestments, die auf die Erzielung von *Über*renditen gerichtet sind, ein Glücksspiel sind (dies gilt nicht hinsichtlich der Erzielung von Renditen an sich). Die EMT-Debatte spielt deshalb für Anleger bei der Beantwortung der Frage, ob sie »aktiv« oder »passiv« investieren sollten, eine eminent wichtige Rolle.

Aktives Anlagemanagement ist das, »was alle machen«. Über 95 % aller privaten Anlagegelder und rund 80 % der professionellen Anlagen werden aktiv gemanagt. Bei aktivem Investieren will der Anleger oder Fondsmanager Wertpapiere finden, die vom Markt gegenüber ihrem »fairen« (also »angemessenen«) Preis falsch bewertet werden, also entweder zu teuer oder zu billig sind. Im Falle zu billiger, unterbewerteter Aktien wird der aktive Anleger diese Aktie kaufen. Danach hält er das Papier so lange, bis der Markt den Bewertungsirrtum erkannt hat und den Preis durch verstärkte Nachfrage auf seinen fairen Level hinaufkorrigiert. An diesem Punkt verkauft der Anleger das Wertpapier wieder. Die Frage, wie ein Anleger die Unter- oder Überbewertung eines Wertpapiers erkennt, hängt von der speziellen aktiven Anlagestrategie ab, die er verfolgt. Davon gibt es – je nach Zählweise – rund einhundert oder mehr. Die bekanntesten sind *Stock-Picking auf der Basis fundamentaler Analyse, Stock-Picking auf der Basis technischer Analyse* und *Market-Timing auf der Basis makroökonomischer Analysen* (vorübergehendes Über- oder Untergewichten von Märkten oder Marktsegmenten).

Passives Anlagemanagement macht dagegen keinerlei Versuch, attraktive von unattraktiven Wertpapieren zu unterscheiden, Wertpapierkurse zu prognostizieren oder Märkte zu timen. Passive Anleger investieren nach dem Buy-and-Hold-Grundsatz in ein oder mehrere breite Segmente des Aktienmarktes (Asset-Klassen), z. B. in Form von Indexfonds. Sie geben sich mit der jeweiligen Marktrendite zufrieden und versuchen die hohen Transaktionskosten eines aktiven Portfoliomanagements zu vermeiden (siehe Abschnitt 5.5).

Oft wird behauptet, dass die EMT – sofern sie denn zutreffe – das Hauptargument für passives Portfoliomanagement sei. Das ist nicht ganz korrekt. Die EMT ist nur das zweitwichtigste Argument für passives Portfoliomanagement, sprich: die Wahl von Indexanlagen. Noch mächtiger als die EMT ist folgendes ebenso banales wie oft übersehenes Gesetz: der »Nullsummenspiel-Charakter« der Wertpapiermärkte hinsichtlich der Verteilung von Überrenditen unter allen Anlegern. Was bedeutet dieses so umständlich beschriebene Phänomen?

Es ist eine mathematische Notwendigkeit, die überhaupt nicht von der Effizienz der Wertpapiermärkte abhängt, dass 50 % aller investierten Geldeinheiten über und 50 % unter dem Marktdurchschnitt (Index) liegen.[12] Das war zu allen Zeiten so und wird sich auch in Zukunft nicht ändern. Selbst wenn alle Anleger über die Expertise eines Warren Buffet oder eines Peter Lynch verfügten, würde dieses Gesetz noch gelten. Die Efficient-Market-Theorie erklärt lediglich, warum die unweigerlich vorhandenen Outperformer (vor Kosten) nicht ausschließlich Profianleger sind, sondern sich etwa repräsentativ aus allen Anlegergruppen (auch aus den Reihen der Privatanleger) zusammensetzen. (Rund 85 % aller global investierten Mittel kommen von institutionellen, also professionellen Investoren, nur etwa 15 % von Privatanlegern.) Die sogenannten Transaktionskosten, also die Kosten des Anlegens sorgen dann dafür, dass weit mehr als die Hälfte der Anleger unter dem Index liegen, nämlich 70 bis 95 %, und zwar mit durchschnittlich etwa 2,2 Prozentpunkten, das sind die durchschnittlichen Anlagekosten pro investierter Geldeinheit (die aber clevere Anleger problemlos auf 0,5 % senken können, wenn sie auf aktives Traden verzichten).

Dass in manchen der in Zeitungen und Zeitschriften veröffentlichten Renditevergleiche weit mehr als die Hälfte aller Fonds über dem Marktindex liegen, ist zumeist Folge eines »Äpfel-und-Birnen«-Vergleichs. Die entsprechenden Fonds repräsentieren nicht genau dieselbe Asset-Klasse wie der Vergleichsindex. Überspitzt formuliert: Wenn Sie Emerging-Market-Fonds mit dem Dax vergleichen, ist es nicht verwunderlich, wenn 99 % und mehr aller aktiven Fonds besser abschneiden. Beispielsweise gibt es praktisch keinen deutschen Blue-Chip-Fonds, der nicht auch außerhalb der Dax30-Aktien investiert. Trotzdem werden so gut wie nie der H-Dax (die 100 größten Aktien Deutschlands) oder der C-Dax (die etwa 360 größten Aktien) – die eigentlich passenden Benchmarks – verwendet, sondern eben der Dax, weil dieser so bekannt ist. Streng genommen ist das zwar irreführend, dennoch ist es üblich.

Es gibt noch ein weiteres methodisches Problem, an dem neun von zehn Untersuchungen kranken und das durchweg die Durchschnittsperformance aktiver Fonds um rund 1,5 Prozentpunkte hebt: der »Survivorship bias«, ein Bonus, der dadurch entsteht, dass unter den aktiv gemanagten Fonds jene fehlen, die aufgrund katastrophaler Performance vom Markt genommen wurden (Näheres siehe Glossar).

Hier ein Zitat des Nobelpreisträgers William Sharpe zu unserem Thema: »Wenn die Begriffe ›aktives‹ und ›passives‹ Portfoliomanagement richtig verstanden werden, dann sind folgende Aussagen zwangsläufig wahr: Erstens, vor Kosten ist die Rendite der durchschnittlichen aktiv gemanagten Geldeinheit gleich hoch wie die der durchschnittlichen passiv gemanagten Geldeinheit. Zweitens, nach Kosten ist die Rendite der durchschnittlichen aktiv gemanagten Geldeinheit niedriger als diejenige der durchschnittlichen passiv gemanagten. Diese zwei Aussagen gelten für jede Zeitperiode und setzen keine zusätzliche Annahme voraus.«

Kommen wir zurück zur Efficient-Market-Theorie mit dem Hinweis auf eine wichtige Einschränkung: Die EMT bezieht sich natürlich nur auf Wertpapiermärkte. Die Mehrzahl der »normalen« Gütermärkte ist mehr oder weniger *in*effizient. Beispiel: der Gebrauchtwagenmarkt. Hier ist es möglich, mit Fachverstand, Marktübersicht und entsprechendem Suchaufwand einzelne Fahrzeuge zu finden, die entweder »zu billig« oder »zu teuer« sind. Als Käufer würde man sich auf die zu billigen Autos konzentrieren und könnte so (bei gleichem Risiko) gegenüber dem durchschnittlichen Marktakteur höhere Renditen auf das eingesetzte Kapital erzielen.

Wie steht es nun mit den Einwänden gegen die Efficient-Market-Theorie, etwa dem Hinweis auf die unzweifelhafte Existenz einzelner Anleger, die über lange Zeit hinweg den Markt nach Kosten und Risiko schlagen? Dieses Faktum ist für sich genommen keine Widerlegung der EMT, obwohl in der Finanzpresse derartige Aussagen ständig zu lesen sind (was auf die Kompetenz der betreffenden Journalisten schließen lässt…). In jedem *luck based game* wird es Teilnehmer geben, deren Spielergebnis vom statistischen Erwartungswert über lange Phasen hinweg positiv abweicht. Würde man z. B. 66 500 Personen jeweils zehnmal hintereinander würfeln lassen, müsste statistisch gesehen einer unter ihnen sein, der zehn Sechsen würfelt. Gleichwohl kann keiner der Anleger *vor* dem Spiel erwarten, einen Augendurchschnitt zu erreichen, der wesentlich von 3,5 abweicht. Mit Hilfe statistischer Techniken lässt sich untersuchen, wie lange die Outperformance eines Anlegers anhalten muss, bis man mit 99-prozentiger Sicherheit davon ausgehen kann, dass diese Überrendite auf Können und nicht auf Glück zurückzuführen ist. Nimmt man eine Aktienmarktrendite von 12 % p.a. an und eine kontinuierliche, jedes Jahr erzielte Überrendite von zwei Prozentpunkten (also eine Rendite von 14 % p.a.), dauert es etwa 70 Jahre, bis sich mit 99-prozentiger Wahrscheinlichkeit schlussfolgern lässt, die Überrendite sei auf Können statt auf Zufall (Glück) zurückzuführen. Das hängt einfach damit zusammen, dass in jedem Glücksspiel unüblich »erfolgreiche« Spieler vorkommen. Diese sind aber nicht im Voraus identifizierbar.

Obwohl der EMT zufolge systematisch ausbeutbare Kursprognosen praktisch unmöglich sind, wird dennoch niemand bestreiten, dass es nicht doch »irgendwo da draußen« oder irgendwann in der Zukunft eine Anlagestrategie gibt oder geben wird, mit der man zuverlässig Überrenditen erzielen kann. In der Tat wurden in der Vergangenheit immer wieder einfache oder auch komplexe Strategien

Tabelle 9: Wie unterscheiden sich effiziente von ineffizienten
Wertpapiermärkten?

Unterscheidungskriterium	Effizienter Wertpapier- markt	Ineffizienter Wertpapier- markt
Wie lange dauert es, bis neue Information (also Information, die vorher nicht bekannt war) im aktuellen Wertpapierkurs berücksichtigt wird?	nur wenige Minuten	einige Tage bis mehrere Monate
Wie lange bleiben daher falsche (d.h. zu hohe oder zu niedrige) Preise von Wertpapieren bestehen, bis eine Anpassung des Preises an den »wahren« Wert (den fairen Kurs) erfolgt?	extrem kurz	manchmal sehr lange
Wie hoch ist die Chance, ein Wertpapier zu finden, das gemessen an seinem fairen Kurs zu billig ist?	sehr niedrig bis beinahe null	hoch
Lohnt es sich, diesen Wertpapiermarkt mit hohem Aufwand an Zeit und Geld zu beobachten und zu analysieren?	nein	ja
Ist der Markt übersichtlich und transparent, d.h., gibt es ausreichende, leicht zugängliche Informationen über Angebot und Nachfrage?	ja	nein
Lohnt es sich, einen professionellen Anlagemanager zu bezahlen, um eine Überrendite zu erreichen, d.h. eine höhere Performance (Rendite nach Risiko und Kosten) als der Markt?	nein	ja
Ist der Markt liquide, d.h., treffen jederzeit ein relativ breites, aus vielen einzelnen Marktteilnehmern zusammengesetztes Angebot und eine ebenso breite Nachfrage aufeinander?	ja, fast immer	nein, häufig nicht

Unterscheidungskriterium	Effizienter Wertpapier-markt	Ineffizienter Wertpapier-markt
Ist es möglich, mit einem »Dart-Portfolio« (einen Dartpfeil 30-mal blind auf den Kurszettel des Handelsblattes werfen) langfristig eine ebenso hohe Rendite wie der Markt zu erzielen?	leicht möglich	schwer möglich
Welchen »Grundcharakter« hat Investieren in diesem Markt?	luck based game (Glücksspiel)	skill based game (Fähigkeitenspiel)

bekannt, die genau das taten. Überwiegend basieren diese Strategien auf der Ausnutzung sogenannter »Marktanomalien« (siehe Glossar; engl.: *mispricings*). Indes wiederholte sich bei all diesen vermeintlichen Erfolgsstrategien das folgende Muster: Sobald die Strategien bekannt wurden, verpuffte ihre Wirksamkeit. Wie das? Nun, wenn jemand quasi mit dem Finger auf ausbeutbare Marktanomalien zeigt, indem er sie laufend mit Gewinn ausbeutet, wird die ganze Anlegergemeinschaft darauf aufmerksam, und alle »steigen ein«. Damit treibt die »Herde« den Preis für diese Investmentchance nach oben, und die Strategie verliert ihre Wirkung. Dieses blitzschnelle »Wegarbitrieren« von Gelegenheiten zur Erzielung von Überrenditen ist ein Hauptmerkmal effizienter Märkte. Die Existenz von Marktanomalien widerlegt also nicht die EMT, wie in der Presse vielfach behauptet wird. Eine Widerlegung der EMT wäre dann gegeben, wenn Marktanomalien nach ihrer Entdeckung dauerhaft weiterbestünden und bei Berücksichtigung von Transaktionskosten systematisch ausgebeutet werden könnten.

Neuerdings ist in der populären Finanzpresse vielfach zu lesen, die junge Forschungsrichtung der *Behavioral Finance* (etwa »Verhaltensökonomie«, eine neue Spezialdisziplin der Betriebswirtschaftslehre; siehe Abschnitt 6.1) widerlege die EMT. Die entsprechenden Forschungsergebnisse hätten gezeigt, dass die Mehrzahl der Anleger irrationale Verhaltensweisen an den Tag legten. Die EMT unterstelle

Arbitrage

Arbitrage beruht auf dem sogenannten »Gesetz des Preisausgleichs« (law of one price), einer zentralen Grundtatsache der Ökonomie. Das Gesetz sagt aus, dass zwei identische Güter (hier Gut A und Gut B genannt) den gleichen Marktpreis haben müssen. Wäre dies nicht der Fall, könnte jemand diese Ungleichheit ausbeuten, indem er *gleichzeitig* das billigere Gut einkauft und es teurer verkauft. (Arbitrage ist per definitionem immer risikolos.) Dies würde sich so lange fortsetzen, bis aufgrund eines Nachfragedrucks für Gut A und eines Angebotüberhanges für Gut B sich die Preise angeglichen hätten. In Bezug auf Wertpapiere bedeutet das Gesetz, dass zwei Finanz-Assets mit dem gleichen Risikograd auch den gleichen erwarteten Ertrag haben müssen, andernfalls würde es sich lohnen, das Finanz-Asset A mit dem niedrigeren Preis (und deswegen höherer erwarteter Rendite) zu kaufen und simultan zu einem höheren Preis (niedrigere Rendite) zu verkaufen. Soweit identische Güter in zwei real existierenden Märkten tatsächlich unterschiedliche Preise haben, ist dieser Zustand entweder nur temporär (bis er wegarbitriert ist) oder die Transaktionskosten für Kauf und Verkauf in den unterschiedlichen Märkten sind genauso hoch oder höher als die Preisunterschiede und verhindern so den Preisangleich.

dagegen den »Homo Oeconomicus«, also den vollständig rationalen, nutzenmaximierenden Wirtschaftsakteur, und sei deshalb realitätsfern. Die Behauptung eines solchen Widerspruches zwischen den beiden Forschungsansätzen und der Realitätsferne der EMT führt in die Irre. Erstens behauptet die Behavioral Finance nicht (und kann auch nicht behaupten), dass *alle* Anleger irrational agierten. Ein effizienter Markt, wie ihn die Ökonomen definieren, funktioniert jedoch bereits, wenn nur ein kleiner Teil (vermutlich weniger als 20 %) des Anlagevolumens bzw. die dahinter stehenden Anleger rational handeln. Und diese wenigen rationalen Anleger müssen zudem nicht stets identisch sein. Ferner haben Forschungen ergeben, dass Anlegerirrationalität zwar in der Tat häufig gegeben ist, diese Irrationalität aber selbst nicht »systematisch« ist. Anders formuliert: Anleger reagieren zwar oft »falsch« auf bestimmte Informationen, aber nicht kontinuierlich auf die gleiche Weise falsch. Falsches Verhalten wäre aber nur dann von anderen, rationalen Anlegern ausbeutbar, wenn es langfristig einigermaßen stabil in eine Richtung liefe.

Obwohl also der Behavioral-Finance-Ansatz bei genauer Betrachtung nicht im Widerspruch zur EMT steht, ist in der Wirtschaftspresse in diesem Zusammenhang immer wieder von der »neuesten Attacke gegen die Efficient-Market-Hypothese« (*Handelsblatt*) zu lesen. Wie so oft, wenn es um Kapitalanlagen geht, scheint Sensationsmache vor Fakten zu gehen.

Ein kurioses, aber anerkanntes Paradox der EMT besteht übrigens darin, dass sie verschwinden würde, wenn alle Marktteilnehmer nach ihr handeln würden, also nur noch passives Portfoliomanagement, z. B. mit Indexfonds, betrieben. Es gibt auch Untersuchungen zu der Frage, wie groß der Anteil der passiven Investoren an der Gesamtzahl aller Investoren sein müsste, um die Effizienz der Märkte zum »Kippen« zu bringen, so dass sich aktive Anlagestrategien wieder lohnen würden. Die entsprechenden Schätzungen belaufen sich auf etwa 80 % (gemessen am Anteil der passiv gemanagten Gelder am gesamten Anlagevolumen). Heute liegt dieser Anteil bei weniger als 15 %.

In den finanzwissenschaftlichen Fakultäten der Universitäten ist heute eigentlich nur noch die Frage offen, wie *hoch* der Grad der Markteffizienz ist. Über das Vorhandensein der Markteffizienz selbst besteht unter Wissenschaftlern kaum noch Dissens. Nichtsdestotrotz wird die EMT in der Investmentbranche mit manchmal fast hysterisch anmutender Leidenschaft angegriffen und in der populären Finanzpresse – gemessen an der enormen Bedeutung dieser Theorie – beinahe totgeschwiegen. Das lässt sich jedoch leicht erklären. Die Jobs von Fondsmanagern, Analysten und Finanzjournalisten erfordern zwingend den Glauben an ineffiziente Wertpapiermärkte. Andernfalls könnten diese Personen buchstäblich »nach Hause gehen« und die Fonds- und Bankenbranche würde Schätzungen zufolge weltweit rund 375 Milliarden Dollar pro Jahr an risikolosen Wertpapierhandelsprovisionen verlieren – die verlorenen Einkünfte der populären Finanzpresse nicht einmal mit eingerechnet. Deren kurzatmige, bei Berücksichtigung der Trading-Kosten genauso oft richtigen wie falschen Anlagetipps wären nämlich für passiv orientierte Anleger uninteressant.

In Abschnitt 6.3 »Buy and Hold versus häufiges Traden« zitieren wir aus den aufwendigsten statistischen Auswertungen zum Thema, die je angestellt wurden und die mehrere hunderttausend Analysten-Empfehlungen untersuchten. Das Ergebnis: Bei Berücksichtigung der Trading-Kosten lässt sich durch Befolgung dieser Empfehlungen keine Überrendite (Outperformance) gegenüber dem entsprechenden Marktindex erzielen. Dabei wurde das vermutlich höhere Risiko der aktiven Trading-Strategien sogar ignoriert.

Nach diesem langen, vielleicht ernüchternden Ausflug in die Theorie kommen wir nun zur Frage der Einschätzung historischer Renditen. Ein allgegenwärtiges Thema, wenn es um die Geldanlage geht.

3.6 Warum historische Renditen wenig relevant sind

> »Die Analyse der Vergangenheits-Performance
> eines [aktiv gemanagten] Fonds
> ähnelt dem Blick in den Autorückspiegel.
> Einen Rückschluss auf die vor einem
> liegende Fahrbahn lässt das jedenfalls nicht zu.«
> Handelsblatt, 30.7.1999

Der Performance von Fonds in der Vergangenheit – z. B. während der zurückliegenden zwölf Monate oder zehn Jahre – wird in den Medien eine außerordentliche Aufmerksamkeit zuteil. Umfangreiche Leitartikel mit aufwendigen Renditevergleichstabellen, die oft 500 oder mehr Fonds umfassen, erscheinen in immer kürzeren Abständen in den Anlegerzeitschriften wie *Capital*, *Finanzen*, *DM* oder auch im *Handelsblatt*. Selbst Tageszeitungen und gewöhnliche Illustrierten publizieren seit Beginn der allgemeinen Aktieneuphorie solche Performance-Rankings, zumeist begleitet von Interviews mit den Managern der in den Tabellen führenden Fonds.

Es ist sicherlich banal festzustellen, dass hinter diesem starken Interesse für vergangenheitsbezogene Fondsrenditen die unausgesprochene Überzeugung steht, Fonds mit hohen historischen Renditen würden auch in der Zukunft zu den »Gewinnern« zählen. Doch ist das wirklich so? Zur Beantwortung dieser Frage lohnt es, zunächst die Bedeutung historischer Renditen in der Fondsindustrie etwas genauer darzustellen:

▸ Die vergangenheitsbezogene Rendite ist das mit großem Abstand wichtigste Auswahlkriterium der Anleger für neue Fondsanlagen. Wenn man Fondssparpläne unberücksichtigt lässt, fließen über 90 % aller jährlichen Fondsneuanlagen in die Fonds, die in den letzten drei Jahren in ihrem Segment über dem Renditedurchschnitt lagen. Aufgrund der hohen Mittelzuflüsse verdient die Fondsbranche mit den Fonds, die in der Vergangenheit die höchsten Renditen verzeichneten, das meiste Geld.

▸ Grund hierfür ist, dass die historische Performance in der Berichterstattung der Medien zu Investmentfonds als das wichtigste einzelne Auswahlkriterium für Fonds empfohlen wird. Hohe Renditen in der jüngeren Vergangenheit sind oft der Anlass für umfangreiche Portraits von einzelnen Star-Fondsmanagern.

▸ Ebenso wird in annähernd der gesamten Werbung für Investmentfonds die vergangene Rendite der beworbenen Fonds als bedeutendstes Qualitätskriterium herausgestellt. Studien haben bestätigt, dass 92 % aller Werbeanzeigen (in der amerikanischen Finanzpresse), in denen bestimmte Fonds namentlich genannt werden, solche Fonds betreffen, die für den in der Anzeige genannten Zeitraum eine überdurchschnittliche Rendite verzeichneten.

Diese Tatsachen stehen in einem für viele Anleger möglicherweise schwer zu akzeptierenden Gegensatz zu der folgenden Aussage der Finanzwissenschaft:

Es gibt nur schwache Hinweise auf einen allenfalls minimalen Prognosewert der historischen Performance für die künftige Performance. Die Wahrscheinlichkeit, dass ein »Outperformer« der Vergangenheit auch in der Zukunft wieder zu den Spitzenfonds in seinem Segment zählen wird, ist praktisch nicht höher als für jeden anderen zufällig ausgewählten Fonds, wenn man die 10 bis 15 Prozent umfassende Gruppe der schlech-

testen Fonds ausnimmt. Der mit der künftigen Netto-Performance am stärksten verknüpfte (korrelierte) Einzelfaktor ist nicht die historische Performance, sondern die Gesamtkostenquote des Fonds (das Total Expense Ratio; siehe Glossar).

Es ist zwar inzwischen allgemein bekannt, dass durchschnittlich 90 % aller Fonds und mehr die langfristige Rendite ihres Vergleichsindex (Benchmark) netto nicht erreichen, doch das zweite »dunkle Geheimnis« der Fondsbranche ist erst zu wenigen Anlegern durchgedrungen: Historische Performance ist für die Zukunft praktisch bedeutungslos und sollte keinesfalls zum primären Auswahlkriterium für Fondsanlagen gemacht werden.

Neben der erwähnten Tatsache, dass die große Mehrzahl aller Fonds an ihrem Benchmark-Index scheitert, wurde kaum ein anderer Sachverhalt im Zusammenhang mit Investmentfonds von der Wissenschaft so aufwendig, so präzise und mit so beständigen Ergebnissen untersucht.

Nicht zufällig findet sich im »Kleingedruckten« jedes Fondsprospektes der Hinweis: »Vergangene Renditen sind kein zuverlässiger Hinweis auf künftige Erträge.« Die Fondsgesellschaften sind sich darüber im Klaren, welchen beträchtlichen Haftungsrisiken sie ohne diese einschränkende Aussage unterliegen könnten. Doch wenn selbst die Fondsgesellschaften die Irrelevanz vergangener Renditen eingestehen müssen, dann stellt sich die Frage, warum die historische Rendite für die Fondsgesellschaften unverändert das Werbeargument Nummer eins ist.

Um Ihnen eine konkrete Vorstellung von dieser Irrelevanz zu vermitteln, wollen wir kurz einen kleinen Auszug aus einer entsprechenden Studie von Micropal (einer Tochtergesellschaft von McGraw-Hill/Standard & Poors) betrachten. Wie die Urheber der Studie vorgingen (die die Renditen amerikanischer Standardwertefonds untersuchte), wird aus der Tabelle auf Seite 71 deutlich.

Aus dieser Tabelle geht hervor, dass die besten 30 Fonds der Fünfjahresperiode von 1990 bis 1994 im anschließenden Zeitraum merklich *unter* dem Durchschnitt aller vergleichbaren Fonds lagen. Bedenkt man, dass der weitaus größte Mittelzufluss in diese Fonds aufgrund der guten Vergangenheitsrenditen erst in der zweiten Pe-

	Jährl. Rendite von 1990 bis 1994	Jährl. Rendite von 1995 bis 1998
Top 30 Fonds von 1990 bis 1994	18,9 %	21,3 %
Alle Fonds	9,4 %	24,6 %
S&P 500-Index	8,7 %	32,2 %

(Die Ergebnisse der Studie, die den Zeitraum von 1970 bis 1998 abdeckt, finden Sie in Bernstein, William: The Grand Infatuation, 1999.)

riode, also von 1995 bis 1998 erfolgte, wird die Tragweite dieses Phänomens deutlich. Es trat in der Micropal-Studie übrigens auch für die anderen untersuchten Zeiträume zutage. Viele hundert Studien, teilweise sogar von den Fondsgesellschaften selbst durchgeführt, haben ähnliche Ergebnisse erbracht. Die Investmentbank Morgan Stanley Dean Witter veröffentlichte 1998 eine Analyse der Renditen von 660 Aktienfonds über zwei aufeinander folgende Fünfjahresperioden (1988–1992 und 1993–1997). In der Studie heißt es: »Von den Fonds im oberen Renditequartil [die besten 25 % der Fonds] der ersten Periode befanden sich in der zweiten Periode nur noch 28 % in diesem Quartil und nur noch 51 % in der oberen Hälfte. Das Besorgniserregende daran ist, dass diese Zahl nicht von einem möglichen Zufallsergebnis unterscheidbar ist – das wären 50 % in der oberen Hälfte gewesen.« (Zitiert nach Bogle, 1999, S. 214.)[13]

Vor diesem Hintergrund muss man an der ethischen Einstellung der Fondsbranche, aber auch mancher Finanzjournalisten zweifeln. So findet sich etwa im *Handelsblatt* vom 5.10.1999 unter der Überschrift »Wichtiger Beurteilungsmaßstab bei der Auswahl eines Anlagefonds ist der Vergleich der bisherigen Performance« ein umfangreicher Artikel, der keinerlei Hinweis darauf enthält, dass die Wissenschaft unisono zu völlig anderen Schlüssen gekommen ist.

Als eine der wenigen spricht die Stiftung Warentest die Wahrheit aus: »Gute Ergebnisse in der Vergangenheit bieten auf Grund der mangelnden Performance-Konstanz der Investmentfonds keinerlei Gewähr für die Zukunft ... Langfristige Betrachtungszeiträume mildern dieses Problem nicht ab, sondern verstärken es.« (Stiftung Warentest, *Handbuch Investmentfonds*, Berlin 1997, S. 68.)

Der bekannte amerikanische Finanzökonom Burton Malkiel urteilt abschließend: »Ich garantiere Ihnen, dass weder heute noch in der Zukunft eine Methode existieren wird, (…) mit der Sie vorhersagen können, welcher aktive Investmentfonds künftig im Top-25 %-Segment liegen wird. Ich garantiere Ihnen aber ebenso, dass sich in 20 Jahren ein auf einem breiten Marktindex basierender Indexfonds in diesem Top-25 %-Segment aller heutigen, dann noch existierenden Fonds befinden wird.« (Zitiert nach *Forbes*, 12. 2. 1996.)

Die strukturelle Ursache für die mangelnde Performance-Konstanz sowohl von vorübergehend guten als auch schlechten Investmentfonds liegt letztlich – ebenso wie die Unmöglichkeit zuverlässiger Kursprognosen – in der hohen Effizienz der Finanzmärkte.

3.7 Wo sind die »Investment-Genies« geblieben?

>»All die Mühe und Zeit, die viele dafür aufwenden,
>den richtigen Fonds zu finden,
>den richtigen Manager mit der goldenen Nase –
>all das hat in den allermeisten Fällen
>zu keinem Vorteil geführt.«
>
>*Peter Lynch*, einer der erfolgreichsten
>Fondsmanager der Welt

Seit Beginn des letzten Aktien- und Aktienfondsbooms im Jahre 1995 versuchen immer mehr Fondsgesellschaften, eine in den USA schon lange erfolgreich praktizierte Marketingstrategie auch in Deutschland einzusetzen. Die Strategie besteht darin, einigen Fondsmanagern der jeweiligen Gesellschaft ein »Star«-Image zu verschaffen. Dieses Image soll dazu führen, dass Fondsanleger bei der Auswahl von Fonds weniger auf Kosten und Rendite achten, sondern schlicht den »Investmentexperten« und die »gute Marke« kaufen. Und bis zu einem gewissen Grad funktioniert es: So gut wie jeder Anleger kennt zum Beispiel Peter Lynch, den ehemaligen Manager des Fidelity-Magellan-

Fonds. Lynchs Name ist heute geradezu ein Synonym für den Begriff des »Investmentgurus«. Lynch hat seinem ehemaligen Arbeitgeber Fidelity vermutlich mehrere hundert Millionen Dollar Provisionsertrag eingebracht. In Deutschland hatte zuletzt die DWS (Deutsche Bank) mit der Fonds-Managerin Elisabeth Weißenhorn versucht, »Star-Kult« in ihrer Fondswerbung einzusetzen (bis die Dame im April 2000 kündigte). Aber mehr noch als die Fondsbranche selbst verbreitet die Finanzpresse das Star- und Guru-Image einiger Fondsmanager oder Wertpapieranalysten. Fast alle Finanzmagazine feiern in mehrseitigen, bunten Artikeln regelmäßig und für jede denkbare Fondskategorie ihre »Fondsmanager des Jahres«. Dabei sind Titulierungen wie »Reichmacher«, »Finanzgenie«, »Magier« und »der Manager, der Sie zum Millionär macht« nicht die Ausnahme, sondern die Regel.

Gerade diese Praxis der Anlegermagazine steht jedoch in einem merkwürdigen Kontrast zum »Niedergang« praktisch aller großer Investmentgurus. Peter Lynch befindet sich seit 1990 im Ruhestand, ist jedoch nachweislich mit den wenigen von ihm seither empfohlenen Aktien dem Marktdurchschnitt unterlegen. Die übrigen, noch aktiven US-Fondsstars zehren von vergangenem Ruhm, aber ihr jüngerer Track Record, das heißt ihre Renditebilanz in den letzten Jahren, ist nicht mehr vorzeigbar. Zu dieser Gruppe gehören John Neff (nach Lynch vermutlich der bekannteste Fondsmanager der Welt) und eine ganze Reihe von in Deutschland zwar weniger prominenten, aber in den USA legendären Fondsmanagern: Robert Sanborn, Eric Ryback, Gary Pilgrim, Bill Sams, Marty Whitman, Elaine Garzarelli, »Emerging-Market-Zauberer« Mark Moebius, Julian Robertson und eine Reihe anderer. Selbst Hedge-Fonds-König George Soros und (der von uns hoch geschätzte) Warren Buffet haben 1998, 1999 und in der ersten Jahreshälfte 2000 bittere Niederlagen in Form von Unterrenditen gegenüber den relevanten Indizes hinnehmen müssen. Soros zog sich deshalb sogar aus dem Hedge-Fonds-Geschäft zurück. Bei anderen Gurus wie André Kostolany, dem Saudi-Prinzen Al-Walid ben Talal und vielen Star-Analysten weiß mangels dokumentierter Datenlage – trotz viel Tamtams in den Medien – niemand, wie ihre objektive Renditebilanz aussieht. Ihr Kultstatus basiert eher auf Anekdoten, also nicht belegten Behauptungen in der Finanzpresse und Gerüchten in Internet-Chat-Rooms.

Angesichts der Versuche der Fondsbranche, einige Fondsmanager mit tatkräftiger Unterstützung der Anlegermagazine zu prominenten Stars aufzubauen, und der jüngsten »Renditepleiten« der großen Gurus stellt sich die Frage: Was ist tatsächlich dran an der Annahme, dass einige Experten »das goldene Händchen« besitzen und dass es sich lohnt, in die von ihnen gemanagten Fonds zu investieren? Knappe Antwort: Wir haben es hier schlicht und einfach mit einer Mogelpakkung der Investmentindustrie zu tun.

Wie können wir diese gewagte und den gängigen Auffassungen widersprechende Aussage untermauern? Auf vierfache Weise:

1. Die Finanzwissenschaft hat es hundertfach belegt: Historische Performance besitzt nur einen ganz schwachen Zusammenhang mit künftiger Performance – egal wie der Fondsmanager im jeweiligen Fall heißt. (Der »Abstieg« der oben aufgezählten Stars veranschaulicht das.) Die Wahrscheinlichkeit, dass ein bestimmter Fonds, der z. B. in der Dreijahresperiode von Anfang 1997 bis Ende 1999 an der Spitze seines Fondssegmentes lag, in der darauf folgenden Dreijahresperiode von 2000 bis 2002 wieder an erster Stelle liegt, ist (je nach Untersuchungsstudie) statistisch nicht oder fast nicht höher als für jeden anderen Fonds aus dem Gesamtsegment. Diese Feststellung mag unplausibel klingen, aber sie trifft zu – und zwar ohne jede Einschränkung. Nicht zufällig erscheint deshalb in *jedem* Fondsprospekt und in vielen Werbeanzeigen (obwohl nicht gesetzlich vorgeschrieben) die Warnung, dass vergangene Renditen kein zuverlässiger Hinweis auf künftige Erträge sind.

2. Die Tatsache, dass es in bestimmten Perioden einzelne Fondsmanager gibt, die den Markt deutlich schlagen, beweist für sich genommen gar nichts – auch wenn die Fondsbranche ständig das Gegenteil postuliert. Genauso wenig wie sechs Richtige im Lotto beweisen, dass der Gewinner Lottozahlen richtig vorhersagen kann. Selbst jemand, der über sehr lange Perioden hinweg den Markt schlägt, könnte einfach nur Glück gehabt haben. Das Glück besteht in diesem Fall darin, dass der Markt den speziellen Anlage-

stil des Fondsmanagers vorübergehend begünstigte (Beispiel: Internet-Aktien von 1998 bis 1999). Wenn sich der Markt dann dreht, endet auch die Outperformance (Überrendite) gegenüber dem Index. Überdies tun sich viele Anleger schwer, konkrete Investmenterfolge im Lichte unumstößlicher statistischer Phänomene zu betrachten. Wenn beispielsweise rund 8 000 Personen jeweils fünfmal hintereinander würfeln, wird statistisch gesehen etwa einer aus dieser Gruppe fünf Sechsen erzielen. Es ist wahrscheinlichkeitsmathematisch quasi gesichert, dass es in einer Gruppe dieser Größe in dieser Konstellation einen solchen *Star-Würfler* geben wird. Hingegen ist unklar, *wer* das sein wird. Genauso wird es immer Fondsmanager mit extremen Überrenditen geben, doch weiß niemand im Vorhinein, *wer* diese Fondsmanager sein werden. Außerdem werden die Überrenditen sehr wahrscheinlich nach einiger Zeit wieder verschwinden.

3. Die Renditebilanz vieler Star-Manager wird über die Jahre hinaus rechnerisch durch frühere Einmalerfolge geschönt und so auf manipulative, aber formal korrekte Weise als Erfolg (der in Wirklichkeit längst keiner mehr ist) vermarktet. Ein Beispiel hierfür ist der »Oakmark Fund« des amerikanischen Star-Fonds-Managers Robert Sanborn (siehe Abschnitt 3.1).

4. Bei vielen prominenten Fondsmanagern, die – wegen ihrer Bekanntheit – von ihren Fondsgesellschaften mit dem gleichzeitigen Management mehrerer Fonds betraut werden, relativiert sich die »tolle« Erfolgsbilanz, wenn nicht nur der beste Fonds betrachtet wird, sondern der Durchschnitt *aller* Fonds des jeweiligen Managers. In Presse und Werbung wird jedoch immer nur der eine Spitzenfonds herausgestellt. Ginge jedoch diese Spitzenpostion tatsächlich auf Können zurück, müssten logischerweise alle Fonds des Managers in ihren Segmenten vorne liegen, bzw. der Manager würde sich auf die Segmente beschränken, in denen er überlegenes Können besitzt.

Man könnte nun noch fragen, warum »Guru-Investing« (wie man salopp die Strategie, in Fonds eines bekannten Fondsmanagers zu investieren, nennen könnte) so populär ist. Das hat wohl mit einer in der Psyche des Menschen fest verankerten Annahme zu tun, derzufolge es auf dem Gebiet der Geldanlage zugehen müsse wie im sonstigen Leben auch: Harte Arbeit, viel Fachwissen und Intelligenz/Talent führen am ehesten zum Erfolg. Was Kapitalanlagen betrifft, ist das leider ein Trugschluss. Die genannten Tugenden und Stärken mögen zwar auf jedem anderen menschlichen Betätigungsgebiet helfen, nicht jedoch bei Finanzinvestments, wo eine passive Philosophie des »Nichtstuns« (kaufen und halten) den aktiven, zeitaufwendigen »Stock-Picking-Ansatz« der Gurus schlägt.

Dieser Erkenntnis schließen sich auch Fachleute an, die es wissen müssen, etwa John Rekenthaler, Mitglied der Geschäftsleitung von Morningstar Inc., der wichtigsten Fondsanalysegesellschaft der Welt. Für ihn ist das Vertriebsargument »Star-Manager« nichts weiter als ein »Marketingbetrug an bedauernswerten Verlierern« (*Fortune Magazine*, 11.10.1999). Unterstützt wird dies durch die folgende unfreiwillig komische Aussage von Chris Wiles, Gründer und Chef-Fondsmanager der amerikanischen Rockhaven-Fondsgesellschaft, die er 1999 auf einem Fachkongress äußerte: »Investmentfonds zu managen war einmal eine sehr angesehene Profession. Warum denken mehr und mehr Leute, dass wir alle Idioten sind?«

4
Das Weltportfolio

4.1 Die eigene Risikotoleranz bestimmen

»Finden Sie heraus, wo Ihre Schmerzgrenze liegt
und wie lang Ihr Atem wirklich ist.
Auf dieser Grundlage können Sie das
Gesamtmarktrisiko bestimmen,
mit dem sie leben können und leben werden.«

Charles Ellis, Portfoliomanager und Bestsellerautor

Um ein auf die persönlichen Bedürfnisse optimal abgestimmtes Portfolio bilden zu können (im übernächsten Abschnitt 4.3 werden wir insgesamt neun Musterportfolios vorstellen), muss man seine persönliche Risikotoleranz kennen. (Ein treffenderer, wenn auch etwas unhandlicher Ausdruck für Risikotoleranz ist *Risikotragekapazität*.) Unsere drei Stufen der Risikotoleranz sind folgendermaßen definiert:

▸ geringe Risikotoleranz: Ein bis zu 20-prozentiger Wertverlust des Gesamtportfolios innerhalb von zwölf Monaten ist noch akzeptabel.
▸ mittlere Risikotoleranz: Ein bis zu 30-prozentiger Wertverlust des Gesamtportfolios innerhalb von zwölf Monaten ist noch akzeptabel.
▸ hohe Risikotoleranz: Ein bis zu 40-prozentiger Wertverlust des Gesamtportfolios innerhalb von zwölf Monaten ist akzeptabel.

Es versteht sich, dass diese drei Toleranzstufen nur vereinfachte Annäherungen an die Realität darstellen. In Wirklichkeit gibt es natürlich nicht nur drei Grade, sondern für jeden Anleger gilt eine individuelle Abstufung. Damit Sie ein besseres Gefühl dafür bekommen, was hinter den Abstufungen steckt, geben wir hier einige Hinweise auf die Faktoren, die die persönliche Risikotoleranz beeinflussen. Die Gewichtung dieser Faktoren variiert von Anleger zu Anleger, pauschale Aussagen sind daher kaum möglich.

Emotionale Stressresistenz: Wie tief kann Ihr Portfolio im Wert fallen, ohne dass sie sich wirklich Sorgen machen, sich unwohl, geängstigt, nervös, gestresst fühlen? Bei der Beantwortung dieser Frage ist es wichtig, sich ein wissenschaftlich bestätigtes psychologisches Phänomen zu vergegenwärtigen. Mehr als vier Fünftel aller Menschen haben die Neigung, Risiken als zu gering einzustufen, wenn das betreffende negative Ereignis längere Zeit nicht eingetroffen ist. Da sich der Aktienmarkt seit mehreren Jahren weit überdurchschnittlich entwickelt (Stand 08/2000), könnte es gut sein, dass Sie spontan Ihre persönliche Stressresistenz gegenüber drastischen Kursrückgängen, die zweifellos kommen werden, überoptimistisch einschätzen.

Höhe des »freien Cashflows« pro Monat: Wie hoch und wie sicher ist das monatliche Nettoeinkommen, das Sie und die wirtschaftlich von Ihnen abhängigen Personen monatlich beziehen, im Verhältnis zu ihren monatlichen Kosten? Bleiben durchschnittlich 25 % oder mehr Ihres Nettoeinkommens übrig? (Berücksichtigen Sie bei dieser Kalkulation auch große Ausgaben, die nur in langen Abständen anfallen, z. B. für ein neues Auto, Reparaturen an Ihrer Immobilie, eine neue Waschmaschine, Urlaub, Möbel etc.). Wenn dieser freie Cashflow niedriger ist als 25 %, sollten sie sich auf der Skala der neun Musterportfolios wahrscheinlich innerhalb der Portfolios 1 bis 4 bewegen.

Höhe der Notreserve: Wie lange können Sie und die wirtschaftlich von Ihnen abhängigen Personen mit Ihren liquiden Geldvermögen inklusive der kurzfristigen festverzinslichen Anlagen aus Ihrem ausgewählten Musterportfolio auch unter ungünstigsten Bedingungen »überleben«, das heißt, wenn der/die Geldverdiener(in) des Haushaltes arbeitslos oder durch einen Unglücksfall erwerbslos würde. Berücksichtigen Sie hierbei vorhandene Versicherungen (Unfallversicherung, Berufsunfähigkeitsversicherung, Lebensversicherungen).

Weiteres Vermögen: Welches zusätzliche Vermögen – neben Ihrem Wertpapierportfolio – besitzen Sie? Dazu könnten z. B. Immobilien, Kapitallebensversicherungen, Autos oder auch eine sicher zu erwartende Erbschaft gehören. Ein hohes zusätzliches Vermögen sollte sich günstig auf Ihre Risikotoleranz auswirken.

Frist bis zum Ruhestand: In wie vielen Jahren wollen sich Sie (bzw. der/ die Geldverdiener/in in Ihrem Haushalt) zur Ruhe setzen? Wenn es soweit ist, werden Sie möglicherweise einen nennenswerten Teil Ihres Lebensunterhaltes aus den laufenden Erträgen und/oder dem Portfoliokapital selbst bestreiten müssen. Selbst in einen breit diversifizierten Aktienfonds sollte man nur solche Gelder investieren, für die man einen (Rest-)Anlagehorizont von 18 Monaten oder mehr vorgesehen hat, und – bei nur 18 Monaten – auch nur dann, wenn diesen Aktienanlagen im doppelten Umfang risikolose Geldmarktanlagen (in Euro) gegenüberstehen.

Wer nicht wenigstens eine »geringe« Risikotoleranz (so wie oben definiert) besitzt, sollte überhaupt nicht in Aktien oder Aktienfonds investieren. Leider zeigt sich, dass Mittelzuflüsse in Aktienfonds und einzelne Aktien stark von der jeweiligen Börsenverfassung abhängen (das heißt, solange es an der Börse aufwärts geht, nimmt der Mittelfluss zu, wenn es abwärts geht, nimmt er ab). Ein solches Phänomen legt nahe, dass viele Anleger ihre Risikotoleranz falsch einschätzen. Sobald die Börse nennenswert einbricht oder längere Zeit stagniert, hören diese Anleger auf, in Aktien zu investieren. Umgekehrt wird dann in langen Börsenaufschwüngen (wie Ende der neunziger Jahre) »auf Teufel komm raus« in Aktien und Aktienfonds investiert. Dabei liegt es auf der Hand, dass der statistisch günstigste Zeitpunkt zum Einstieg nach bzw. während eines größeren Kursrückgangs oder einer lang andauernden Kursstagnation ist. Bei demjenigen, der seine Risikotoleranz richtig einschätzt und sich über die langfristige Beziehung zwischen Rendite und Risiko am Aktienmarkt informiert hat, dürfte

es jedoch (fast) keinen Zusammenhang geben zwischen der Börsenverfassung und der Entscheidung, wie viel er in einem gegebenen Jahr
in Aktien/Aktienfonds investiert.

4.2　Das Prinzip des Weltportfolios

»Wealth is the product
of man's capacity to think.«

Ayn Rand, 1905–1982, amerikanische Philosophin

In Kapitel 3 hatten wir die Vorteile internationaler Diversifizierung
über Asset-Klassen mit möglichst niedriger Korrelation hinweg kennen gelernt. Auf der Grundlage entsprechender Erkenntnisse hat sich
die Finanzwissenschaft seit Mitte der fünfziger Jahre sehr intensiv mit
der Frage beschäftigt, wie ein Portfolio aussehen müsste, wenn man
den naheliegendsten Maßstab anwendet: die bestmögliche Risiko-
Rendite-Kombination. Oder, etwas abgewandelt formuliert: die
höchste Rendite je Einheit Risiko bzw. das niedrigste Risiko je Einheit
Rendite. Die Antworten auf diese zentrale Frage, die seitdem von
Nobelpreisträgern und anderen großen Geistern der Wirtschaftswissenschaft gegeben wurden, sind zwar nicht völlig einheitlich, doch sie
zielen alle in die gleiche Richtung. Wenn man bestimmte, für den Privatanleger eher unwichtige Detailfragen ignoriert, dann ist die einfache Antwort auf die Frage nach dem optimalen Portfolio die folgende:

*Ein Portfolio sollte alle Asset-Klassen weltweit beinhalten, weil dadurch
das wegdiversifizierbare Risiko (Einzelwertrisiko, Asset-Klassen-Risiko)
vollständig beseitigt wird. Da diese zwei Risikoarten nicht vom Markt
durch Rendite bezahlt werden, lohnt es sich nicht, sie zu tragen.*

Diese Aussage wurde bereits 1952 vom späteren Nobelpreisträger
Harry Markowitz theoretisch formuliert. Sie lässt sich aber auch
mühelos praktisch belegen, indem man Risiko, Rendite und risikoadjustierte Rendite (z. B. das Sharpe-Ratio) für ein Portfolio berechnet,
dem schrittweise immer weitere Asset-Klassen beigemischt werden.
Sofern die jeweils zusätzliche Asset-Klasse eine Korrelation von unter

1,0 mit dem bereits vorhanden Portfolio aufweist, muss das Risiko des neuen Gesamtportfolios sinken. Die Rendite ergibt sich – wie bereits früher gesagt – als gewichteter Durchschnitt der Renditen aller Teilkomponenten im Portfolio.

Der Finanzwissenschaftler Larry Swedroe errechnete die Risiko-Rendite-Werte für solche stufenweise diversifizierten Portfolios anhand von Daten aus dem 20-Jahres-Zeitraum von 1976 bis 1995 (Tabelle 10). Als Vertreter der einzelnen Asset-Klassen wählte Swedroe entweder gängige Börsenindizes oder in der Finanzwissenschaft verwendete bekannte Indexdatenreihen (also nicht allgemein veröffentlichte Börsenindizes) aus. Die Tabelle verdeutlicht, dass die zunehmende Beimischung von Asset-Klassen, die wenig mit den zwei im Ausgangsportfolio A vertretenen Grund-Asset-Klassen – amerikanische Standardwerteaktien (S&P 500-Index) und festverzinslichen Anleihen mit langer Laufzeit – korrelieren, zu einer spürbaren Verbesserung des Rendite-Risiko-Verhältnisses führt. Das relativ weit diversifizierte Portfolio D weist gegenüber dem schwach diversifizierten Portfolio A eine deutlich höhere Rendite bei geringerem Risiko auf.

Die Swedroe-Portfolios veranschaulichen mithin, wie man durch Diversifizierung den sprichwörtlichen »free lunch« (das Gratis-Mittagessen) bekommen kann: weniger Risiko für ein gegebenes Renditeniveau oder mehr Rendite für ein gegebenes Risikoniveau. Stellen wir nun alle Hauptkenntnisse der Finanzwissenschaft zum optimalen Portfolio zusammen:

Ein Portfolio sollte alle Asset-Klassen weltweit beinhalten, weil dadurch das wegdiversifizierbare Risiko (Einzelwertrisiko, Asset-Klassen-Risiko) umfassend beseitigt wird. Ein solches Portfolio nennen wir hier schlicht »Weltportfolio«. Es zeichnet sich dadurch aus, dass es eine kaum mehr verbesserungsfähige Kombination aus Risiko und Rendite beinhaltet. Das heißt, kein anderes Aktienportfolio hat pro Einheit Risiko eine höhere Rendite oder pro Einheit Rendite ein geringeres Risiko. Abbildung 2 illustriert die Vorteilhaftigkeit des Weltportfolios.

Das Weltportfolio sieht für alle Anleger, unabhängig von ihrer persönlichen Risikoneigung (die natürlich von Anleger zu Anleger unterschiedlich ist), gleich aus. Auch Faktoren wie individuelle Anlagehori-

82   Das Weltportfolio

Tabelle 10: Der Einfluss von Asset-Klassen-Diversifizierung auf Rendite und Risiko
           eines Portfolios

Portfolio-name	Asset-Klassen im Portfolio	Gewichtung im Portfolio	Durchschnittl. Rendite p.a.	Risiko (jährl. Standardabweichung)	Risikogewichtete Rendite (Sharpe-Ratio)
Portfolio A	– S&P 500-Index – Lehmann Gov't/Corp. Bond Index	60% 40%	13,5%	10,5%	1,29
Portfolio B	– S&P 500-Index – MSCI EAFE-Index – Lehmann Gov't/Corp. Bond Index	45% 15% 40%	13,8%	9,9%	1,39
Portfolio C	– S&P 500-Index – USA Large Caps Value – USA Small Caps – USA Small Caps Value – MSCI EAFE-Index – Lehmann Gov't/Corp. Bond Index	15% 15% 8% 7% 15% 40%	15,3%	10,2%	1,50
Portfolio D	– S&P 500-Index – USA Large Caps Value – USA Small Caps – USA Small Caps Value – International Large Caps Value – International Small Caps – USA Bonds, one-year – USA Bonds, five-years	15% 15% 8% 7% 8% 7% 20% 20%	16,1%	8,7%	1,85

Erläuterungen: S&P 500-Index = Amerikanische Standardwerte; *Lehmann Gov't/Corp-Index* = Amerikanische Staats- und Unternehmensanleihen mit Laufzeiten von durchschnittlich zehn Jahren und Ratings über BB+; *MSCI EAFE-Index* = Standardwerte aus Westeuropa, Australien und Ostasien (vorwiegend Japan); *USA Large Caps Value* = Amerikanische Standardwerte mit niedrigem Kurs-Buchwert-Verhältnis; *USA Small Caps* = Amerikanische Nebenwerte; *USA Small Caps Value* = Amerikanische Nebenwerte mit niedrigem Kurs-Buchwert-Verhältnis; *International Large Caps Value* = Internationale Standardwerte (exklusive USA) mit niedrigem Kurs-Buchwert-Verhältnis; *International Small Caps* = Internationale Nebenwerte (exklusive USA); *USA Bonds, one year* = Amerikanische Staats- und Unternehmensanleihen mit einjähriger Laufzeit und Ratings über BB+; *USA Bonds, five years* = Amerikanische Staats- und Unternehmensanleihen mit fünfjähriger Laufzeit und Ratings über BB+.
Quelle: Swedroe, Seite 152 ff.

Abbildung 2: Das Weltportfolio liefert die höchste Rendite pro Risikoeinheit

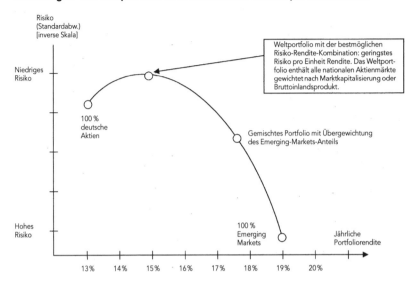

zonte und Liquiditätspräferenzen, also das Ausmaß der Bereitschaft zur langfristigen Kapitalbindung, haben keinen Einfluss auf seine Struktur. Für praktische Zwecke kann man das Weltportfolio auf die Aktien-Asset-Klassen beschränken, denn die – an sich sinnvolle – Beimischung anderer Asset-Klassen wird durch die Nachteile der Unübersichtlichkeit und hohen Transaktionskosten aufgewogen. Das macht sich besonders bei kleinen Portfolios bemerkbar.

Die Risikograd eines Anlegerportfolios wird nicht über die Zusammensetzung des Aktienteils des Portfolios (der Aktienteil ist das Weltportfolio) gesteuert, wie traditionell empfohlen, sondern über eine von der persönlichen Risikoneigung des Anlegers abhängige, mehr oder weniger umfangreiche Beimischung einer »risikolosen Anlage«. Risikolose Anlagen sind z. B. Staatsanleihen der Bundesrepublik Deutschland mit einer Laufzeit von unter einem Jahr (mehr dazu im Glossar). Das Portfolio eines sehr risikofreudigen Anlegers würde dann beispielsweise die beiden Hauptkomponenten Weltportfolio (Anteil 90 %) und risikolose Anlage (Anteil 10 %) enthalten, das Portfolio eines stark risikofeindlichen (in der Fachsprache: risikoaversen) Anlegers 20 % Weltportfolio und 80 % risikolose Anlage. Auch der

Anlagehorizont und die Liquiditätspräferenz eines Anlegers (beides hängt eng zusammen) wird über die Beimischung der risikolosen Anlage zum Weltportfolio gesteuert.

Die Gewichtung der einzelnen Asset-Klassen – also der nationalen Aktienmärkte – im Weltportfolio kann nach zwei Maßstäben erfolgen: entweder über die anteilige Marktkapitalisierung des betreffenden Landes an der Weltaktienmarktkapitalisierung (die nationale Marktkapitalisierung ist der gesamte »Börsenwert« aller in einem Land ausgegebenen Aktien, siehe auch Glossar) oder über den Anteil des Landes am Weltbruttoinlandsprodukt. Für beide Ansätze werden von der Wissenschaft gute Argumente ins Land geführt. Aus unserer Sicht ist der Bruttoinlandsprodukt-Ansatz vorzuziehen, weil er verhindert, dass überbewertete Aktienmärkte (im Sommer 2000 galt das beispielsweise für die USA) ein zu hohes Gewicht im Weltportfolio erhalten, und weil eine solche Aufteilung im Zeitablauf weniger Änderungen unterliegt.

Man könnte das Weltportfolio auch nach Branchen statt nach nationalen Aktienmärkten gliedern. Die beiden alternativen Gliederungsprinzipien würden sich wie folgt darstellen:

	Weltportfolio nach nationalen Aktienmärkten gegliedert	Weltportfolio nach länderübergreifenden Branchen gegliedert
Asset-Klasse 1	Land 1	Branche 1
Asset-Klasse 2	Land 2	Branche 2
Asset-Klasse 3	Land 3	Branche 3
Asset-Klasse …	Land …	Branche …
Summe (gewichteter Durchschnitt nach Marktkapitalisierung oder volkswirtschaftlicher Wertschöpfung)	*Alle nationalen Aktienmärkte*	*Alle nennenswerten Branchen*

In der Theorie sind beide Gliederungsprinzipien gleichwertig, denn »unter dem Strich« steht in beiden Fällen das Gleiche: ein einigermaßen repräsentatives Abbild des gesamten globalen Aktienmarktes. In der Praxis hat aber die Gliederung auf Basis von Ländern klare Vorteile, da sie mit den am Markt verfügbaren Investmentfonds einfach und vollständig durchführbar ist. Außerdem unterliegt diese Gliederung im Zeitablauf weniger Verschiebungen als der Branchenansatz. Beide Ansätze sollten nicht vermischt werden, da sie zu schädlichen Überlappungen und damit zu Risikokonzentrationen führen können. Übrigens existieren weltweit etwa 50 entwickelte nationale Aktienmärkte. Diese Gruppe teilt sich grob auf in rund 25 Märkte der westlichen Industrieländer und rund 25 Schwellenländermärkte.[14] Doch keine Angst – um das Weltportfolio zu realisieren, benötigt man nicht fünfzig Länderfonds; es genügen schon sieben, unter Umständen sogar noch weniger.

In diesem Zusammenhang wollen wir noch auf einen gefährlichen Irrtum zum Thema Diversifikation eingehen, der in vielen Bankbroschüren und Ratgeberbüchern verbreitet wird: Da heißt es dann, statistische Untersuchungen hätten gezeigt, dass der Vorteil der Diversifikation ab etwa 20 (zufällig ausgewählten) Aktien im Depot »ausgereizt« sei. Eine Hinzufügung weiterer Aktien führe nicht mehr zu einer wesentlichen Senkung der Wertschwankungsintensität (Volatilität, gemessen als Standardabweichung). Den »Beweis« liefert dann meistens eine Grafik, die Abbildung 1 in Abschnitt 3.3 »Risikomanagement und seine Grenzen« ähnelt, allerdings nur nach Einzelwertrisiko und Gesamtmarktrisiko unterscheidet (also das Asset-Klassen-Risiko ignoriert). Für sich genommen ist diese Aussage zwar nicht falsch, doch stellt sie leider nicht einmal die halbe Wahrheit dar. Richtig ist, dass innerhalb der einzelnen dargestellten Asset-Klasse (zum Beispiel deutsche Blue-Chip-Aktien) durch Hinzufügung weiterer Aktien kaum noch eine Risikosenkung erzielt werden kann, sehr wohl aber durch Hinzufügung weiterer Asset-Klassen. Würde man einem Portfolio aus 20 Dax-Aktien die Asset-Klasse »deutsche Nebenwerte« oder »Blue-Chips Lateinamerika« hinzufügen, käme es sehr wohl zu einer ansehnlichen Senkung des Portfoliorisikos. Nach unserer Ansicht wird diese Halbwahrheit von der angeblich ausreichenden Diversifikation bei 20 Aktien deswegen oft verbreitet, weil man vor allem Anlegern in Einzelwerten damit weismachen will, durch den Kauf einiger weiterer einzelner Aktien hätten sie genug für die optimale Diversifikation ihres Portfolios getan (schließlich verdienen die Banken an dieser Anlegerkategorie noch mehr als an Fondsanlegern).

Kommen wir nun zu einem Kernstück dieses Buches: den eigentlichen Musterportfolios, an denen Sie sich bei der schrittweisen Bildung ihres internationalen Fondsportfolios orientieren können.

4.3 Die praktische Umsetzung des Weltportfolios

»Die Einzigen, die heutzutage noch glauben,
dass der Markt nicht funktioniert,
sind Nordkoreaner, Kubaner und Stock picker«.

Rex Sinquefield, Geschäftsführer der amerikanischen
Fondsgesellschaft Dimensional Fund Advisors)

Ein auf die persönlichen Verhältnisse zugeschnittenes globales Anlegerportfolio auf der Basis der Weltportfolio-Prinzips anzulegen ist mit Hilfe unseres Musterportfolio-Baukastens relativ einfach. Der Weg zu Ihrem globalen Fondsportfolio, das über viele Jahre hinweg nicht oder nur geringfügig verändert werden muss, besteht aus drei Schritten. Bei allen drei Schritten unterstützt Sie dieses Buch.

Schritt 1: Wählen Sie ein auf Ihre persönlichen Verhältnisse (Anlagehorizont, Risikotoleranz) abgestimmtes Musterportfolio aus. Dazu müssen Sie sich zunächst hinsichtlich Ihrer Risikotoleranz für eine von drei Risikotoleranzstufen (gering / mittel / hoch) und bezüglich des Anlagehorizonts für einen von drei Zeiträumen entscheiden. Daraus resultiert die Festlegung auf eines der neun Musterportfolios. Das geschieht in diesem Abschnitt.

Schritt 2: Suchen Sie dann die passenden und preisgünstigsten Fonds für das von Ihnen ausgewählte Musterportfolio aus. Dabei unterstützt Sie Kapitel 5 dieses Buches, das unter anderem eine Aufstellung empfehlenswerter Fonds enthält.

Schritt 3: Kaufen Sie nun die ausgewählten Fonds bei der – je nach Ihrer Präferenz – preisgünstigsten oder bequemsten Quelle. *Preisgün-*

stig heißt zumeist bei einer Direktbank, in einigen Fällen auch bei der Fondsgesellschaft selbst. Auch hierauf gehen wir in Kapitel 5 detailliert ein.

Kommen wir nun zur Musterportfolio-Matrix. Alle in Tabelle 11 verwendeten Begriffe und Konzepte sowie der Einflussfaktor *Persönliche Ausgabenplanung* werden weiter unten erläutert. Wenn Sie sich zum ersten Mal mit der Matrix beschäftigen, macht es wahrscheinlich Sinn, sich diese Ausführungen vorher kurz anzusehen. In jedem Fall sollten Sie mit Hilfe der Matrix recht schnell eine auf Ihre Bedürfnisse passende Portfoliostruktur finden können. Die einmal ausgewählte Struktur sollten Sie – solange sich die beiden genannten Haupteinflussfaktoren (Risikotoleranz und Anlagehorizont) nicht ändern – möglichst konsequent beibehalten. Die drei Stufen der Risikotoleranz haben wir zu Beginn dieses Kapitels definiert (vgl. Abschnitt 4.1).

Bei der Interpretation der Tabelle ist noch ein weiterer Gesichtspunkt zu beachten: Die zweite Spalte von links gibt die stets unveränderliche Grundstruktur des Weltportfolios an. Das Weltportfolio repräsentiert den Aktienanteil an Ihrem persönlichen Portfolio (einem der neun Musterportfolios). Die innere Aufteilung des Weltportfolios ist in allen neun Musterportfolios identisch. Sie entspricht stets der (kaufmännisch gerundeten) Verteilung von 35 % (Westeuropa), 30 % (Nordamerika), 20 % (Japan, Ozeanien), 5 % (Ostasien), 5 % (Südamerika), 5 % (Osteuropa). Diese Aufgliederung spiegelt grob die Anteile dieser Regionen am Weltbruttoinlandsprodukt wieder (mit einer leichten Übergewichtung für Westeuropa). Die Prozentsätze für die einzelnen Aktien-Asset-Klassen (Regionen) innerhalb der neun Musterportfolios variieren also nur deshalb, weil sich – unter Berücksichtigung des jeweils unterschiedlich großen risikofreien Portfolioanteils – die Anteile der Aktien-Asset-Klassen am Gesamtportfolio (= 100 % der Anlagesumme) verschieben. Die Struktur von Portfolio 9, das überhaupt keinen risikofreien Portfolioanteil enthält, also zu 100 % aus Aktien besteht, ist daher mit der Grundstruktur des Weltportfolios identisch.

Wie Sie aus der untersten Zeile von Tabelle 11 ersehen können, ist für jedes Musterportfolio eine gewisse Mindestgesamtinvestition not-

Tabelle 11: Die neun Musterportfolios auf der Basis des Weltportfolios

	Grundstruktur des Aktienteils (»Weltportfolio«)	Risikotoleranz / Anlagehorizont	Portfolio 1	Portfolio 2	Portfolio 3	Portfolio 4	Portfolio 5	Portfolio 6	Portfolio 7	Portfolio 8	Portfolio 9
			gering	gering	gering	mittel	mittel	mittel	hoch	hoch	hoch
			1,5–2 Jahre	3–8 Jahre	> 8 Jahre	1,5–2 Jahre	3–8 Jahre	> 8 Jahre	1,5–2 Jahre	3–8 Jahre	> 8 Jahre
Cash / kurzfristige Bonds	–		80%	60%	50%	70%	35%	25%	60%	5%	0%
Westeuropa inkl. Nicht-EWU-Länder	35%	–	7%	14%	17%	10%	23%	26%	14%	33%	35%
Nordamerika (USA, Kanada)	30%	–	6%	10%	14%	9%	20%	22%	12%	28%	30%
Japan, Austr., Neuseeland	20%	–	4%	8%	10%	5%	13%	15%	8%	19%	20%
Ostasien ohne Japan, Südostasien	5%	–	1%	2%	3%	2%	3%	4%	2%	5%	5%
Südamerika	5%	–	1%	2%	3%	2%	3%	4%	2%	5%	5%
Osteuropa, Russl., Türkei	5%	–	1%	2%	3%	2%	3%	4%	2%	5%	5%
Summe	100%	100%	100%	100%	100%	100%	100%	100%	100%	100%	100%
Erwartete Rendite innerhalb der Risikotoleranzstufe			niedrig	mittel	hoch	niedrig	mittel	hoch	niedrig	mittel	hoch
Praktikable Portfoliomindestgröße in Tsd. Euro			50	25	20	33,3	15,4	13,3	25	10,5	10

Tabelle 12: Die neun modifizierten Musterportfolios für Anleger, denen ein maximaler Anlagebetrag von ca. 10 000 Euro zur Verfügung steht

	Grundstruktur des Aktienteils (»Weltportfolio«)	Port-folio 1	Port-folio 2	Port-folio 3	Port-folio 4	Port-folio 5	Port-folio 6	Port-folio 7	Port-folio 8	Port-folio 9
Risikotoleranz	–	gering	gering	gering	mittel	mittel	mittel	hoch	hoch	hoch
Anlagehorizont	–	1,5–2 Jahre	3–8 Jahre	> 8 Jahre	1,5–2 Jahre	3–8 Jahre	> 8 Jahre	1,5–2 Jahre	3–8 Jahre	> 8 Jahre
Cash / kurzfrist. Bonds		80%	60%	50%	70%	35%	25%	60%	5%	0%
Westeuropa inkl. Nicht-EWU-Länder	35%	8%	14%	18%	11%	23%	26%	14%	33%	35%
Nordamerika (USA, Kanada)	30%	7%	12%	14%	8%	19%	23%	12%	29%	30%
Japan, Austr., Neuseeland	20%	5%	8%	10%	6%	13%	15%	8%	19%	20%
Schwellenländer insgesamt	15%	6%	8%	5%	10%	11%	6%	14%	15%	
Summe	100%	100%	100%	100%	100%	100%	100%	100%	100%	100%
Erwartete Rendite innerhalb der Risikotoleranzstufe		niedrig	mittel	hoch	niedrig	mittel	hoch	niedrig	mittel	hoch
Praktikable Portfoliomindestgröße in Tsd. Euro		10	10	10	10	10	10	10	10	10

wendig, da in der Praxis Fondskäufe unter 500 Euro pro Order kaum
möglich sind (eine Ausnahme bilden Fondssparpläne, auf die wir später noch zu sprechen kommen). Damit auch Anleger mit einem kleinen Gesamtanlagebetrag den Weltportfolioansatz nutzen können,
haben wir in Tabelle 12 vereinfachte Musterportfolios zusammengestellt, die sich in der Praxis bereits ab einer Anlagesumme von 10 000
Euro bilden lassen. Die drei Schwellenländermärkte sind hierbei –
wiederum wegen der besagten Mindestordergrößen – zu einer Position zusammengefasst. Das ist deshalb realistisch, da es Schwellenlän-
derfonds gibt, die gleichzeitig in allen drei Hauptschwellenländer-Re-
gionen (Asien, Südamerika, Osteuropa) investieren.

Einige Erläuterungen zu den Tabellen 11 und 12:

Risikotoleranz: Wer nicht mindestens eine geringe Risikotoleranz
nach unserer Definition besitzt, also einen bis zu 20-prozentigen
Wertverlust des Gesamtportfolios innerhalb von zwölf Monaten
nicht akzeptieren kann, sollte nicht in Aktien oder Aktienfonds investieren.

Anlagehorizont: Gemeint ist der Zeitraum, während dessen man das
Portfolio – sowohl was das Kapital betrifft als auch hinsichtlich der
laufenden Erträge (Zinsen, Dividenden) – mit *sehr großer Wahrscheinlichkeit* nicht anrühren muss. Unsere Tabelle setzt einen Min-
destanlagehorizont von 1,5 Jahren voraus, weil für kürzere Zeiträume die Anlage in Aktien oder Aktienfonds aus Risikogründen
unsinnig ist. Für so kurze Perioden sind insbesondere Festgelder,
Geldmarktfonds oder Bundeswertpapiere mit einer Restlaufzeit von
maximal 18 Monaten (z. B. Finanzierungsschätze des Bundes) geeignet. Solche Anlagen kann man überdies zu außerordentlich günstigen
Bedingungen erwerben (siehe hierzu den folgenden Abschnitt 4.4).
Generell gilt folgende Grundregel für kurze Anlagehorizonte: Selbst
in einen breit diversifizierten Investmentfonds sollte man nur solche
Gelder investieren, für die ein gesicherter Anlagehorizont von 18
Monaten besteht. Ist der Anlagehorizont kürzer, sollten dem Aktien-
anteil am Portfolio im doppelten Umfang vergleichsweise risikolose
Geldmarktanlagen (in Euro) gegenüberstehen. Investments in enge

aktiv gemanagte Fonds (im Unterschied zu Indexfonds) oder einzelne Aktien erfordern sogar einen Anlagehorizont von mindestens vier Jahren. Ob für einen bestimmten ausgewählten Horizont bei einem Anleger tatsächlich die oben geforderte »sehr große Wahrscheinlichkeit« gegeben ist, kann nur der Anleger selbst entscheiden. Da Aktienfondsanteile eine sehr liquide Anlageform sind, kann man die einzelnen Anteile zwar notfalls jederzeit verkaufen, das sollte aber vor Ablauf des ursprünglichen Anlagehorizontes nur in einer echten Zwangslage geschehen. Wegen der beträchtlichen kurz- und mittelfristigen Wertschwankungen von Aktienfonds könnte ein solcher Verkauf nämlich zur Realisierung hoher Verluste führen. Dagegen steigt bei Aktien und Aktienfonds die Wahrscheinlichkeit, die im Vergleich zu anderen Anlageformen hohe langfristige Durchschnittsrendite auch tatsächlich zu erreichen, mit zunehmender Anlagedauer rapide an. Es lässt sich sogar nachweisen, dass Aktien bei Anlagezeiträumen von 15 Jahren oder mehr ein geringeres (!) Risiko aufweisen als festverzinsliche Wertpapiere – aber so lange kann nicht jeder warten.

»Risikofreier« Portfolioteil (Cash, kurzfristige Bonds): Hiermit sind z.B. folgende in D-Mark oder Euro (nicht in Fremdwährung) lautende Anlagen gemeint: Festgelder oder Konten mit variabler Guthabenverzinsung bei seriösen Banken bester Bonität, Geldmarktfonds großer deutscher Banken oder festverzinsliche Wertpapiere (Anleihen) mit maximal zwölfmonatiger Restlaufzeit der Bundesrepublik Deutschland, eines Sondervermögens des Bundes, eines Bundeslandes oder eines anderen EU-Staates aus der Euro-Zone (EWU) mit bestmöglicher Bonität. (Bei bestimmten EWU-Ländern mit hoher Staatsverschuldung kann man nicht generell von »bestmöglicher« Bonität ausgehen.) Der Begriff *Cash* bedeutet in diesem Zusammenhang anders als im allgemeinen Sprachgebrauch nicht unverzinsliches Bargeld, sondern steht für Geldmarktanlagen. Der Geldmarkt beinhaltet festverzinsliche Anlagen bis zwölf Monate Laufzeit. Auch hierzu mehr in Abschnitt 4.4.

Persönliche Ausgabenplanung: Dieser dritte Einflussfaktor (neben Anlagehorizont und Risikotoleranz) wird in unserer Musterportfolio-Matrix nicht direkt berücksichtigt, ist aber dennoch wichtig. Bei der

Bezifferung des Anlagebetrages, den man in ein solches Fondsportfolio investieren möchte, spielt natürlich auch eine Rolle, welche größeren Ausgaben man in der Zukunft voraussichtlich tätigen wird. Die Grundregel lautet: Liegen diese Ausgaben näher als 18 Monate, dann sollte der entsprechende Geldbetrag nur in »risikolose« Anlagen (Cash, kurzfristige Bonds) fließen. Für das restliche Vermögen gilt die oben genannte Struktur, das heißt, auch das restliche Vermögen enthält (mit Ausnahme von Portfolio 9) noch einen bestimmten Prozentsatz »risikoloser« Anlage. In Bezug auf ein bereits bestehendes Depot hieße das, spätestens 18 Monate vor der geplanten Ausgabe den entsprechenden Geldbetrag aus den diversen Aktien-Asset-Klassen anteilig in die risikolose Anlage umzuschichten.

Wie sich ein monatlicher Sparbetrag (beim Wertpapier- oder Fondssparen) in eine solche Portfoliostruktur einbauen lässt, erläutern wir in Abschnitt 4.5. Abschnitt 4.7 wiederum zeigt, wie man vorgehen kann, wenn sich die Portfoliostruktur infolge von unterschiedlichen Wertentwicklungen seiner einzelnen Bestandteile im Zeitablauf ändert.

Zusammenstellung der sechs Haupt-Asset-Klassen des Wertportfolios: Für die meisten der sechs Hauptklassen existieren Fonds, die die jeweiligen Regionen mehr oder weniger genau abdecken (siehe Tabelle 32 in Abschnitt 5.7, S. 172 ff.). In einzelnen Fällen, etwa bezüglich der Hauptklasse Japan/Australien/Neuseeland, mag es einen solchen »passgenauen« Fonds in unserer Produkttabelle oder auch anderweitig in Deutschland (noch) nicht geben. Ein ähnliches Gewichtungsproblem könnte auftreten, wenn ein Anleger plant, sein schon bestehendes Länderfondsdepot zu einem Weltportfolio zu erweitern (er also seinen derzeitigen Fondsbestand zur Vermeidung von Transaktionskosten nicht verkaufen möchte). In solchen Fällen ist es wichtig, die Gewichtungen der gut 50 im Weltportfolio vertretenen nationalen Aktienmärkte zu kennen. Die entsprechenden Werte gehen aus Tabelle 15 »Bruttoinlandsprodukt auf Einzelstaatenbasis« hervor (siehe unten). Um bei dem Beispiel Japan/Australien/Neuseeland zu bleiben: Wer getrennt in einen Japanfonds und einen Australien-/Neuseelandfonds investieren will, kann in Tabelle 15 ablesen, dass Australien und Neuseeland zusammen 1,5 % von 15,5 %, also ungefähr 10 % der Gesamtgruppe aller drei Länder ausmachen. Daraus folgt: Die Haupt-Asset-Klasse Japan/Australien/Neuseeland sollte zu 90 % aus Japan bestehen und zu 10 % aus den beiden anderen Ländern. (Das Verhältnis muss nur ungefähr stimmen; es kommt nicht auf ein oder zwei Prozentpunkte an, da sich die Gewichtungen laufend verändern.)

Mancher Leser wird sich fragen, warum unsere Musterportfolio-Matrix einige kleinere regionale Aktienmärkte auslässt. Welche dies sind, kann man aus der rechten Spalte von Tabelle 13 ersehen.

Tabelle 13: **Die globalen Hauptaktienmärkte (regionale Asset-Klassen)**

Wertpapiermärkte der entwickelten Weltregionen	Wertpapiermärkte der Schwellenländer (Emerging Markets)	Sonstige Wertpapiermärkte
• Nordamerika (USA, Kanada) • Westeuropa (EU-Staaten, Großbritannien, Schweiz, Skandinavien) • Japan und Ozeanien (Australien, Neuseeland)	• Ost- und Südostasien (China, Taiwan, Hongkong, Malaysia, Indonesien, Südkorea, Thailand, Philippinen, Indien) • Osteuropa (inklusive Türkei, Russland) • Lateinamerika (Mexiko, Brasilien, Argentinien, Chile)	• Naher und Mittlerer Osten • Asiatische Staaten, die noch keine Schwellenländer sind (darunter Bangladesch, Pakistan und viele andere) • Südafrika (eigentlich ein Schwellenland) • Afrika (exklusive Südafrika) • Die übrigen Staaten Lateinamerikas

Diese hier als *sonstige Wertpapiermärkte* bezeichneten Märkte sind (gemessen an ihrer Marktkapitalisierung) vergleichsweise klein. Sie sind ferner – aufgrund politischer Instabilität, unzureichender Kapitalmarktgesetze und mangelnder Marktliquidität – mit besonders hohen Risiken verbunden. Hinzu kommt, dass die wenigen in diesen

Märkten investierenden Fonds in aller Regel sehr hohe laufende
Kosten aufweisen (3 % und mehr), die ihre grundsätzlichen Vorteile
hinsichtlich einer verbesserten Diversifikation oder Bruttorendite
mehr als aufwiegen.

Globale Verteilung des Bruttoinlandproduktes als Allokationsgröße

Anleger, die aus bestimmten Gründen eine von unserem Weltportfolio
abweichende Asset-Allokation durchführen möchten, sollten die
Größe der wesentlichen Märkte kennen. Daher führen wir im Folgenden die absoluten und relativen Größen der wesentlichen Volkswirtschaften weltweit auf. Die Struktur unseres Weltportfolios baut auf
Tabelle 14 auf.

**Tabelle 14: Bruttoinlandsprodukt der globalen Hauptaktienmärkte (in Mrd. US-Dol-
lar; Stand: 1999)**

USA + Kanada	8942	31%
Japan + Ozeanien	4513	16%
Westeuropa	8631	30%
Südamerika	1770	6%
Ost-/Südostasien	2584	9%
Osteuropa + Türkei	438	2%
Übrige Länder*	1865	6%
Summe	28743	100,0%

* Diese sind etwa zu gleichen Teilen den drei Schwellenländerregionen zuzuordnen.
Quelle: Weltbank

Die prozentuale Verteilung der Marktkapitalisierung schwankt im
Zeitverlauf beträchtlich. Anfang der neunziger Jahre betrug z. B. der
Anteil Japans noch knapp 50 %; der Anteil Nordamerikas dagegen
nur 26 %. Diese starken Schwankungen legen zusammen mit weiteren Argumenten eine Gewichtung des Weltportfolios auf Basis der
Wirtschaftskraft dieser Regionen anstelle auf Basis der Marktkapitalisierung nahe.

Tabelle 15: **Bruttoinlandsprodukt auf Einzelstaatenbasis
(in Mrd. US-Dollar; Stand: 1999)**

Region	Land	BIP	Anteil
Nordamerika	USA	8 351	28,6%
	Kanada	591	2,0%
Summe		8 942	30,6%
Westeuropa	Deutschland	2 079	7,1%
	Frankreich	1 427	4,9%
	Großbritannien + Nordirland	1 338	4,6%
	Italien	1 136	3,9%
	Spanien	552	1,9%
	Niederlande	384	1,3%
	Schweiz	273	0,9%
	Schweden	222	0,8%
	Belgien	251	0,9%
	Österreich	210	0,7%
	Dänemark	170	0,6%
	Norwegen	146	0,5%
	Griechenland	124	0,4%
	Finnland	123	0,4%
	Portugal	106	0,4%
	Irland	71	0,2%
	Luxemburg	19	0,1%
Summe		8 631	29,6%
Japan + Ozeanien	Japan	4 079	14,0%
	Australien	381	1,3%
	Neuseeland	53	0,2%
Summe		4 513	15,5%
Ost-/Südostasien	China	980	3,4%
	Südkorea	398	1,4%
	Indien	442	1,5%
	Hongkong	162	0,6%
	Thailand	121	0,4%
	Indonesien	120	0,4%
	Singapur	95	0,3%
	Philippinen	78	0,3%
	Malaysia	77	0,3%
	Pakistan	64	0,2%
	Bangladesh	47	0,2%
Summe		2 584	9,0%

Südamerika	Brasilien	742	2,5%
	Mexiko	429	1,5%
	Argentinien	287	1,0%
	Kolumbien	94	0,3%
	Venezuela	87	0,3%
	Chile	71	0,2%
	Peru	60	0,2%
Summe		1770	6,0%
Osteuropa	Russland	333	1,1%
	Türkei	186	0,6%
	Polen	153	0,5%
	Tschechien	52	0,2%
	Ungarn	47	0,2%
Summe		771	2,6%
Übrige Länder		387	1,3%
Summe gesamt		29232	100,0%

Quelle: Weltbank

Tabelle 16: Marktkapitalisierung der Hauptaktienmärkte nach Regionen (in Mrd. US-Dollar; Stand: Juni 2000)

Region	USA + Kanada	15672	48,6%
	Japan	4213	13,1%
	EWU11 ohne Deutschland	3861	12,0%
	Deutschland	1194	3,7%
	Großbritannien	2612	8,1%
	Restliches Westeuropa	851	2,6%
	Asien ohne Japan	1823	5,7%
	Australien + Neuseeland	814	2,5%
	Osteuropa + Russland	544	1,7%
	Südamerika	431	1,3%
	Übrige Länder	250	0,8%
Summe		32265	100,0%

Quelle: HypoVereinsbank

4.4 Warum Anlagen in Rentenfonds selten sinnvoll sind und welche Alternativen es gibt

> »Der Sinn von Rentenfonds ist mir schleierhaft.«
>
> *Peter Lynch*, einer der erfolgreichsten
> Aktienfondsmanager der Welt

So gut wie jeder Bankberater, alle Anlegerzeitschriften und fast alle Finanzratgeberbücher empfehlen Rentenfonds als sichere Beimischung für ein Standarddepot oder für risikoscheue Anleger sogar als einzige Anlageform. Diesen Standpunkt halten wir für falsch, und zwar aus zwei Gründen:

1. Viele statistische Untersuchungen haben gezeigt, dass Rentenfonds gegenüber gleichwertigen Einzelanlagen in festverzinsliche Wertpapiere mit hoher Regelmäßigkeit eine um durchschnittlich rund 1,5 Prozentpunkte niedrigere Rendite aufweisen. Bei einer langfristigen Durchschnittsrendite deutscher Rentenfonds (mit Papieren kurzer und mittlerer Laufzeit) von rund 5 % p.a. bedeutet das einen Verzicht auf rund 27 % der Bruttorendite, dem keinerlei Nutzen entgegensteht. Aufgrund des Ausgabeaufschlages von typischerweise drei Prozent würde dieser Wert für Anlageperioden von unter fünf Jahren sogar noch höher liegen. Auf die geringfügig höheren Renditen von Rentenfonds, deren Anlageschwerpunkt ausschließlich auf festverzinslichen Wertpapiere mit langen Laufzeiten liegt, können wir ebenfalls verzichten, denn diese Renditen sind fast immer niedriger als jene der Aktienbestandteile unseres Weltportfolios.

2. Es bleibt die Tatsache, dass Rentenfonds das Bonitätsrisiko (siehe Glossar) der Anleihenemittenten aufgrund der Streuung auf viele Einzeltitel senken, letztlich ohne Bedeutung, denn mit einzeln gehaltenen westeuropäischen Staatsanleihen kann ein ebenso niedriges Risiko erreicht werden. Anders formuliert: Ein Risiko, das schon gegen Null läuft, kann man nicht weiter senken.[15] Auch das Kursrisiko dieser Fonds ist gegenüber kurzlaufenden, einzelnen Bundeswertpapieren nicht nennenswert geringer (vor allem dann nicht, wenn letztere bis zur Fälligkeit gehalten werden).

Warum weisen Rentenfonds eine schwächere Performance als einzelne Bonds auf? Antwort: Aktives Portfoliomanagement funktioniert bei Rentenfonds noch schlechter als bei Aktienfonds (was bekanntlich einiges heißen will). Konkreter ausgedrückt: In langfristigen Vergleichen (> 2 Jahre) gelingt es – nach Berücksichtigung aller Kosten, die zulasten der Bruttorendite gehen – nur einer verschwindend geringen Zahl von Rentenfonds, ihren Vergleichsindex zu schlagen. Das liegt insbesondere daran, dass der Markt für festverzinsliche Wertpapiere noch effizienter ist als der Aktienmarkt, unterbewerte Titel zu finden also noch seltener gelingt. Da aber auch Rentenfonds relativ hohe Kosten aufweisen, ist ihre langfristige Nettorendite schlechter als die entsprechende Rendite einzeln gehaltener Bundeswertpapiere. Bei deutschen Rentenfonds beläuft sich der Ausgabeaufschlag durchschnittlich auf 3 %, die Verwaltungsgebühren betragen durchschnittlich 0,7 % p.a. Dazu kommen noch nicht extern ausgewiesene, aber mit der Rendite verrechnete Fondsbetriebskosten.

Die einzigen für unser Weltportfolio mit Blick auf Rendite und Diversifikationseffekt eventuell interessanten Rentenfonds wären solche, die in internationale Hochzinsanleihen (Junk-Bonds) investieren. Diese werden von Schwellenländern oder Unternehmen schwacher Bonität emittiert. Untersuchungen haben aber ergeben, dass die Vorteile solcher Anleihen für ein stark diversifiziertes Aktienportfolio gering sind. Ähnliches gilt für Investments in »normale« internationale Rentenfonds, die aufgrund eines höheren Zinsniveaus im Ausland mehr Zinsertrag als deutsche Rentenpapiere bringen. Außerdem haben solche Hochzinsrentenfonds in der Regel auch höhere Kosten als Aktienfonds. Wer den Risikograd seines Portfolios über denjenigen von Musterportfolio 9 hinaus steigern will (um eine höhere erwartete Rendite zu erzielen), wäre besser beraten, wenn er das Musterportfolio 9 durch Kreditfinanzierung vergrößerte. Wie das funktioniert und welchen Effekt es hat, zeigen wir in Abschnitt 6.8..

Doch enthalten unsere Musterportfolios ja bekanntlich (mit einer Ausnahme) alle einen »risikofreien Portfolioanteil«. Warum für diesen Anteil nicht Rentenfonds wählen? Ganz einfach: Es gibt bessere Alternativen. Welche das sind, werden wir gleich sehen.

Mit dem risikofreien Anteil der Musterportfolios sind kurzfristige

Geldanlagen in Euro (nicht in Fremdwährung) gemeint, bei denen die Ausfall- und Kursänderungsgefahr sehr gering oder annähernd Null ist: Hierunter fallen z. B. Festgelder, Guthaben auf verzinslichen Tagesgeldkonten, Geldmarktfonds oder Rentenfonds, wenn diese vorwiegend in staatliche Rententitel mit kurzer Restlaufzeit anlegen.

Nebenbei gesagt: Der Begriff »risikofrei« ist genau genommen irreführend, denn völlig risikofrei sind auch diese Anlagen nicht. Andererseits gibt es praktisch keine Anlagen, die ein geringeres Risiko als die hier genannten besitzen. Selbst echtes Bargeld (zu Hause im Küchenschrank oder auf dem Bankgirokonto gehortet) ist nicht wesentlich risikoärmer, denn es birgt ein nennenswertes Inflationsrisiko. Da Bargeld nicht verzinst wird, hat es eine negative Rendite in Höhe der Inflation, während die hier besprochenen verzinslichen »risikofreien« Anlagen in der Regel die Inflation und eine bisschen mehr erwirtschaften. Die Bezeichnung »risikofrei« ist somit nicht wörtlich zu verstehen, ein besserer Ausdruck wäre »risikoarm«. Entsprechende Schuldverschreibungen haben ausnahmslos ein Triple-A-Rating (AAA bzw. Aaa) beider oder einer der beiden Rating-Agenturen S&P und Moody's (siehe Tabelle 19) bzw. wurden zwar von diesen nicht bewertet, weisen aber eine ähnlich hohe Bonität auf.

Im Gesamtportfolio hat dieser risikofreie Anteil die Aufgabe, den Risikograd und den Liquiditätsgrad des *Gesamt*portfolios zu steuern. (Diese Sichtweise unterscheidet sich grundsätzlich von dem wissenschaftlich klar unterlegenen Ansatz der meisten Banken, die Zusammensetzung des Aktienteils selbst – je nach Risikoneigung und Anlagehorizont – zu verändern.)

Was ist damit gemeint? Anders gefragt: Was ist bei der Zusammensetzung des risikofreien Portfolioanteiles zu berücksichtigen? Welcher unter den verschiedenen risikoarmen Anlagen, die in Frage kommen, sollte man den Vorzug geben (alle in Euro)?

▸ Sparbuch, Sparbrief;
▸ Festgeld, Termingeld;
▸ »Tagesgeld-« oder »Cash-Konten« mit (variabler) Guthabenverzinsung;

▶ festverzinsliche Wertpapiere der Bundesrepublik Deutschland mit maximal 36 Monaten Restlaufzeit;
▶ Rentenfonds, der (überwiegend) Kurzläufer-Staatspapiere der Bundesrepublik Deutschland enthält;
▶ Geldmarktfonds.

Auch hier muss wieder jeder Anleger die Entscheidung nach eigenen Präferenzen treffen. Tabelle 17 kann dabei helfen. Die Tabelle ist folgendermaßen zu lesen: Drei fröhliche Smilies (☺☺☺) bedeuten »sehr empfehlenswert« unter den verglichenen Anlageprodukten, zwei skeptische (☺☺) »im Mittelfeld« und ein mürrischer (☹)«am wenigsten zu empfehlen«.

Tabelle 17: Vor- und Nachteile unterschiedlicher risikoarmer Geldanlagen

Kriterium	Sparbuch	Festgeld	Tages-geld-konto	Geld-markt-fonds	Renten-fonds	Festverz. Wert-papiere der BRD
Bequemlichkeit	☺☺☺	☺☺	☺☺☺	☺☺☺	☺☺☺	☹
Kurzfristige Verfügbarkeit	☺☺	☹	☺☺☺	☺☺☺	☺☺☺	☺☺☺
Rendite	☹	☺☺	☺☺	☺☺	☺☺	☺☺☺
Kursrisiko	☺☺☺	☺☺☺	☺☺☺	☺☺	☺☺	☹
Bonitätsrisiko	☺☺☺	☺☺☺	☺☺☺	☺☺☺	☺☺☺	☺☺☺
Möglichst geringe Mindestanlagesumme	☺☺☺	☺☺	☺☺	☹	☺☺	☺☺

Festverzinsliche Wertpapiere liegen zwar bei der Rendite vorn, sind aber weniger »bequem«, da sie irgendwann einmal fällig werden und durch neue Papiere ersetzt werden müssen. Zwar ist das Kursrisiko (das heißt das Risiko von Kursschwankungen vor der Fälligkeit) hier relativ am höchsten, aber – verglichen mit Aktien oder Aktienfonds – durchaus noch im Rahmen des Akzeptablen. Insbesondere kann man das Kursrisiko dadurch eliminieren, dass man die Papiere bis zur Fälligkeit behält. Dann kann aus dem Kursrisiko kein Wertverlust resultieren, weil festverzinsliche Anleihen immer zu 100 % zurückgezahlt werden.

Wer schnell an sein Geld herankommen möchte, ist mit Festgeldern und Spareinlagen meistens schlecht bedient. Denn vorfristige Auflösung ist oft nur bei Zahlung von schmerzhaften »Strafzinsen« möglich.

Die Mindestanlage liegt – je nach Bank – bei Festgeldern und Geldmarktfonds vielfach in einer Größenordnung von 5 000 Euro, manchmal beträgt sie auch das Doppelte oder mehr. Hält man einen Geldmarktfonds in einem Depot bei der Fondsgesellschaft selbst, liegt die Grenze in der Regel deutlich niedriger, aber dies bedeutet schon wieder etwas weniger »Bequemlichkeit«. Dass es Geldmarktfonds gibt, für die allen Ernstes ein Ausgabeaufschlag verlangt wird, ist vollkommen inakzeptabel. Von solchen Fonds sollte man die Finger lassen.

Sogenannte Tagesgeldkonten werden inzwischen von allen Direktbanken, den »Auto-Banken« (z. B. der VW-Bank) und den meisten Großbanken mit einer Mindestanlage zwischen 0 und 5 000 Euro angeboten. Die Verzinsung ist zumeist in drei bis vier Stufen gestaffelt – je höher der Anlagebetrag, desto höher der Zinssatz. Dieser ist zwar »fest«, kann aber jederzeit von der Bank erhöht oder gesenkt werden, daher ist er de facto variabel. Es besteht in der Regel eine tägliche Verfügungsmöglichkeit für diese Konten, Zahlungsverkehr ist hingegen nicht möglich. Bei Verfügungen ist stets eine Umbuchung auf ein normales Girokonto notwendig. Die Web-Adressen der Direktbanken finden Sie im Anhang. Ärgerlich ist, dass diese Tagesgeldkonten überall anders heißen. Bei einer namhaften Auto-Bank verwirren die kreativen Marketingspezialisten die Kunden erfolgreich mit der Bezeichnung »Mobil-Plus-Konto« – wer würde hinter dieser Bezeichnung ein Tagesgeldkonto vermuten?

Das Ergebnis unserer Analyse: Wer eine vergleichsweise hohe Rendite sucht und die Nachteile hinsichtlich der Bequemlichkeit nicht scheut, ist mit festverzinslichen Bundeswertpapieren am besten bedient. Tabelle 18 gibt Aufschluss darüber, welche dafür in Frage kommen.

Tabelle 18: Die Hauptformen von Bundeswertpapieren

Merkmal	Finanzierungsschätze	Bundesschatzbriefe	Bundesobligationen	Bundesanleihen	Bundesschatzanweisungen
Laufzeit	ein oder zwei Jahre	sechs Jahre (Typ A) oder sieben Jahre (Typ B)	Neuemission 5 Jahre, börsengehandelte Titel von 1 Monat bis 5 Jahre	Neuemission überwiegend 10 Jahre, börsengehandelte Titel von 1 Monat bis 30 Jahre	Neuemission 4 Jahre, börsengehandelte Titel von 1 Monat bis 4 Jahre
Mindestanlage	500 Euro	50 Euro	50 Euro	500 Euro	2500 Euro
Zinszahlung	erst am Ende der Laufzeit	Typ A jährlich, Typ B am Laufzeitende	jährlich	jährlich	jährlich
Zum Börsenhandel zugelassen?	nein	nein	ja	ja	ja
Verkauf bzw. vorzeitige Rückgabe möglich?	keine vorzeitige Verfügungsmöglichkeit	nach frühestens einem Jahr monatlich bis zu 5000 DM (ohne Kursrisiko)	jederzeit über die Börse zum aktuellen Kurs	jederzeit über die Börse zum aktuellen Kurs	jederzeit über die Börse zum aktuellen Kurs

Neben den hier aufgeführten Papieren emittieren auch Bundesländer, große Kommunen, bestimmte staatliche »Sondervermögen« (z. B. das Bundeseisenbahnvermögen) und einige Körperschaften des öffentlichen Rechtes (z. B. die Kreditanstalt für Wiederaufbau KfW) Bundeswertpapiere. Für sie alle haftet letztlich die Bundesrepublik Deutschland. Daher sind diese Papiere sowohl hinsichtlich ihrer effektiven Rendite als auch ihres Risikos den oben genannten eigentlichen Bundeswertpapieren (bei gleicher Restlaufzeit) gleichwertig.

Man kann fast alle Bundeswertpapiere gebührenfrei bei den Banken kaufen und – recht problemlos – bei der Bundesschuldenverwaltung (www.bsv.de) ebenfalls kostenfrei verwalten lassen. Sogar

Ansparpläne sind bei der BSV möglich. Lediglich die an der Börse gehandelten Bundesobligationen und Bundesanleihen verursachen Kauf- und Verkaufskosten, wenn Sie sie nicht bei Ausgabe, das heißt als neu emittierte Papiere mit voller Restlaufzeit erwerben, sondern während der Laufzeit kaufen, beispielsweise, weil Sie eine Bundesobligation mit einer Restlaufzeit von zwei Jahren (statt der vollen 5¼ Jahre) erwerben wollen.

Für den Fall, dass Sie in trotz unserer anders lautenden Empfehlung in Industrieobligationen (Bonds) von Unternehmen oder Staaten, deren Bonität nicht über jeden Zweifel erhaben ist, bzw. in Fonds, die solche Titel enthalten, investieren wollen, sollten Sie sich über das Rating dieser Schuldtitel im Klaren sein. Das Rating entspricht einer Benotung der langfristigen Kreditwürdigkeit eines Bond-Emittenten. In der Regel verfügen börsennotierte Bonds über mindestens ein Rating einer der beiden großen Rating-Agenturen Standard & Poors (S&P) und Moody's. Tabelle 19 wird Ihnen bei der Interpretation dieser Ratings behilflich sein.

Tabelle 19: Bewertung von Anleihen durch Rating-Agenturen

	S&P Rating	Moody's Rating	Ungefähre Interpretation (teilweise stammen die Formulierungen aus Veröffentlichungen der beiden Agenturen)
»Investment-Grade«-Anleihen	AAA	Aaa	Schuldverschreibungen höchster Qualität mit bester Zins- und Tilgungsfähigkeit.
	AA+ AA AA−	Aa1 Aa2 Aa3	Schuldverschreibungen hoher Qualität, annähernd beste Zins- und Tilgungsfähigkeit, leicht erhöhtes Risiko gegenüber Triple-A-Papieren.
	A+ A A-	A1 A2 A3	Schuldverschreibungen, die etwas anfälliger gegenüber nachteiligen Bedingungen (Veränderungen des Umfeldes, der Konjunktur und der Branche) sein könnten, dennoch ist die Fähigkeit des Schuldners zum Kapitaldienst nach wie vor gut. »Angemessene« Kapitaldienstfähigkeit, die jedoch in der Zukunft beeinträchtigt werden könnte.

	S&P Rating	Moody's Rating	Ungefähre Interpretation (teilweise stammen die Formulierungen aus Veröffentlichungen der beiden Agenturen)
	BBB+ BBB BBB-	Baa1 Baa2 Baa3	Schuldverschreibungen, die anfälliger gegenüber nachteiligen Veränderungen des Umfelds sind, dennoch ist die Fähigkeit des Schuldners zur Zins- und Kapitalrückzahlung »ausreichend«. Erkennbare Problemfaktoren innerhalb der Organisation des Emittenten. Weder ein hoher noch ein mittlerer Schuldendienstdeckungsgrad.
»Non-Investment-Grade-Anleihen« (Hochzinsanleihen, Junk-Bonds)	BB+ BB BB-	Ba1 Ba2 Ba3	Schuldverschreibungen am unteren Spektrum der mittleren Qualität mit wenig positiven Anlagecharakteristika. Deutlich spekulative Papiere, beschränkte Zahlungsfähigkeit, stark exponiert gegenüber Zins- und Konjunkturentwicklung. Zukünftiger Kapitaldienst kann nicht als gut gesichert betrachtet werden.
	B+ B B-	B1 B2 B3	Vorwiegend spekulative Schuldverschreibungen mit großen Unsicherheitsfaktoren und erheblichem Risiko bei nachteiligen Bedingungen. Emittent noch zahlungsfähig, jedoch sehr schwieriges Umfeld, verminderte Zahlungsfähigkeit und Zahlungswilligkeit des Emittenten. Schuldverschreibungen, denen die Eigenschaften einer erstrebenswerten Kapitalanlage fehlen.
	CCC	Caa	Schuldverschreibungen mit Anfälligkeit für Zahlungsverzug, wobei die Erfüllung der finanziellen Verbindlichkeiten von günstigen Bedingungen abhängt; eventuell ist schon Zahlungsverzug eingetreten.
	CC	Ca	Spekulative Schuldverschreibungen, die sich oftmals schon im Zahlungsverzug befinden.
	C	C	Schuldverschreibungen mit sehr schlechten Voraussetzungen, jemals echte Anlageeigenschaften zu entwickeln. Derzeit keine Zinszahlungen (Verzug ist eingetreten). Konkursantrag oder ähnliche Maßnahmen bereits eingeleitet.
	D	D	Konkurs eingetreten.

4.5 Vorteile und Merkmale eines Fondssparplans (Wertpapiersparen)

»Ihr schlussendlicher Erfolg oder Ihre Niederlage
werden von Ihrer Fähigkeit abhängen,
die Sorgen der Welt lange genug zu ignorieren,
um Ihren Anlagen Zeit zu geben, sich zu rentieren.«

Peter Lynch, erfolgreicher Fondsmanager

Nicht jedermann kann auf einen Schlag 50000 Euro anlegen. Für viele Anleger sind monatliche Beträge von 100 oder 200 Euro das Maximum. Aber auch mit solchen Summen kann man es bereits zu etwas bringen: mit Hilfe eines *Fondssparplans*, oft auch *Ansparplan* oder *Wertpapiersparen* genannt. Voraussetzung: Man muss warten können und drei »brave Knechte« für sich arbeiten lassen. Diese Knechte sind: (a) der Zinseszinseffekt, (b) die hohe Langfristrendite von Aktienanlagen und (c) der Cost-Averaging-Effekt (den wir weiter unten erläutern).

Eine Beispielrechnung. Wir nehmen eine jährliche Durchschnittsrendite von 13 % an. So viel haben die entwickelten Aktienmärkte in den zurückliegenden 30 Jahren ungefähr erbracht (gemessen am MSCI-World-Index). Würde man nur die letzten 15 Jahre betrachten (1984 bis 1999), läge die durchschnittliche Rendite sogar deutlich höher, nämlich bei 15,3 % p.a. für den Dax oder 15,1 % p.a. für den Weltaktienmarkt (MSCI-World-Index). Doch bleiben wir auf dem Teppich. Anhand von Tabelle 20 kann man erkennen, wie auch schon relativ kleine monatliche Sparraten bei einer Verzinsung von »nur« 13 % p.a. über die Jahre hinweg zu einem stattlichen Vermögen anwachsen. Mit 200 Euro pro Monat erreicht man nach 25 Jahren beispielsweise einen Depotwert von rund 450000 Euro. Ein erfreulicher Nebeneffekt: Das Risiko, die erwartete Rendite *nicht* realisieren zu können, nimmt bei mit der Dauer der Anlage in Aktien/Aktienfonds ab.

Wenn man bedenkt, dass die gesetzliche Rentenversicherung für die heute unter 50-Jährigen vermutlich eine nominale Null-(!)-Prozent-Rendite bringen wird, sind diese Zahlen eigentlich recht beein-

Tabelle 20: Die Wirkung des Zinseszinseffektes bei einem Fondssparplan

	Monatlicher Sparbetrag			
	100 Euro	200 Euro	300 Euro	400 Euro
Jahr	Ergebnis nach ... Jahren in Euro (gerundet)			
2	2 700	5 400	5 400	10 900
5	8 400	16 800	16 800	33 600
8	16 700	33 500	33 500	67 000
10	24 400	48 800	48 800	97 600
15	55 000	109 900	109 900	219 900
20	113 300	226 600	226 600	453 300
25	224 700	449 400	449 400	898 800
30	437 300	874 700	874 700	1 749 300
35	843 200	1 686 400	1 686 400	3 372 700

druckend. Und sie werden noch freundlicher, wenn man in der glücklichen Lage ist, die monatliche Sparrate alle paar Jahre durch kleinere oder größere Einmalanlagen zu ergänzen.

Eine Anmerkung: Die in der Tabelle genannten Zahlen sind nicht inflationsbereinigt. Das heißt, die Kaufkraft der aufgeführten Beträge wird in 25 oder 30 Jahren deutlich niedriger liegen als heute. Aber dieser »Malus« betrifft alle Vermögensanlagen gleichermaßen, die gesetzliche Rentenversicherung natürlich auch.

Nachdem wir die fleißige Arbeit des Zinseszinseffekts und der hohen Langfristrendite betrachtet haben, kommen wir nun zum »braven Knecht« Nr. 3 – der sich neudeutsch *Cost-Averaging-Effect* nennt (Average = Durchschnitt). Mit Hilfe dieses Effektes lassen sich durch Fondssparpläne die monatlichen oder mehrmonatigen Aktienmarktschwankungen sogar zum Vorteil des Anlegers ausnutzen. Wie das? Wenn Sie beständig jeden Monat den gleichen Betrag investieren, werden Sie automatisch *mehr* Fondsanteile (und damit Aktien) kaufen, wenn die Kurse niedrig sind, als wenn sie hoch sind. Das lässt sich anhand eines Beispiels zeigen (Tabelle 21).

Tabelle 21: Die Wirkungsweise des Cost-Averaging-Effektes

	Monatliches Investment (in Euro)	Aktienkurs oder Fondskurse (in Euro)	Anzahl der gekauften Aktien/ Fondsanteile (Stück)
Monat 1	100	10,00	10,00
Monat 2	100	8,00	12,50
Monat 3	100	5,00	20,00
Monat 4	100	8,00	12,50
Monat 5	100	12,50	8,00
Monat 6	100	16,00	6,25
Summe	600	59,50	69,25

Aus der Tabelle ergeben sich folgende Daten:

▶ Durchschnittliche Kosten pro Aktie für den Anleger
600 Euro ÷ 69,25 Aktien = 8,66 Euro pro Aktie
▶ Durchschnittlicher Aktienkurs
59,5 Euro ÷ 6 Monate = 9,92 Euro pro Aktie
▶ Somit sparte der Anleger pro Aktie 1,26 Euro.

Dieser vorteilhafte Effekt würde genauso in einem kontinuierlich sinkenden oder einem kontinuierlich steigenden Markt auftreten. Selbstverständlich garantiert der Cost-Averaging-Effect nicht unbedingt einen Gewinn, aber er garantiert durchaus, dass der durchschnittliche Kaufpreis des Anlegers *unter* dem durchschnittlichen Aktienkurs während der Anlageperiode liegt. Soweit zur Theorie. Was ist darüber hinaus in Bezug auf Fondssparpläne zu beachten?

▶ Die Mindestanlagesumme für Sparpläne liegt in vielen Fällen bei 100 oder 150 Euro pro Monat, manchmal auch darunter. Die Zahlung erfolgt zumeist im Lastschrifteinzugsverfahren, die Kündigung/Beendigung des Planes ist jederzeit möglich.
▶ Wie auch bei Einmalanlagen sind Sie bei Fondssparplänen schlecht beraten, wenn Sie die – für aktiv gemanagte Fonds typischen –

hohen Ausgabeaufschläge von 3–6 % und eine Verwaltungsgebühr von 1,5 % p.a. oder mehr akzeptieren. Mit Indexfonds oder
Indexzertifikaten (siehe Abschnitt 5.5) geht es oft günstiger.

▶ Vergessen Sie nicht, dass für Perioden von fünf Jahren und mehr die
laufenden Kosten einer Anlage (z.B. die Verwaltungsgebühr) fast
immer stärker ins Gewicht fallen als der einmalige Ausgabeaufschlag, selbst wenn dieser optisch bedeutsamer erscheint. Daran
ändert auch nichts, dass bei einem Fondssparplan – anders als bei
der Einmalanlage – quasi über Jahre hinweg jeden Monat ein Ausgabeaufschlag zu zahlen ist. (Wir gehen auf die relative Bedeutung
von Ausgabeaufschlag und laufenden Kosten, darunter vor allem
die Verwaltungsgebühr, in Abschnitt 5.2 näher ein.) Daher sollten
Sie auch für Sparpläne solche Fonds aussuchen, die niedrige *Verwaltungsgebühren* oder ein niedriges *Total Expense Ratio* aufweisen (auch diese Begriffe werden im eben genannten Abschnitt sowie
im Glossar erläutert). Doch fallen Sie nicht auf den Trick herein,
einen der in Deutschland zahlreich vertretenen Fonds ohne Ausgabeaufschlag, dafür aber mit besonders hoher Verwaltungsgebühr
zu kaufen. Dass diese Fonds oft ernsthaft als »No-Load-Fonds«
bezeichnet werden, erscheint gelinde gesagt kurios, da die Belastung (engl.: *load*) auf lange Sicht viel höher ist als bei der Alternative mit höherem Ausgabeaufschlag und normalen Verwaltungsgebühren. Das Etikett »No-Load-Fonds« sollte für Fonds reserviert
bleiben, die keinen Ausgabeaufschlag, keinen Rücknahmeabschlag
und *normale* laufende Kosten haben. Als Faustregel kann gelten:
Wenn Sie es schaffen, einen Ausgabeaufschlag von nicht mehr als
einem Prozent und eine Verwaltungsgebühr von maximal 0,6 % zu
zahlen, ist das ein gutes Geschäft.

▶ Das grundsätzliche Problem des Ausgabeaufschlages lässt sich
auch bei Fondsparplänen nicht ohne Weiteres umgehen. Dennoch
gibt es Auswege: Fast alle Direktbanken offerieren für bestimmte
Fonds und Indexzertifikate um bis zu drei Viertel und mehr reduzierte Ausgabeaufschläge, oftmals sogar für Fonds, bei denen dies
die Fondsgesellschaften selbst nicht tun. Auf der Website der jeweiligen Direktbank lässt sich leicht recherchieren, ob eine Fondsgesellschaft für einen gegebenen Fonds einen Ausgabeaufschlagsra-

batt und einen Sparplan anbietet. Wer sich für einen bestimmten Fonds nicht die Mühe machen will, auf einem halben Dutzend Websites herumzusuchen, schicke eine E-Mail an die einzelnen Direktbanken (Internet-Adressen siehe Anhang) und warte gelassen die Antwort ab (die in der Regel nach ein oder zwei Tagen eintrifft).

▶ Rentenfonds sind für Fondssparpläne (und auch sonst) wenig geeignet. Dafür ist – angesichts des bei Ansparplänen meist relativ langen Horizonts von fünf oder mehr Jahren – ihre Rendite schlicht zu gering. Und ab fünf Jahren fällt das kurzfristig höhere Risiko von Aktienfonds sowieso immer weniger ins Gewicht.

▶ Will man sich in einem überschaubaren Zeitraum von *weniger* als fünf Jahren das Geld für ein größeres Konsumgut, z.B. ein Auto, oder den Eigenkapitalanteil für eine Immobilienfinanzierung ersparen, ist ein Aktienfondssparplan wahrscheinlich nicht das richtige Mittel. Dafür eignet sich eher das »Zielsparen«, das manche Banken und Versicherungen anbieten. Dabei gibt es eine zwar niedrige, aber garantierte Rendite, und die Nebenkosten sind geringer als bei Fondssparplänen (kein Ausgabeaufschlag und keine Verwaltungsgebühren).

▶ Es sollte eine Selbstverständlichkeit sein, dass die Bank/Direktbank/Fondsgesellschaft Ihnen einen Wiederanlagerabatt für die Ausschüttungen (bei ausschüttenden Fonds) gewährt, wenn Sie deren sofortige Wiederanlage wünschen. (Eine Wiederanlagerabatt ist ein weitgehend oder auf Null reduzierter Ausgabeaufschlag für automatisch wieder angelegte Ausschüttungen.) Im Falle von thesaurierenden Fonds entfällt dieses Problem.

▶ Bei Sparplänen auf Indexzertifikate sollten Sie – genauso wie bei Einmalanlagen in Zertifikate – darauf achten, dass dem Zertifikat ein Performance-Index (siehe Glossar) zugrunde liegt. Das kann jedoch insofern schwierig sein, als sich die Mehrheit der Zertifikate auf Kursindizes bezieht. Bei Kurs-Indexzertifikaten behält die Bank die Dividenden als eine Art heimliche Verwaltungsgebühr ein. Wenn man bedenkt, dass die Dividende bei manchen Indizes bis zu einem Viertel der Gesamtrendite ausmacht, sind das beileibe nicht die sprichwörtlichen Peanuts. Immerhin gewähren die Banken bei Indexzertifikaten auf Kursindizes oft einen vorteilhaften Kaufpreisabschlag gegenüber dem Indexstand. Dieser Preisnachlass gleicht den Dividendennachteil jedoch nur zum Teil aus.

▶ Für Indexaktien (börsengehandelte Indexfonds) gibt es keine Ansparpläne.

Wie kann man nun einen Fondssparplan in ein nach unserem Weltportfolioansatz strukturiertes Portfolio einbauen? Die Vorgehensweise hierbei hängt von der monatlichen Sparrate ab. Für die meisten Fondssparpläne gelten monatliche Mindestsparraten von 50 bis 100 Euro. Nehmen wir einmal optimistisch an, ein Anleger könnte es sich erlauben, 700 Euro im Monat in Form von Wertpapiersparplänen zu sparen. Dann könnte er in jede unserer sieben Haupt-Asset-Klassen (die Aktienmärkte von Nordamerika, Westeuropa, Japan + Ozeanien, Ost-/Südostasien (ausschließlich Japan), Lateinamerika und Osteuropa sowie in die risikofreie Anlage) 100 Euro im Monat investieren. Jede dieser Asset-Klassen wird durch bestimmte Fonds, für die es Fondssparpläne gibt, vollständig abgedeckt. Als risikofreie Anlage könnte ein Geldmarktfonds oder ein Sparplan für kurzlaufende Bundeswertpapiere bei der konkurrenzlos preisgünstigen Bundesschuldenverwaltung in Bad Homburg (www.bsv.de oder Tel. 06172-108 930) dienen.

In diesem vereinfachten Beispiel würde naturgemäß die prozentuale Aufteilung des Anlegerportfolios nicht mit dem jeweils ausgewählten Musterportfolio bzw. Weltportfolio übereinstimmen. Angesichts der zunächst recht geringen investierten Beträge wäre das aber nicht unbedingt gravierend. Die Übereinstimmung kann der Anleger unter Umständen auch durch eine periodische Anpassung (Erhöhung oder Senkung) der Wertpapiersparverträge erzielen, die er z. B. alle ein bis zwei Jahre vornimmt.

Wenn Sie – wie die meisten Anleger – merklich weniger als 700 Euro monatlich in Fonds anlegen können, dann sollten Sie sich dennoch an der auf Ihre Bedürfnisse abgestimmten Struktur eines unserer neun Musterportfolios orientieren. Wenn Sie nur 100 Euro monatlich anzulegen haben, dann beginnen Sie einfach mit einem einzelnen Sparplan für eine der sieben Asset-Klassen, beenden diesen nach 12 bis 24 Monaten und beginnen einen neuen, entweder ebenfalls für 12 bis 24 Monate oder für eine kürzere Zeit. Auf diese Weise decken Sie nach und nach alle sieben Asset-Klassen ab und orientieren sich dabei so nahe wie möglich an Ihrer Zielportfoliostruktur. Je näher Ihr monatliches Sparbudget an dem Betrag von 700 Euro liegt, desto bequemer lässt sich naturgemäß die Zielstruktur umsetzen, denn dann brauchen Sie nicht mehr so oft von einem Sparplan in einen anderen zu wechseln. Im Zweifel sollte man mit den Niedrigrisiko-Anlagen beginnen, um der Gefahr eines vorübergehend stark erhöhten Portfoliorisikos zu begegnen. Und auch hier gilt, dass man durch die Steuerung der Höhe oder der Dauer der einzelnen Ansparpläne sicherstellen sollte, dass das Anlegerportfolio nicht allzu sehr oder allzu lange vom jeweiligen Musterportfolio abweicht. So ist auch das Rebalancing (dazu mehr im Abschnitt 4.7) des Portfolios sichergestellt.

4.6 Wie bereits vorhandene Vermögensanlagen zu berücksichtigen sind

> »Wenn Leute Spannung wollen, sollten sie
> zur Pferderennbahn oder ins Kasino gehen,
> aber nicht an die Börse.«
>
> *Douglas Dial*, Portfolio Manager von TIAA-CREF,
> dem größten Pensionsfonds der Welt

Die wenigsten Leser dieses Buches werden »jungfräuliche« Anleger sein, das heißt noch keine andere Form der Kapitalanlage getätigt haben. Viele Leser werden vielmehr mit der einen oder anderen Mark bereits in eine oder mehrere der folgenden Kapitalanlagen investiert haben (die Aufzählung ist nicht vollständig):

▸ Immobilien;
▸ offene oder geschlossene Immobilienfonds;
▸ Kapitallebensversicherungen;
▸ Bausparverträge;

▶ Aktien (als einzeln gehaltene Wertpapiere);

▶ fest oder variabel verzinsliche Wertpapiere, Commercial Papers;

▶ Geldmarktfonds;

▶ Investmentfonds (Aktien-, Renten-, Derivate- oder Rohstofffonds);

▶ Sparbücher, Festgelder, Termingelder, Konten mit Guthabenverzinsung;

▶ Derivate (Optionen, Optionsscheine, strukturierte Indexzertifikate);

▶ Edelmetalle;

▶ steuer-«optimierte» Anlagen wie Schiffsfonds, Flugzeugfonds;

▶ Kunstgegenstände, Sammelobjekte;

▶ private Rentenversicherungen;

▶ last but not least: die gesetzliche Rentenversicherung.

Es ist eine Binsenweisheit, dass die Vermögensanlageplanung für eine
Person oder eine Familie *alle* Vermögensteile – nicht nur Wertpapiere
– berücksichtigen sollte, denn »die Mischung macht's« (siehe
Abschnitte 3.2 und 3.3). Es ist also durchaus sinnvoll und richtig,
wenn Sie alle Ihre Wertpapieranlagen zusammen mit Ihren anderen
Investments, die in eine der oben genannten Sparten fallen, als Ihr
»Vermögensportfolio« betrachten.

Denn letztendlich ist nur die Rendite Ihres gesamten Vermögens für
Sie relevant, nicht die der einzelnen Komponenten. Außerdem: Wie
wir ja jetzt wissen, ist das Portfoliorisiko kleiner als die Summe der
Einzelrisiken und die Portfoliorendite gleichbedeutend mit dem
gewichteten Durchschnitt aller Einzelrenditen.

Wir können in diesem Buch zwar keine umfassende finanzwissenschaftliche Vermögensanalyse betreiben, wollen aber zumindest
einige Faustregeln hinsichtlich anderer Vermögenswerte nennen, die
für uns unter dem Blickwinkel des Gesamtportfolios interessant sein
könnten:

Immobilien: Viele Kapitalanleger besitzen eine selbst genutzte Immobilie (Haus, Eigentumswohnung), manche stattdessen oder zusätzlich
noch eine fremdvermietete Immobilie, eventuell auch einen Anteil an
einem geschlossenen Immobilienfonds. Angesichts unseres Ziels der

Asset-Klassen-übergreifenden Diversifizierung wäre es für solche Anleger vermutlich unklug, neben diesem Immobilienbesitz noch weitere Mittel in Immobilien oder einen offenen Immobilienfonds zu investieren, es sei denn, das liquide Geldvermögen des Anlegers liegt merklich über einer Million Euro. Diese Empfehlung ergeht auch vor dem Hintergrund, dass die in Deutschland jedenfalls bis 1993 historisch hohen Wertsteigerungen von Immobilien in Zukunft aller Voraussicht nach nicht wiederholbar sind. Dafür dürften einige strukturelle Faktoren sorgen, auf die wir hier aber nicht weiter eingehen können.

Kapitallebensversicherungen: Vielen Experten zufolge sind Kapitallebensversicherungen (Kapital-LVs) – gelinde gesagt – ein ziemlich schlechtes Investmentprodukt, das in der Vergangenheit deutlich geringer rentierte als weniger riskante langfristige deutsche Staatsanleihen. Michael Adams, Juraprofessor an der Universität Hamburg, äußerte hierzu: »Kapitallebensversicherungen erweisen sich als Vermögensvernichtungsvertrag... [Sie] machen nur für pathologisch ängstliche Naturen Sinn.« (*Wirtschaftswoche*, 2.7.1998). Eine preisgünstige Risikolebensversicherung plus eine festverzinsliche Anleihe oder ein Rentenfonds ergeben den gleichen Versicherungsschutz mit einer höheren Rendite und viel mehr Flexibilität (keine Kapitalbindung im Unterschied zur Kapital-LV). Wenn Sie schon eine Kapital-LV besitzen, sollten Sie sie dennoch nicht spontan vorzeitig auflösen, es sei denn, Sie hätten erst relativ kurze Zeit eingezahlt. Bei vorzeitiger Auflösung behält die Versicherungsgesellschaft in der Regel einen großen Teil Ihrer Rendite ein. Die Versicherungssumme und damit die Beitragshöhe zu kürzen dürfte schon eher eine sinnvolle Alternative sein, um wenigstens zum Teil von diesem renditeschwachen, illiquiden Investment wegzukommen. In ihrer Gesamtvermögensplanung und Asset-Allokation können Sie Kapital-LVs berücksichtigen, indem Sie sie mit festverzinslichen Wertpapieren gleichsetzen: entweder in Höhe des augenblicklichen Rückkaufswerts (bei Betrachtung des Bestandsvermögens) oder der monatlichen Beitragzahlung (bei Betrachtung Ihrer monatlichen Sparrate).

Bausparverträge: Ebenfalls nicht unbedingt ein »Power-Investment«. Bausparverträge machen wohl nur für solche Personen Sinn, die sich fast völlig sicher sind, dass sie in den nächsten zehn bis 15 Jahren eine Immobilie finanzieren wollen. Und selbst dann ist der Nutzen eines Bausparvertrages nicht gewiss, denn wenn die Zinsen zum Zeitpunkt der Immobilienfinanzierung merklich unter dem historischen Durchschnitt liegen, wäre ein Aktienfondsinvestment mit einem anschließenden normalen Immobiliendarlehen wahrscheinlich die bessere Alternative gewesen. Nicht ganz zufällig ist der Bausparvertrag ein Finanzprodukt, das neben Deutschland nur in wenigen anderen Ländern existiert. Wäre dieses Produkt so vorteilhaft, wie seine Advokaten behaupten, hätte es sich gewiss schon in allen Industrieländern durchgesetzt. Bei der Bewertung des Bausparvertragsguthabens als risikofreie Anlage gehen Sie analog zu unserer Empfehlung für Kapital-LVs vor.

Private Rentenversicherung: Im Großen und Ganzen wie ein Rentenfonds zu betrachten.

Kunstgegenstände und Sammelobjekte: Das sind schöne Liebhabereien, aber keine Kapitalanlagen – auch wenn bestimmte Kunsthändler einhundertmal das Gegenteil behaupten. Ein Privatanleger, der diese Dinge als echte Kapitalanlagen betrachtet, lügt sich fast immer in die Tasche. Diese Investments sind normalerweise extrem illiquide, unterliegen sehr hohen Wertschwankungen, verursachen hohe Lager-, Verwaltungs- und Versicherungskosten und haben sonst noch unzählige andere finanzielle Nachteile. Wie gesagt – »rechnen« Sie besser nicht mit diesen »Kapitalanlagen«. Wenn Sie auf Ihr Geld achten müssen oder wollen, dann sollten Sie sie besser in echte Kapitalanlagen umwandeln.

Steuer-»optimierte« Fondsanlagen: »Im Ausland kursiert ein Witz über die Deutschen. Die, so heißt es darin, würden 100 Mark zum Fenster hinauswerfen, wenn ihnen jemand sagt, dass ihnen das Finanzamt 50 Mark davon zurückgibt.« Dieses Zitat stammt von Frank Gaube, dem Geschäftsführer der GFA Gesellschaft für Fondsanalyse (einem Tochterunternehmen des *Handelsblatts*). Der Anlagefachmann Gaube dürfte Recht haben, denn wohl nirgendwo auf der Welt sind sogenannte Steuersparmodelle unter Privatanlegern so verbreitet wie hierzulande. Steuersparmodelle (geschlossene Immobilienfonds, Flugzeugfonds, Schiffsfonds, bestimmte Unternehmensbeteiligungen etc.) sind in erster Linie Kapitalanlagen, die aufgrund steuerlicher Verlustzuweisungen in der Anfangsphase eine mehr oder weniger hohe Nachsteuerrendite für den Anleger erzeugen. Dabei setzt sich die Nachsteuerrendite des Anlegers zusammen aus dessen Steuerersparnis aufgrund der Verlustzuweisung und aus der zu versteuernden jährlichen Barausschüttung. Die Rechnung geht aber nur auf, wenn der Anleger auch bei Berücksichtigung der Verlustzuweisung noch in einer hohen oder der höchsten Steuerprogressionsstufe (Grenzsteuersatz) verbleibt, was erfahrungsgemäß viele Anleger übersehen. Doch solche Anlagen haben noch mehrere andere gravierende Nachteile: (a) Ihre extrem schlechte Liquidierbarkeit vor Ablauf der Fälligkeit (durchschnittlich fünf bis 15 Jahre). Ein vorzeitiger Verkauf ist aus steuerlichen Gründen, aber auch aus Mangel an Zweitmärkten schwer, wenn nicht gar unmöglich. (b) Das Steueränderungsrisiko, das heißt, die effektive Nettorendite über die gesamte Laufzeit der Anlage kann – bei einer nicht vorhersehbaren Steueränderung – viel niedriger sein als ursprünglich angenommen. (c) Steuersparmodelle sind notwendigerweise schlecht diversifziert, da im Minimum 10 000 Euro (meistens viel mehr) in ein einzelnes Unternehmen bzw. Projekt investiert sind. (d) Die Rendite dieser Investments wird in Form des so genannten internen Zinsfußes gemessen. Diese Methode setzt aber einige bei solchen Modellen völlig unrealistische Annahmen voraus (insbesondere die Wiederanlage der Ausschüttungen zum gleichen Nachsteuerzinssatz), sodass die reale Nachsteuerrendite von vornherein fast immer niedriger ist als die Prospektrendite. (e) Und schließlich ziehen diese Anlagen die Aufmerksamkeit des Finanzamtes »magisch« an und können dazu führen, dass der betreffende Anleger auch seine übrigen Einkünfte detaillierter als ohne diese Anlagen offen legen muss.

Die Popularität »steueroptimierter« Anlagen hierzulande mag mit der im weltweiten Vergleich sehr hohen und stark progressiven Steuergesetzgebung in Deutschland zusammenhängen, aber vielleicht noch mehr mit der Unkenntnis darüber, dass bei langfristigen Anlagen in Aktieninvestmentfonds für Privatanleger mehr als drei Viertel der

Rendite überhaupt keiner Besteuerung unterliegen, denn diese drei Viertel bestehen aus Kursgewinnen, welche nach der Spekulationsfrist von einem Jahr bekanntlich steuerfrei sind. Das restliche Viertel besteht aus steuerpflichtigen Dividenden, die man aber via Sparerfreibetrag (siehe Glossar) eventuell auch steuerfrei stellen kann. Insofern sind Aktien und Aktienfonds von vornherein »steueroptimierte« Kapitalanlagen, obwohl dieser Begriff im Allgemeinen für die genannten Verlustzuweisungsmodelle reserviert ist. Darüber hinaus ist die Nettorendite von Aktieninvestmentfonds bei richtiger Portfoliostrukturierung vermutlich langfristig höher, konstanter, transparenter und von einem geringeren Steueränderungsrisiko betroffen als bei den besagten »Steuersparanlagen«. Und dabei sind Aktienfonds überdies noch liquider (schneller veräußerbar).

Bestehende Investmentfonds: Was Sie mit Fonds machen sollten, mit denen Sie nicht zufrieden sind und/oder die nicht in das Weltportfolio passen, kann man nicht pauschal beantworten. Aber tendenziell sollten Sie diese Fonds nur dann zugunsten anderer Fonds verlassen, wenn Sie die frei werdenden Mittel mindestens weitere drei bis vier Jahre in den neuen Fonds investiert lassen wollen. Bei diesem Zeitrahmen kann man davon ausgehen, dass der neue, bessere und möglicherweise kosteneffizientere Fonds unter Berücksichtigung des neuen Ausgabeaufschlages von (hoffentlich nicht mehr als) zwei Prozent mit einiger Wahrscheinlichkeit nicht schlechter abschneidet als der alten Fonds. Bei einem kurzen Anlagehorizont von unter drei Jahren dürfte sich – wenn überhaupt – nur der Wechsel in ein Indexzertifikat oder eine Indexaktie rechnen, da Indexzertifikate und -aktien keinen Ausgabeaufschlag haben und meistens auch geringere laufende Kosten aufweisen (mehr zu Indexzertifikaten und -aktien in Abschnitt 5.5).

Gesetzliche Rentenversicherung: Wie wir alle wissen, eine geradezu katastrophale Kapitalanlage, die freiwillig heute kein unter 55-Jähriger mehr tätigen würde. Leider ist diese Kapitalanlage für die große Mehrzahl von uns ein unentrinnbarer und ungerechter Zwang. Doch wie dem auch sei, es dürfte sinnvoll sein, sich ab einem Lebensalter von 40 Jahren alle drei Jahre von einem Rentenberater oder der gesetzlichen Rentenversicherung selbst die voraussichtliche Rentenhöhe ausrechnen zu lassen. Das hilft beträchtlich bei der weiteren Vermögensanlageplanung.

Andere oben aufgeführte Vermögensanlagen: Diese sind sämtlich börsennotierte Investments, die praktisch jederzeit zu geringen Kosten veräußert und in Investmentfondsanlagen transformiert werden können.

Wie sind größere Konsumausgaben oder anderweitige Cash-Investments in der kurz- und mittelfristigen Zukunft zu berücksichtigen?

Sobald Sie größere Konsumentscheidungen (Kauf eines Autos, Weltreise, Kauf einer Immobilie etc.) oder hohe Baraufwendungen aufgrund eines Krankenhausaufenthaltes vorhersehen können oder auch nur deren Wahrscheinlichkeit spürbar steigt, sollten Sie Überlegungen zur Anpassung ihres Portfolios anstellen. Im Idealfall können Sie solche Ausgaben aus dem liquiden Anteil (Cash/kurzfristige Bonds) vornehmen. (Diesen müssten Sie aber hinterher wieder allmählich aufstocken.) Den Aktienanteil sollten Sie nach Möglichkeit nicht anrühren, selbst wenn ein nennenswerter Kursgewinn zu realisieren wäre. Bei bevorstehenden Immobilienfinanzierungen dürfte eine graduelle Liquidierung gemäß der im Folgenden vorgestellten Regel eine kluge Vorgehensweise sein.

Wie berücksichtigen Sie das herannahende Rentenalter?

Falls Sie gezwungen sein werden, im Rentenalter ihren Lebensunterhalt vollständig oder zum größten Teil aus diesem Portfolio zu finanzieren, sollten Sie etwa sieben Jahre vorher anfangen, jedes Jahr mindestens ein Siebtel der Aktienfonds (der genaue Umfang hängt von Ihrer Risikoneigung ab) und – sofern vorhanden – der Hochzinsanleihen durch mittelfristige Anleihen in Euro oder einen Euro-Rentenfonds zu ersetzen (vorausgesetzt, dass Ihnen einzelne Anleihen zu »unbequem« sind und Sie gerne einen Auszahlplan einrichten wollen; vgl. dazu Abschnitt 6.11). Weitere denkbare, noch bequemere Alternativen mit allerdings (üblicherweise) etwas niedrigerer Rendite wären ein Geldmarktfonds oder ein verzinsliches Tagesgeld- oder »Cash«-Konto. Eine Leitlinie hierfür, die Sie aber keineswegs sklavisch befolgen müssen, liefert Tabelle 22.

Tabelle 22: Asset-Allokation in Abhängigkeit vom (sicher) verbleibenden
            Investitionshorizont

Verbleibender Investmenthorizont	Aktien/Aktienfonds	Anleihen/Rentenfonds/ risikofreie Anlage
5 Jahre und weniger	10%	90%
6 Jahre	20%	80%
7 Jahre	40%	60%
8 Jahre	60%	40%
9 Jahre	80%	20%
10 Jahre und länger	100%	0%

4.7 Rebalancing – Überprüfen Sie regelmäßig Ihre Portfoliostruktur

»Geld ist eines der größten Werkzeuge
der Freiheit, die der Mensch geschaffen hat.«

Friedrich A. von Hayek, 1899–1992,
Wirtschaftsnobelpreisträger und Philosoph

Im Laufe der Jahre wird ein Portfolio fast zwangsläufig durch die unterschiedliche Wertentwicklung seiner einzelnen Komponenten »aus dem Gleichgewicht geraten«. Was das heißt, wollen wir am Beispiel unseres Musterportfolios Nr. 6 aus Abschnitt 4.3. illustrieren.

Ursprünglich hatte das Musterportfolio die in Spalte 2 von Tabelle 23 angegebene Struktur. Die einzelnen Asset-Klassen-Gewichte waren bewusst in Abstimmung auf drei Größen festgelegt worden: die Grundstruktur des Weltportfolios, die Risikotoleranz sowie den Anlagehorizont des Anlegers. Nehmen wir an, es seien nun fünf Jahre ins Land gegangen, während derer Fritzi, unser hypothetischer Buy-and-Hold-Anleger und Besitzer dieses Portfolios, keinen Einfluss auf sein Portfolio nimmt. Alle laufenden Erträge (Zinsen, Dividenden) hat er in die jeweilige Asset-Klasse reinvestiert und keine Neuanlagen getätigt.

In der dritten Spalte sind die verschiedenen durchschnittlichen Jahreswachstumsraten für die einzelnen Portfolioanteile (Asset-Klassen) während dieser fünf Jahre angegeben. Zwar sind die Wachstumsraten willkürlich angesetzt – in der Realität werden sie anders aussehen und auch nicht über fünf Jahre hinweg konstant sein –, doch ist zumindest sicher, dass die einzelnen Asset-Klassen deutlich unterschiedliche Renditen und damit Wachstumsraten aufweisen werden. Aufgrund dieser Unterschiede, die der Zinseszinseffekt im Zeitablauf noch verstärkt, verschiebt sich die Portfoliostruktur allmählich. Am Ende der fünf Jahre könnte sie so aussehen wie in Spalte 4 angegeben.

Tabelle 23: Die Auswirkung unterschiedlicher Renditen auf die ursprüngliche Portfoliostruktur

	Musterportfolio 6, ursprüngliche Struktur	Angenommene Wachstumsrate	Struktur des Musterportfolios 6 nach 5 Jahren
Risikotoleranzstufe:	mittel		??
Anlagehorizont:	3 – 8 Jahre		??
Risikofreier Portfolioanteil			
Cash/kurzfrist. Bonds	25%	4% p.a.	18%
Aktien entwickelter Märkte			
Westeuropa	26%	12% p.a.	27%
Nordamerika	19%	6% p.a.	15%
Japan, Ozeanien	11%	15% p.a.	13%
Aktien Schwellenländer			
Ostasien, Südostasien	11%	20% p.a.	16%
Lateinamerika	4%	25% p.a.	7%
Osteuropa, Russland	4%	16% p.a.	5%
Summe	100%		100%

Die wichtigste Veränderung am Ende der fünf Jahre besteht darin, dass die risikoreichen Portfolioanteile jetzt ein höheres Gewicht haben als ursprünglich und die risikoarmen Teile ein geringeres. Das Gewicht des wichtigsten Aktienmarktes der Welt, Nordamerika, ist um etwa ein Fünftel von 19 % auf 15 % gesunken. Die riskanten Schwellenländermärkte hatten zu Beginn ein Gewicht von 19 % im Gesamtportfolio, das sich nun auf 28 % erhöht hat. Diese Strukturverschiebungen und die damit einhergehende Erhöhung des Gesamtrisikos bereiten Fritzi zu Recht Unbehagen. Ganz besonders, wenn man bedenkt, dass die Risikoneigung im Zeitablauf für die meisten Anleger – so auch für Fritzi – eher ab- als zunimmt, denn ihr verbleibender Anlagehorizont kann sich nach fünf Jahren nennenswert verkürzt haben. Auch könnten in den nächsten 24 Monaten größere Anschaffungen (Cash-Ausgaben) anstehen. Ein kürzerer Restanlagehorizont verlangt jedoch nach einer konservativeren Portfoliostruktur.

Daher sollte Fritzi sein Portfolio alle ein bis drei Jahre durch Umschichtungen oder Neuinvestitionen in die Asset-Klassen, die gegenüber der Musterportfoliostruktur jeweils unterrepräsentiert sind, wieder an seine gewünschte Musterportfoliostruktur anpassen. (Diese Zielstruktur selbst kann sich natürlich im Zeitablauf aufgrund von Änderungen hinsichtlich Fritzis Risikotoleranz und Restanlagehorizont verschieben, sodass er sich schließlich für ein anderes unserer neun Musterportfolios entscheidet.)

Eine Reihe wissenschaftlicher Untersuchungen hat sogar gezeigt, dass Rebalancing in der Mehrzahl der Fälle die langfristige Durchschnittsrendite eines Portfolios leicht erhöht: Es sorgt dafür, dass die in der jüngeren Vergangenheit stark rentierenden Segmente zum Teil verkauft und die in dieser Phase schwach rentierenden Segmente nachgekauft werden. Auf diese Weise nutzt der Anleger Regression-zum-Mittelwert-Effekte (siehe Glossar) zu seinem Vorteil.

Fritzi jedenfalls kann in unserem Beispiel das Rebalancing (die Wiederausrichtung) seines Portfolios zurück zur ursprünglichen Struktur entweder durch Einmalanlagen in die untergewichteten (risikoarmen) Asset-Klassen oder graduell erzielen, indem er einen oder mehrere Fondssparpläne einrichtet, die gezielt die risikoarmen, langsamer wachsenden Portfolioteile »auffüllen«.

Rebalancing sollte weder mit Market-Timing verwechselt werden noch dazu ausarten. Market-Timing ist eine aktive Anlagestrategie, bei der die Gewichtungen der einzelnen Asset-Klassen in einem Portfolio laufend aus spekulativen Erwägungen heraus, also kurzfristig verändert werden. Ziel dabei ist, von erwarteten zyklischen Renditeverschiebungen zu profitieren. Market-Timing ist – obwohl es »irgendwie« plausibel und machbar erscheint – diejenige aktive Anlagestrategie, die – Hunderte von Untersuchungen haben dies bewiesen – am schlechtesten funktioniert. Wirtschaftsnobelpreisgewinner Fischer Black zu Market-Timing: »Im Durchschnitt rentiert der Markt genauso gut, wenn der Market-Timer im Markt investiert ist, wie wenn er nicht investiert ist. Deswegen verliert der Market-Timer verglichen mit einer simplen Buy-and-Hold-Strategie Geld, da er zeitweilig aus dem Markt ist« (zitiert nach Charles Ellis, S. 9).

5
Die Fondsauswahl –
Kriterien und Bezugsquellen

»Ich kenne Leute, die mehr Zeit dafür aufwenden,
Papierhandtücher vor dem Kauf zu vergleichen
als Börseninvestments.«

Arthur Levitt, Präsident der amerikanischen
Börsenaufsichtsbehörde SEC

5.1 Wichtige Unterscheidungsmerkmale von Fonds und ihre Bedeutung

Fonds lassen sich nach einer Vielzahl von Merkmalen kategorisieren. Im Folgenden haben wir versucht, die wichtigsten Fondstypen und -merkmale zusammenzufassen (Übersicht 1). Sollten Sie dieses eher lexikalische Wissen schon besitzen oder ganz einfach mehr an praktischen als an theoretischen Fragen interessiert sein, können Sie die folgende Aufstellung überspringen. Auch in diesem Fall sollten Sie allerdings einen Blick auf Übersicht 2 (S. 128 ff.) werfen, denn hier haben wir diejenigen Fondsarten zusammengestellt, von denen wir eher abraten.

Übersicht 1: Die wichtigsten Investmentfondsarten

Growth-Funds versus Value-Funds – Growth-Funds (dt.: Wachstumsfonds) sind Aktienfonds, die (überwiegend) in Growth-Aktien investieren. Dies sind Aktien mit einem hohen Kurs-Gewinn- bzw. hohen Kurs-Buchwert-Verhältnis – also »teure« Aktien. Diese Aktien weisen oft einen vergleichsweise niedrigen gegenwärtigen Gewinn (bzw. eine niedrige Eigenkapitalrendite) und eine geringe Dividendenrendite auf. Es wird ihnen jedoch starkes Gewinnwachstum attestiert. Im Unterschied zu einer verbreiteten Meinung sind Growth-Aktien statistisch *weniger* riskant (nicht *mehr*, wie oft behauptet wird) als ihr Gegenstück, die so genannten Value-Aktien. Ein Value-Fund (dt.: Vermögensbildungsfonds) ist ein Fonds, der überwiegend in Value-Aktien investiert. Dies sind Aktien mit niedrigem Kurs-Gewinn- bzw. Kurs-Buchwert-Verhältnis – also »billige« Aktien. Diese Aktien weisen oft einen vergleichsweise hohen gegenwärtigen Gewinn (bzw. eine hohe Eigenkapitalrendite) und überwiegend auch eine hohe Dividendenrendite auf. Es wird ihnen jedoch nur geringes Gewinnwachstum attestiert. Im Unterschied zu einer verbreiteten Meinung besitzen Value-Aktien ein statistisch höheres Risiko (nicht ein geringeres, wie oft behauptet wird) als ihr Gegenstück, die so genannten Growth-Aktien. Im langfristigen historischen Vergleich haben sich Value-Aktien besser entwickelt als Growth-Aktien; allerdings war es in der zweiten Hälfte der neunziger Jahre umgekehrt.

Indexfonds, indexorientierte Fonds versus aktiv gemanagte Fonds
– Ein Indexfonds ist ein »passiv« gemanagter Fonds, also ein Fonds, der die Performance eines bestimmten Wertpapierindex (z. B. des Dax) zu kopieren versucht. Der Fonds enthält mehr oder weniger alle Wertpapiere, die auch den Index ausmachen, in proportionalem Umfang zu ihrem Gewicht im Index. (In manchen Fällen enthält der Indexfonds weniger verschiedene Einzeltitel als der Index selbst, um die Transaktionskosten zu reduzieren. Auf welche Papiere verzichtet werden kann, wird mittels statistischer Verfahren ermittelt.) Das Anlageergebnis von Indexfonds spiegelt die Entwicklung des relevanten Index wider, abzüglich eines »Tracking Errors« (der die laufenden Kosten des Fonds repräsentiert) zwischen 0,2 % und 0,9 %. Das Gegenteil eines Indexfonds ist ein aktiv gemanagter Fonds. Er ist quasi der Normalfall: 95 % aller Investmentfonds für Privatanleger sind aktiv gemanagte Fonds. Sie werden von einem oder mehreren Fondsmanagern verwaltet, die auf der Basis einer bestimmten Anlagestrategie versuchen, eine Überrendite gegenüber einem Vergleichsbörsenindex (Benchmark) zu erzielen. Langfristig scheitern über 90 % aller aktiv gemanagten Fonds an diesem Ziel. Daher erklärt sich die zunehmende Popularität von Indexfonds in den letzten Jahren. Weltweit sind etwa 15 % aller Fondsanlagen in Indexfonds investiert.

Asset-Klassen-Fonds – Dies sind Fonds, die sich strikt innerhalb einer mehr oder weniger klar definierten Asset-Klasse bewegen, also z. B. ausschließlich in japanische Nebenwerte investieren. Die meisten Indexfonds können als Asset-Klassen-Fonds bezeichnet werden, da sie präzise definierte Asset-Klassen repräsentieren. Ausnahmen sind Indexfonds, die sich auf (enge) Spezialindizes beziehen. Asset-Klassen-

Fonds eignen sich gut, um eine diversifizierte Anlagestrategie nach den Prinzipien der Modernen Portfoliotheorie zu realisieren, wie sie dieses Buch propagiert.

Indexaktien – Engl.: *Index Shares*. Indexaktien sind börsengehandelte Indexfonds (der Begriff Indexaktie ist deshalb missverständlich). Die ersten Indexaktien wurden in Deutschland Anfang 2000 zugelassen. Sie zeichnen sich durch relativ niedrige Kosten aus. Im Wesentlichen sind Indexaktien normale (Index-)aktienfonds.

Ausschüttende versus thesaurierende Fonds – Ausschüttende Fonds schütten die laufenden Erträge (in erster Linie Dividenden und/oder Zinsen) einmal oder mehrmals jährlich aus. Thesaurierende Fonds dagegen reinvestieren diese Mittel sofort wieder in neue Wertpapiere, die zum Fondsvermögen hinzukommen. Thesaurierte und ausgeschüttete Erträge werden steuerlich gleich behandelt. Einige Fonds unterhalten aus Marketinggründen zwei Anteilsklassen, eine Klasse mit Ausschüttungen, eine ohne.

Blue-Chip-Fonds – Aktienfonds, der nur in Standardwerte (die anhand der Marktkapitalisierung größten Aktiengesellschaften eines Marktes) investiert. Blue-Chip-Fonds sind im Allgemeinen und langfristig die sichersten Aktienfonds. In Deutschland werden zumeist die 30 Dax-Unternehmen zu den Blue-Chips gerechnet. Im Großen und Ganzen ist der Begriff identisch mit der Bezeichnung Large-Caps. Mid-Caps sind mittelgroße Unternehmen mit mittlerer Marktkapitalisierung (in Deutschland zum Beispiel die 70 Unternehmen des MDax, die auf die 30 Dax-Unternehmen folgen), Small-Caps sind Unternehmen mit kleiner Marktkapitalisierung (in Deutschland zum Beispiel die meisten AGs des *Neuen Marktes*).

Nebenwertefonds, Small-Cap-Funds – Aktienfonds, der in (gemessen an der Marktkapitalisierung) kleine Aktiengesellschaften investiert. »Small cap« steht for *small capitalization*. Diese Fonds weisen gegenüber Blue-Chip-Fonds im Allgemeinen und langfristig höhere Renditen, aber stärkere Wertschwankungen auf.

Länder- und Regionenfonds – Aktienfonds, die ausschließlich in einem bestimmten Land oder in speziell zusammengeführten Ländergruppen (z. B. in Südeuropa oder Lateinamerika) anlegen.

Emerging-Market-Fonds – Fonds, die in »Schwellenländermärkte«, also in die Kapitalmärkte von Osteuropa, Lateinamerika und Südostasien investieren. Dabei handelt es sich um »mittelmäßig entwickelte« Volkswirtschaften – üblicherweise gemessen am Bruttoinlandsprodukt pro Kopf. In dieser Hinsicht nehmen Schwellenländer also eine Mittelposition zwischen hoch entwickelten Industrieländern und gering entwickelten Dritte-Welt-Ländern ein. Schwellenländeraktien haben langfristig meist höhere Wachstumsraten als solche von Industrieländern, weisen aber auch stärkere Wertschwankungen auf.

Branchenfonds – Aktienfonds, die nur in Aktiengesellschaften einer mehr oder weniger eng definierten Branche (wie zum Beispiel Energie, Rohstoffe oder Technologie) investieren. Nachteil von Branchenfonds: Sie sind volatiler, da schlechter diversifiziert als Fonds ohne Branchenausrichtung. Für eine einfache passive Anlagestrategie auf Basis von Asset-Klassen eignen sie sich im Grunde nicht.

Themenfonds – Neuere Bezeichnung, die die Fondsgesellschaften aus Marketinggründen einführten, um dem altbekannten Begriff *Branchenfonds* einen frischen Anstrich zu geben. So werden Internetaktienfonds (Fonds, die in »Internet-Aktien« investieren) beispielsweise oft als Themenfonds bezeichnet.

Geldmarktfonds – Engl.: *Money market funds*. Fonds, die üblicherweise nur in Anleihen und andere Geldmarktanlagen einer einzelnen Währung mit einer maximalen Restlaufzeit von 12 Monaten investieren. (Der Geldmarkt ist der Markt für kurzfristig gebundenes Fremdkapital bis 12 Monate. Der Kapitalmarkt im engeren Sinne hingegen umfasst die länger als 12 Monate gebundene Liquidität.) Geldmarktfonds haben üblicherweise keinen Ausgabeaufschlag.

Rentenfonds – Fonds, die nur in festverzinsliche Wertpapiere mit einer Restlaufzeit von in der Regel über einem Jahr investieren. Es existieren nationale und internationale Rentenfonds (letztere investieren auch in Fremdwährungsbonds und weisen damit zusätzlich ein Wechselkursrisiko auf).

Loaded-Funds – Investmentfonds mit Ausgabeaufschlag. Die große Mehrzahl aller in Deutschland angebotenen Investmentfonds sind »loaded«. Nur Geldmarktfonds haben in der Regel keinen Ausgabeaufschlag. In den USA existieren bereits für alle Anlagesegmente Fonds ohne Ausgabeaufschlag (No-Load-Fonds). No-Load-Fonds in Deutschland haben keinen Ausgabeaufschlag, dafür aber oft erhöhte Verwaltungsgebühren. Langfristig orientierten Anlegern ist von dieser

Art von No-Load-Fonds (auch als Trading-Fonds bezeichnet) abzuraten.

Offene Fonds – Investmentfonds, bei denen unbegrenzt Anteile ausgegeben und in der Regel börsentäglich auch wieder zurückgenommen werden. Die meisten in Deutschland vertriebenen Fonds sind offene Fonds. Gegenteil: geschlossene Fonds.

Offene Immobilienfonds versus geschlossene Immobilienfonds – Offene Immobilienfonds sind Investmentfonds, die in ein mehr oder weniger breit gestreutes Portfolio von Gewerbeimmobilien – seltener auch größere Wohnimmobilien – investieren. Geschlossene Immobilienfonds sind dagegen ein Fondstypus, der anders als offene Fonds nicht unter das Gesetz über Kapitalanlagegesellschaften (KAGG) fällt. Solche Fonds werden üblicherweise in Form einer Personengesellschaft (zum Beispiel GmbH & Co KG) geführt. Ihre Anleger sind daher rechtlich Gesellschafter (zum Beispiel Kommanditisten). Die Mieteinnahmen bilden die Haupteinnahmequelle des Fonds. Daneben bestehen gegebenenfalls steuerliche Vorteile für die Anleger aufgrund so genannter steuerlicher Verlustzuweisungen (aus der Abschreibung der Investitionsobjekte) an den Anleger, die dieser steuerlich geltend machen kann. Ziel ist es, eine hohe Nachsteuerrendite für den Anleger zu erzeugen. Dies setzt einen hohen persönlichen Grenzsteuersatz des Anlegers voraus.

REIT – Die Abkürzung REIT steht für den englischen Begriff *Real Estate Investment Trust*. Dies sind börsennotierte US-Immobiliengesellschaften. Sie investieren das Kapital ihrer Anteilinhaber zu mindestens 75 Prozent in den US-Immobilienmarkt.

Closed-End-Funds – Spezielle Form US-amerikanischer Fonds, die den deutschen geschlossenen Fonds ähnlich, aber nicht mit ihnen deckungsgleich sind. Ihre Mittel werden durch den Verkauf einer bestimmten, begrenzten Anzahl von Anteilen aufgebracht (was bei einem normalen, offenen Investmentfonds nicht der Fall ist). Ist das geplante Volumen erreicht, wird der Fonds geschlossen und die Ausgabe von Anteilen eingestellt. Der Kurswert eines Anteils richtet sich nicht nach dem tatsächlichen, anteiligen Wert am Fondsvermögen, sondern unterliegt der freien Preisbildung, sodass der Fonds je nach Angebot und Nachfrage mit einem Aufgeld (siehe Glossar: *Agio*) – häufiger jedoch mit einem Abgeld (siehe Glossar: *Disagio*) – gegenüber seinem Inventarwert (*Net asset value*) gehandelt wird. Einen Anspruch auf Rücknahme des Anteils hat der Anleger bei einem Closed-End-Fund nicht. Die Anteile können nur an Dritte, gegebenenfalls über eine Börse, verkauft werden. Warren Buffets Fonds Berkshire Hathaway ist ein Closed-End-Fund.

Flugzeugfonds, Schiffsfonds – Geschlossene Fonds, die in ein oder mehrere Flugzeuge oder Schiffe investieren. Diese Flugzeuge sind wiederum langfristig an namhafte Fluggesellschaften vermietet. Die Mieteinnahmen bilden die Haupteinnahmequelle des Fonds. Daneben bestehen gegebenenfalls steuerliche Vorteile für den Anleger aufgrund so genannter steuerlicher Verlustzuweisungen, die dieser steuerlich geltend machen kann. Ziel ist es, eine hohe Nachsteuerrendite für den Anleger zu erzeugen. Dies setzt einen hohen persönlichen Grenzsteuersatz des Anlegers voraus.

Publikumsfonds versus Spezialfonds – Als Publikumsfonds bezeichnet man alle Fonds, die gemäß der Definition des deutschen Gesetzes über Kapitalanlagegesellschaften (KAGG) für Privatanleger zugelassen sind. Von den Publikumsfonds sind sogenannte Spezialfonds (die nur einem begrenzten Anteilseignerkreis von maximal zehn juristischen Personen offen stehen) zu unterscheiden. Spezialfondsanteile werden nicht frei am Markt verkauft, sonder speziell im Auftrag eines oder mehrerer Unternehmen aufgelegt, z. B. um betriebliche Pensionsrückstellungen zu verwalten.

Laufzeitfonds – Rentenfonds, die nur in festverzinsliche Wertpapiere, welche sämtlich bis zu einem bestimmten Zeitpunkt fällig werden, investieren. Danach wird das Fondsvermögen in bar an die Anleger zurückgezahlt und der Fonds geschlossen. Laufzeitfonds sind nur anfangs während eines begrenzten Zeitraums (Zeichnungsfrist) für neue Anleger offen. Nach Ende dieser Zeichnungsfrist kann man Anteile nur noch auf dem freien Markt, aber nicht mehr bei der Fondsgesellschaft selbst kaufen. Insofern ähneln Laufzeitfonds einem geschlossenen Fonds. Eine vorzeitige Rückgabe an die Fondsgesellschaft (Einlösung) ist ebenfalls nicht möglich, lediglich der Verkauf der Anteilsscheine auf dem freien Markt.

Ausländische Fonds – Steuerlich wird unterschieden zwischen zugelassenen deutschen Investmentfonds sowie drei unterschiedlichen Kategorien ausländischer Fonds: 1. Registrierte Fonds, die ihre Anteile in

Deutschland öffentlich anbieten dürfen; 2. nicht registrierte Fonds mit Finanzvertretern, die ihre Anteile in Deutschland nicht öffentlich anbieten dürfen; 3. alle übrigen Fonds, die ihre Anteile in Deutschland ebenfalls nicht öffentlich anbieten dürfen. Nicht registrierte ausländische Fonds sind gegenüber zugelassenen/registrierten Fonds steuerlich erheblich benachteiligt. Damit ein ausländischer Fonds als registrierter Fonds gilt, muss er bestimmte Kriterien erfüllen. Insbesondere muss er eine Zulassung für den öffentlichen Vertrieb in Deutschland besitzen.

Ethikfonds – Investmentfonds, die nicht in bestimmte, aus spezieller Sicht »ethisch verwerfliche« Assets, z. B. Aktien von Rüstungsunternehmen, oder ausschließlich in ökologisch »akzeptable« Unternehmen investieren.

Übersicht 2: Investmentfonds, die für Privatanleger oft nachteilig sind

Dachfonds (Fund of Funds) – Fonds, die nicht in einzelne Wertpapiere, sondern in andere Fonds investieren, also »Fonds-Picking« praktizieren. Dachfonds sind in Deutschland seit Anfang 1999 zugelassen. Aus unserer Sicht sind diese Fonds aus folgenden Gründen abzulehnen: Sie weisen praktisch ausnahmslos eine noch höhere Kostenbelastung als konventionelle Investmentfonds auf, da eine zusätzliche Managementebene und Fondsgesellschaft zu bezahlen ist (die des Dachfonds). Das drückt natürlich die Nettorendite des Dachfonds unter diejenige einer Direktanlage in die im Dachfonds enthaltenen Fonds. Ferner ist die Anlagepolitik dieser Dachfonds noch intransparenter als jene der meisten Investmentfonds (der Anleger weiß also nicht genau, in was er zu einem gegebenen Zeitpunkt investiert ist), und schließlich lässt sich ein Dachfonds wegen seiner extrem weit gestreuten Anlagen und intransparenten Anlagepolitik mit keinem Börsenindex (Benchmark) sinnvoll vergleichen. In der Werbung von Dachfondsgesellschaften taucht z. B. häufig der Dax als Benchmark auf (sofern der betreffende Dachfonds den Dax geschlagen hat), obwohl der Dachfonds weltweit investiert ist. Ein solcher Vergleich ist deswegen sachlich irreführend.

Umbrella-Fonds – Investmentfonds, die dem Anleger unter einem gemeinsamen Schirm (engl. *umbrella*) Anlagemöglichkeiten in verschiedenen Einzelfonds der gleichen Investmentgruppe bieten. Jeder Unterfonds besitzt einen speziellen Anlageschwerpunkt. Der Anleger kann dann je nach persönlicher Markteinschätzung und Risikoneigung ohne zusätzlichen Spesenaufwand oder zu minimalen Gebühren zwischen den Unterfonds wechseln. Der Ausgabeaufschlag fällt einmalig nur beim Einstieg in den Umbrella an. Von Umbrella-Fonds ist letztlich abzuraten, da sie nur Sinn machen würden, wenn Market-Timing funktionierte, was aber nicht der Fall ist. Ein Experte: »Die heutzutage moderne, völlig unsinnige Fonds-Switching-Strategie, die Anlegern vorgaukelt, sie seien schlauer als der Markt und könnten persönlich ›irgendwie‹ den Markt überlisten, ist *definitiv* – und ich wähle dieses Wort mit Bedacht – ein loser's game« (John Bogle, Gründer der Fondsgesellschaft Vanguard).

Garantiefonds – Aktien- oder Rentenfonds, bei denen die Fondsgesellschaft dem Anteilszeichner eine Mindestausschüttung, einen Mindestrücknahmepreis oder eine Garantie auf den Kapitalerhalt einräumen; zumeist bezogen auf einen bestimmten Zeitraum oder Termin. Mit diesem Zugewinn an Sicherheit ist natürlich stets ein Verzicht auf Renditechancen verbunden. Nach einer Vorschrift des Bundesaufsichtsamtes für das Kreditwesen dürfen deutsche Kapitalanlagegesellschaften keine Garantiefonds anbieten. Diese stammen daher immer aus dem Ausland (hauptsächlich aus Luxemburg). Privatanlegern – insbesondere solchen mit einem Anlagehorizont von mehr als drei Jahren – ist von entsprechenden Fonds abzuraten, da sie eine überdurchschnittliche Kostenbelastung aufweisen und nur begrenzte Renditechancen bieten.

No-Load-Fonds (Trading-Fonds) – Investmentfonds ohne Ausgabeaufschlag. In Deutschland eher selten (Ausnahme: Geldmarktfonds). Zur Kompensation des fehlenden Ausgabeaufschlages bei No-Load-Fonds verlangen die Fondsgesellschaften in Deutschland (anders als in den USA) höhere Verwaltungsgebühren. No-Load-Fonds eignen sich eher bei einem kürzeren Anlagehorizont und werden daher auch als Trading-Fonds bezeichnet. Da die Verwaltungsvergütung langfristig stärker ins Gewicht fällt als der Ausgabeaufschlag, ist von diesen Fonds bei einem Anlagehorizont von über vier Jahren abzuraten (Ausnahme: No-Load-Fonds, die zugleich eine normale oder niedrige Verwaltungsgebühr aufweisen).

Fondsgebundene Lebensversicherung – Die Verbindung einer Risikolebensversicherung mit einer Anlage in Investmentfonds. Der in der entrichteten Versicherungsprämie enthaltene Sparanteil – das ist der Teil, der nicht zur Deckung des Todesfallrisikos und der Kosten benötigt wird – wird in Anteilen eines oder mehrerer Aktieninvestmentfonds angelegt, statt – wie bei einer normalen Kapital-LV – in festverzinsliche Wertpapiere. Die Anlage des Sparanteils ist also der einzige, aber auch der entscheidende Unterschied zur Kapitallebensversicherung. Von diesen Produkten ist abzuraten. Die Kombination aus einer einfachen Risikolebensversicherung und einem normalen Investmentfonds ist ihnen aufgrund geringerer Gesamtkostenbelastung, besserer Liquidierbarkeit (Veräußerbarkeit, Flexibilität) und höherer Transparenz eindeutig überlegen.

AS-Fonds (Altersvorsorge-Sondervermögen) – Relativ neues, deutsches Fondsprodukt, bei dem der Gesetzgeber den Fondsgesellschaften Mischungsgrenzen für Aktien, Renten sowie Immobilien vorschreibt. Anlagen außerhalb der EU sind nicht zulässig. Ziel ist es, den Risikograd dieser Mischfonds auf ein »gesetzlich akzeptables« Maß zu reduzieren. Diese Fonds sollen vor allem der privaten Altersvorsorge dienen. AS-Fonds sind allenfalls für Anleger empfehlenswert, die praktisch über keine Kenntnisse zur Vermögensanlage verfügen, gewiss jedoch nicht für die Leser dieses Buches. Die wesentlichen Nachteile von AS-Fonds: überdurchschnittliche hohe Kosten (Ausgabeaufschlag, Betriebskosten inkl. Verwaltungsgebühr) und daher langfristig unterdurchschnittliche Performance, intransparente Anlagepolitik (der Anleger weiß nicht genau, in welche Asset-Klassen und Märkte er aktuell investiert ist) und keinerlei sinnvolle Vergleichsmöglichkeit mit einem Börsenindex (Benchmark).

Rohstofffonds, Commodity-Fonds – Investmentfonds, die in bestimmte Commodities (Stapelgüter) wie Rohöl, Eisenerz, Weizen oder Schweinebäuche oder in Termingeschäfte für diese Güter investieren. Rohstofffonds sind letztendlich Branchenfonds mit sehr stark schwankender Rendite. Für Privatanleger allenfalls zu spekulativen Zwecken geeignet.

Gemischte Aktien-/Rentenfonds (Mischfonds) – Investieren gleichzeitig in Aktien und Renten. Von gemischten Fonds ist aufgrund mangelnder Transparenz und Vergleichbarkeit mit einer Benchmark und zumeist überdurchschnittlicher Gebühren abzuraten. Stattdessen sollte ein Anleger sein Investment auf reine Aktien- und Rentenfonds aufteilen.

Spezialitätenfonds – Spezialitätenfonds (nicht zu verwechseln mit Spezialfonds) sind stets aktiv gemanagte Fonds. Sie unterscheiden sich von herkömmlichen Investmentfonds durch die relativ genau bzw. eng definierte Ausrichtung ihrer Anlagepolitik auf bestimmte Länder, Industriezweige oder Wirtschaftssektoren oder auf bestimmte Wertpapiere wie Wandel- und Optionsanleihen. Spezialitätenfonds setzen beim Anleger ein höheres Maß an Risikobereitschaft, aber auch an Kenntnis gesamtwirtschaftlicher Zusammenhänge voraus, da durch die Beschränkung auf bestimmte Marktsegmente neben höheren Chancen auch vermehrt Risiken entstehen. Aus der Sicht passiven Anlagemanagements ist Privatanlegern von diesen Fonds abzuraten.

Offshore-Fonds – Investmentfonds, die nicht in Deutschland, sondern in einem »Steuerparadies« (ohne spezielle Investmentgesetzgebung, z.B. Liechtenstein, Bermudas, Niederländische Antillen oder British Virgin Islands) registriert (zugelassen) sind. *Offshore* steht wörtlich für »vor der Küste«. Aufgrund großer Nachteile bei der einkommensteuerlichen Behandlung dieser Fonds kommen sie für steuerehrliche Privatanleger in der Regel nicht in Frage.

Hedge-Fonds – Im Widerspruch zum Namen ist das primäre Ziel dieser Fonds nicht die Abschirmung vor Risiken (engl.: *hedging*), sondern der Versuch, mittels komplexer und risikofreudiger Anlagestrategien, z.B. durch kreditfinanziertes Anlegen (*Leveraging*), Überrenditen zu erwirtschaften. Dass dies selbst »Superprofis« nicht immer gelingt, hat der Milliardenverlust und Beinahekonkurs des amerikanischen LTCM-Hedge-Fonds im Jahr 1997 gezeigt, ebenso wie die Abkehr des »Hedge-Fonds-Königs« George Soros von seiner Anlagephilosophie im Jahr 2000, bedingt durch schlechte Renditen. Privatanlegern ist von diesen Fonds, die häufig eine Mindesteinlage von mehr als 500 000 Euro vorschreiben, abzuraten.

Derivatefonds – *Derivat* ist eine Oberbegriff für Finanzinstrumente, deren Preis sich aus dem Kurs von anderen Wertpapieren bzw. Finanzprodukten (dem sog. Basiswert oder Underlying) ableitet. Beispiele für Derivate: Optionen, Futures, Swaps. Derivatefonds sind Investmentfonds, die zum Teil oder schwerpunktmäßig in solchen Wertpapieren anlegen. Privatanlegern ist von solchen Fonds mit in der Regel hohen

Wertschwankungen, intransparenter Anlagepolitik und hohen Gebühren (trotz langfristig möglicherweise höherer Renditen) abzuraten.

Futures-Fonds – Ein spezieller Typus von Derivatefonds, der seine Mittel an den Termin- oder Optionsmärkten investiert. Zur Auswahl stehen neben Financial-Futures, also Termingeschäften auf Aktien, Zinsen, Indizes und Währungen, auch Termingeschäfte auf Edelmetalle, Agrargüter sowie Rohstoffe. Futures-Fonds weisen aufgrund der Hebelwirkung der derivativen Produkte ein erheblich höheres Risiko als andere Wertpapierfonds auf. Sie unterliegen zudem nicht dem deutschen Investmentgesetz. Privatanlegern ist von solchen Fonds mit in der Regel sehr hohen Wertschwankungen, intransparenter Anlagepolitik und hohen Gebühren (trotz langfristig möglicherweise höherer Renditen) abzuraten.

Junk-Bond-Fonds – Ein Junk-Bond-Fonds ist ein Rentenfonds, der vorwiegend oder ausschließlich in hochverzinsliche Anleihen »wackliger« Schuldner investiert. Bei den Schuldnern kann es sich um hochverschuldete Staaten (Entwicklungsländer, Schwellenländer) oder Unternehmen mit niedriger Bonität (Rating unter B-) handeln. Entsprechend besteht bei diesen Papieren innerhalb der Laufzeit eine konkrete Gefahr, dass der Kapitaldienst (Zins und Tilgung) teilweise oder ganz ausfällt. Sie werden folglich als Junk-Bonds (wörtlich »Müll-Anleihen«) bezeichnet.

5.2 Die enorme Bedeutung von Kosten für die Langfristrendite

> »Sie mögen vielleicht glauben, dass ein Fonds
> mit einer dreiprozentigen Verwaltungsgebühr
> typischerweise eine bessere Langfristperformance
> bringt. Leider ist diese Annahme falsch.«
>
> Burton Malkiel, Finanzwissenschaftler und Bestsellerautor

Die Gesamtkosten einer langfristigen Vermögensanlage werden von den meisten Anlegern dramatisch unterschätzt. Diese Kosten liegen im besten Fall bei 0,3 % des Anlagevolumens pro Jahr, können aber auch 5,0 % dieses Volumens betragen. (Manche Anleger übertreffen sogar diesen Wert noch merklich.) Was das bedeutet, zeigt ein einfaches Zahlenbeispiel (Tabelle 24). Dabei unterstellen wir eine Bruttorendite von 12 % p.a. *vor* Kosten der Anlage, einen einmaligen Anlagebetrag von 10 000 Euro und zwei alternative Fondsinvestments: Das eine verursacht Kosten von 2,0 % p.a. (etwa der Durchschnitt in Deutschland), das andere Kosten von 0,3 % p.a. (mit den kostengünstigen zugelassenen Indexfonds erreichbar).

Tabelle 24: **Die langfristige Wertentwicklung einer Einmalanlage von 10 000 Euro in Abhängigkeit von den Anlagekosten (Beträge gerundet)**

	nach 10 Jahren	nach 20 Jahren	nach 30 Jahren
Wertentwicklung *vor* Kosten (12 % p.a.)	31 100 Euro	96 500 Euro	299 600 Euro
Teurer Fonds A: Wertentwicklung *nach* Kosten von 2,0 % p.a.	25 900 Euro	67 300 Euro	174 500 Euro
Günstiger Fonds B: Wertentwicklung *nach* Kosten von 0,3 % p.a.	30 200 Euro	91 400 Euro	276 400 Euro
Differenz des Endwertes der beiden Anlagen	4 300 Euro	24 100 Euro	101 900 Euro
Wertvorsprung von Fonds A gegenüber Fonds B	17 %	36 %	58 %

Die Beispielrechnung zeigt eindrucksvoll, welche krassen Unterschiede in der Wertentwicklung selbst eines kleinen Portfolios sich im langfristigen Zeitablauf ergeben, wenn die Kosten der Anlage nicht optimiert werden. Ein noch größerer Renditeunterschied hätte sich ergeben, wenn wir statt mit einer zweiprozentigen Kostenbelastung mit 4,0 % gerechnet hätten, ein Wert, den – wie gesagt – viele Anleger »mühelos« erreichen. Für die Höhe dieser Differenz ist natürlich der Zinseszinseffekt verantwortlich.

Nicht wenige Anleger unterliegen dem Irrglauben, Anlagekosten seien zweitrangig, da es in erster Linie auf die gute (Brutto-)Performance des Fonds ankomme – nach dem Motto, Leistung und Qualität hätten nun einmal ihren Preis, und mit einer guten Performance würden hohe Kosten mehr als ausgeglichen. Wenn's nur wahr wäre… Leider spricht gegen diese Auffassung, dass nur eine kleine Minderheit der Fonds langfristig nach Kosten über ihrem Vergleichsbörsenindex liegt, und diese Fonds sind nicht im Voraus systematisch identifizierbar. Außerdem lässt sich kein fester Zusammenhang zwischen hohen Kosten und einer erstklassigen Performance erkennen. Wenn überhaupt, dann ist es umgekehrt: Unter den besten aktiven Fonds während einer bestimmten Periode sind überproportional häufig sehr günstige Fonds zu finden.

Im Übrigen pendelt die langfristige *Brutto*rendite (die Rendite vor Kosten) praktisch aller aktiv gemanagten Investmentfonds irgendwann zum Marktdurchschnitt zurück. Das gilt sowohl für Outperformer als auch für Underperformer. Dieses Phänomen wird in der Statistik als *Regression zum Mittelwert* bezeichnet (siehe Glossar). Besonders deutlich tritt es zutage, wenn man nicht nur ein einzelnes Anlageintervall (z. B. die zurückliegenden fünf Jahre) betrachtet, wie in der Fondswerbung üblich, sondern viele verschiedene Zeiträume parallel. Wenn also langfristig nur die Bruttorendite des Marktdurchschnittes zu erwarten ist und es keine zuverlässige Methode gibt, Outperformer-Fonds im Voraus zu identifizieren, werden die Kosten der Anlage zum wichtigsten Unterscheidungsmerkmal zwischen Fonds einer Anlagegruppe (Asset-Klasse, Fondsklasse) und zum Hauptkriterium für die Maximierung der Nettorendite. Das gilt sowohl für aktiv gemanagte Fonds als auch für Indexfonds.

Sich mit den Kosten von Kapitalanlagen zu beschäftigen ist für viele Fondsanleger noch weitaus lästiger als die Auswahl und Verwaltung dieser Anlagen. Das ist zwar verständlich, aber insofern bedauerlich, als dass die Kostenbelastung (gemeinsam mit einer sinnvollen Asset-Allokation) langfristig der wichtigste einzelne Einflussfaktor auf die Nettorendite des Anlegers ist – weitaus wichtiger als die Auswahl ganz bestimmter einzelner Anlagen. Und weil der Anleger diese Kosten beeinflussen kann, behandeln wir dieses Thema besonders ausführlich.

An dieser Stelle wollen wir ein weiteres unter Fondsanlegern verbreitetes Missverständnis ausräumen: Verglichen mit den laufenden (in der Regel jährlich zu zahlenden) Kosten einer Fondsanlage ist der einmalige, beim Kauf zu zahlende Ausgabeaufschlag für Anlagezeiträume von fünf Jahren und mehr eindeutig weniger bedeutsam. Trotzdem widmen viele Fondsanleger dem Ausgabeaufschlag mehr Aufmerksamkeit als den laufenden Kosten. Tabelle 25 zeigt ein realistisches Zahlenbeispiel für ein einmaliges Investment von 10 000 Euro. Fonds A weist einen hohen Ausgabeaufschlag auf, aber niedrige laufende Kosten, bei Fonds B ist es umgekehrt. Die Bruttorendite (vor Kosten) für beide Fonds beträgt 12 % p.a. (Beträge gerundet).

Tabelle 25: **Die größere Bedeutung der laufenden Fondskosten gegenüber den einmaligen Kosten**

	Wert des Fondsinvestments nach ... Jahren in Euro				
Kostenbelastung der beiden verglichenen Fonds	nach 2 Jahren	nach 5 Jahren	nach 10 Jahren	nach 15 Jahren	nach 20 Jahren
Fonds A: Ausgabeaufschlag: 5 %, laufende Kosten: 0,35 % p.a.	11 840 Euro	16 480 Euro	28 600 Euro	49 600 Euro	86 100 Euro
Fonds B: Ausgabeaufschlag: 1 %, laufende Kosten: 1,5 % p.a.	12 090 Euro	16 300 Euro	26 900 Euro	44 270 Euro	72 900 Euro
Wertvorsprung von Fonds A gegenüber Fonds B	−2 %	+1 %	+6 %	+12 %	+18 %

Der Vergleich zeigt: Schon nach zwei Jahren hat Fonds A den nur scheinbar günstigeren Fonds B im Wertzuwachs fast eingeholt. Nach fünf Jahren liegt er bereits vorn, und nach 20 Jahren ist er volle 18 % mehr wert als Fonds B.

Mit folgender Formel können Sie näherungsweise berechnen, wie lange es dauert, bis ein Fonds mit hohem Ausgabeaufschlag, aber niedrigen Verwaltungsgebühren einen Fonds ohne bzw. mit niedrigem Ausgabeaufschlag und hohen Verwaltungsgebühren in Bezug auf die Rendite eingeholt hat (»Break-even-Dauer«). Diese Berechnung unterstellt natürlich, dass die beiden Fonds ansonsten die gleiche Bruttorendite aufweisen. Das mag zwar im Rückblick nicht stimmen, aber in der Vorausschau ist es sinnvoll, für zwei Fonds innerhalb derselben Asset-Klasse für die Zukunft schlicht die gleiche Bruttorendite anzunehmen. Im Falle von Indexfonds mit dem gleichen Bezugsindex trifft das ohnehin zwangsläufig zu. Hier nun die Formel (die komplizierter aussieht, als sie tatsächlich ist):

$$t = A_1 - A_2 : ((V_2 : 12) - (V_1 : 12))$$

t = Anzahl der Monate bis zum Break-even-Zeitpunkt (also das, was sie ausrechnen wollen),
A_1 = Ausgabeaufschlag des ersten Fonds (in Prozent),
A_2 = Ausgabeaufschlag des zweiten Fonds (in Prozent),
V_1 = Verwaltungsgebührensatz des ersten Fonds (in Prozent), und
V_2 = Verwaltungsgebührensatz des zweiten Fonds (in Prozent).

Bei No-Load-Fonds ist der Ausgabeaufschlag naturgemäß gleich Null. Daher einfach den Wert Null in die Formel einsetzen, sie funktioniert trotzdem. Beispiel: Bei einem Ausgabeaufschlag von 5 % und einem Verwaltungsgebührensatz von 0,55 % dauert es rund 75 Monate, bis ein No-Load-Fonds mit einem Verwaltungsgebührensatz von 1,4 % hinsichtlich der Rendite eingeholt wird.

Betrachten wir nun die einzelnen Kostenarten von Investmentfonds in Deutschland und die Möglichkeiten, sie zu senken, etwas genauer (Tabelle 26).

Ein Blick auf die Tabelle zeigt: Es gibt Kosten, die offen ausgewiesen werden, und andere Kosten, die zwar anfallen, deren Höhe dem Anleger aber verschwiegen wird. Zu den offen gelegten Kosten gehören der Ausgabeaufschlag, die Depotbankgebühr, die Depotgebühr, die Verwaltungsgebühr und eventuell auch noch eine spezielle Beratungsgebühr des jeweiligen Vermögensberaters. Zu den nicht offen gelegten Kosten gehören die Wertpapierhandelskosten und die sonstigen Betriebskosten. Hier kann der Anleger nie wirklich »sehen«, welcher Anteil seiner Bruttorendite an die involvierten Finanzinstitutio-

Tabelle 26: Die typischen Kosten von Investmentfonds in Deutschland

Kostentyp	Größenordnung (in Prozent des Anlage- oder Kaufvolumens)	Form der Weitergabe an den Anleger	Sinn dieser Kosten aus Sicht der Fondsgesellschaft	Wie können Sie diese Kosten reduzieren?
Ausgabeaufschlag (einmalig beim Kauf zu zahlen)	• Durchschnitt Aktienfonds 4,4% (bei Indexfonds 3%). • Durchschnitt Rentenfonds 3,0%.	Beim Kauf als Preisaufschlag auf den publizierten Anteilspreis des Fonds.	In erster Linie zur Abdeckung der Vertriebs- und Marketingkosten des Fonds. Diese Gebühren fließen ganz oder teilweise an die Vertriebseinheit (z. B. Fonds-Shop, Bank oder die Fondsgesellschaft selbst), die den Fondsanteil verkauft hat.	Bei Kauf des Fonds über bestimmte Direktbanken oder bei der Fondsgesellschaft selbst wird der Ausgabeaufschlag häufig um 25% bis 75% (gelegentlich sogar um 100%) reduziert. Indexfonds weisen fast immer deutlich niedrigere Ausgabeaufschläge als aktiv gemanagte Fonds auf. Von Indexfonds mit »normalen« Ausgabeaufschlägen ist abzuraten.
Rücknahmeabschlag, einmalig	0,5% bis 2%.	Preisabschlag auf den publizierten Anteilspreis des Fonds.	Soll Fondsanleger vom Verkauf der Anteile abschrecken und die zusätzlichen Kosten decken, die die Anteilsrückgabe dem Fonds verursacht.	Relativ selten auftretende Gebühr, die Anleger nur im Notfall akzeptieren sollten.
Wertpapierhandelskosten (Transaktionskosten), jährlich	• Aktienfonds durchschnittl. 0,7% p.a. (bei Indexfonds nur rund ein Zehntel hiervon). • Bei Emerging-Market-Fonds können diese Kosten bis zu viermal so hoch sein. • Rentenfonds: 0,5% p.a.	Diese Kosten sind bereits mit der ausgewiesenen Rendite des Fonds verrechnet (werden dem Fondsvermögen entnommen) und nicht nach außen hin in der Höhe beziffert.	Decken die Kosten des Kaufs und Verkaufes einzelner Wertpapiere des Fonds ab (Geld-, Briefspanne, Maklercourtagen etc.). Dass diese Kosten in der im Fondsprospekt und der Presse ausgewiesenen Rendite bereits enthalten sind, macht sie nicht minder wichtig.	Indexfonds haben fast immer deutlich niedrigere Wertpapierhandelskosten als aktiv gemanagte Fonds.

Kostentyp	Größenordnung (in Prozent des Anlage- oder Kaufvolumens)	Form der Weitergabe an den Anleger	Sinn dieser Kosten aus Sicht der Fondsgesellschaft	Wie können Sie diese Kosten reduzieren?
Verwaltungsgebühr (Management fee), jährlich	• Aktienfonds durchschnittlich 1,4 % p.a. (bei Indexfonds meist weniger als die Hälfte hiervon). • Rentenfonds durchschnittlich 0,7 % p.a.	Diese Kosten sind bereits mit der ausgewiesenen Rendite des Fonds verrechnet (sie werden dem Fondsvermögen entnommen).	Zur Deckung der sonstigen Kosten der Fondsgesellschaft bei der Führung des Fonds (Personalkosten, Researchkosten, anteilige Betriebskosten wie Miete etc.).	Indexfonds weisen fast immer deutlich niedrigere Betriebskosten als aktiv gemanagte Fonds auf, oft von nur ca. 0,4 % (teilweise auch weniger).
Depotbankvergütung, jährlich	0,15 % – 1,5 % p.a., durchschnittl. 0,2 % p.a.	Diese Kosten werden dem Anlegerdepot oder einem anderen Konto des Anlegers vierteljährlich oder in anderen Intervallen belastet. Die Kosten werden beziffert.	Die Depotbank verwaltet die Wertpapiere für die Fondsgesellschaft (aus aufsichtsrechtlichen Gründen darf die Fondsgesellschaft dies nicht selbst). Diese Kosten decken die Aufwendungen und die Gewinnmarge der Depotbank ab.	Keine systematische Einflussnahmemöglichkeit des Anlegers. Außerdem sind die Unterschiede hinsichtlich dieser Kostenposition bei verschiedenen Fonds bzw. Fondsgesellschaften vergleichsweise gering.
Depotgebühr, laufend	Liegt bei Direktbanken in der Größenordnung von 0,25 % p.a. des Depotwerts, bei Filialbanken bei 0,5 % p.a.	Diese Kosten werden dem Anlegerdepot oder einem anderen Konto des Anlegers vierteljährlich oder in anderen Intervallen belastet.	Die depotführende Bank des Anlegers (nicht identisch mit der o.g. »Depotbank«) führt das persönliche Wertpapierdepot des Anlegers und belastet ihn dafür mit laufenden Kosten.	Direktbanken (Discount-Broker) berechnen niedrigere Depotgebühren als Filialbanken. Häufig am günstigsten sind die Fondsgesellschaften selbst, bei denen gelegentlich sogar kostenlose Depots (aber nur für die gesellschaftseigenen Fonds) geführt werden können.

Kostentyp	Größenordnung (in Prozent des Anlage- oder Kaufvolumens)	Form der Weitergabe an den Anleger	Sinn dieser Kosten aus Sicht der Fondsgesellschaft	Wie können Sie diese Kosten reduzieren?
Sonstige Betriebskosten der Fondsgesellschaft, laufend	Angabe einer generellen Größenordnung nicht möglich; kann zwischen 0,1 % und mehr als 0,5 % p.a. schwanken; die Kostenquote ist stark von der Größe des Fondsvolumens abhängig.	Wird nach außen hin nicht beziffert und direkt mit der ausgewiesenen Performance verrechnet.	Zur Deckung der allg. Betriebskosten der Fondsgesellschaft (Miete, Personalaufwendungen etc.).	Diese Kostenquote kann der Anleger nicht direkt beeinflussen, sie ist aber tendenziell umso niedriger, je größer der Fonds ist. Daher sollte man Fonds mit einem Anlagevolumen von unter 25 Millionen Euro meiden.
Performanceabhängige Managementvergütung	Hat eine zwar geringe, aber wachsende Anzahl aktiv gemanagter Fonds. Liegt oft bei 0,5 %-2 % p.a. der Überrendite (Rendite über dem publizierten Vergleichsindex). Bei Indexfonds existiert dies Gebühr naturgemäß nicht.	Diese Kosten werden unmittelbar mit der Bruttorendite des Fonds verrechnet (also dem Fondsvermögen entnommen).	Soll den Fondsmanager zu besseren Leistungen anspornen. Dieser noch relativ seltene Gebührentyp (der mit einer gleichzeitig etwas niedrigeren Verwaltungsgebühr verknüpft ist) wird oft in der Fondswerbung stark betont, weil er angeblich besonders kundenfreundlich ist.	Aktiv gemanagte Fonds mit dieser Kostenart sollte man meiden, denn (a) sind sie im langfristigen Durchschnitt noch teurer als herkömmliche aktive Fonds und (b) gibt es keinen systematisch nachweisbaren Zusammenhang zwischen der Rendite solcher Fonds und dieser Gebühr – mit anderen Worten: ein nur scheinbar kundenfreundlicher Marketing-Gimmick.

nen weitergereicht wird. Diese verdeckten Kosten können bei manchen Fonds genauso hoch sein wie die ausgewiesenen Kosten.

Manche Leser werden im Zusammenhang mit Investmentfonds den sehr wichtigen Begriff des *Total Expense Ratio* (TER) schon einmal gehört haben. Das TER (dt.: Gesamtkostenquote) beinhaltet – mit Ausnahme der Wertpapierhandelskosten – alle laufenden Kosten einer Fondsanlage, die der Anleger zu tragen hat, also in erster Linie die Verwaltungsgebühr, sonstige Betriebskosten (Personalkosten, Researchkosten, Sachkosten etc.) sowie die Depotbankvergütung. Nicht im TER enthalten sind einmalige Betriebskosten wie der Ausgabeaufschlag sowie die Depotgebühr des Anlegers. Da das TER eine prozentuale Quote ist, wird die Gesamtsumme der genannten Kosten mit dem Bruttofondsvermögen (vor Abzug dieser Kosten) ins Verhältnis gesetzt. Das TER ist somit die aussagekräftigste Kostengröße für Fonds – im Grunde ist sie sogar die einzige aussagekräftige Kostengröße und ganz gewiss viel aussagekräftiger als die überall verwendete Verwaltungsgebühr (denn diese stellt ja nur einen Teil der laufenden Gesamtkosten dar). In Deutschland liegt das TER durchschnittlich um 50 % über den Verwaltungsgebühren (für Aktienfonds und Rentenfonds zusammengenommen). Dieser Abstand kann sogar bis zu 150 % betragen! Wenn Sie also zwei Fonds auf der Basis ihrer laufenden Kosten vergleichen, verwenden Sie dazu am besten das TER. Die Verwaltungsgebühr ist nur die zweitbeste Lösung. Leider ist das TER oft sehr schwer in Erfahrung zu bringen, und es wird in den wenigsten Verkaufsprospekten von Fondsgesellschaften angegeben. Ein Lichtblick: Die Online-Fondsdatenbanken der Direktanlagebank und der Advance-Bank sowie der jährlich erscheinende GFA Fonds-Guide enthalten das TER. Die Internet-Adressen der beiden Direktbanken sowie die bibliographischen Angaben zu dem Buch finden Sie im Anhang.

Zur Orientierung bietet Tabelle 27 einen Kostenvergleich für in Deutschland zugelassene Aktieninvestmentfonds mit unterschiedlichen Anlageschwerpunkten.

Tabelle 27: **Richtgrößen für Total Expense Ratios (Gesamtkostenquote für laufende Kosten) von Aktienfonds in Deutschland**

Anlageschwerpunkt des Fonds	Aktiv gemanagte Aktienfonds	Indexfonds
Deutschland	ca. 1,2 % p.a.	ca. 0,4 % p.a.
Verschiedene Industrieländer	ca. 2,0 % p.a.	ca. 0,6 % p.a.
Verschiedene Schwellenländer	ca. 4,0 % p.a.	ca. 1,8 % p.a.

Quelle: eigene Berechnungen

Sie sollten grundsätzlich nicht zögern, Depots auch bei verschiedenen Banken, Discount-Brokern oder Fondsgesellschaften zu führen, sofern es sich finanziell lohnt – und das ist z. B. mit Blick auf rabattierte Ausgabeaufschläge häufig der Fall. Nachteile: ein höherer Arbeitsaufwand und weniger Übersichtlichkeit.

Unter den verschiedenen Kosten, die eine Fondsanlage verursacht, dürften die Depotkosten per saldo am wenigsten ins Gewicht fallen. Bei der Vereinfachung der Entscheidung für einen bestimmten Vertriebsweg kann es deshalb für den einen oder anderen Anleger sinnvoll sein, diese schlicht zu ignorieren, zumal jedes Bankinstitut dabei ein höchst individuelles Berechnungsschema anwendet. Um Ihnen ein Gefühl für die Größenordnungen zu geben: Die Stiftung Warentest testete im Februar 1999 die Depotkosten von elf Discount-Brokern (Direktanlagebanken). Zugrunde gelegt wurde ein fiktives Depot mit einem Wert von 25 000 Euro, verteilt auf vier verschiedene Fonds. Die Depotkosten variierten zwischen rund 20 Euro und 60 Euro pro Jahr; durchschnittlich betrugen sie circa 0,16 % des investierten Vermögens. Dieser Satz sinkt im Allgemeinen bei steigendem Depotwert. Damit ist diese Position bei einer Fondsanlage die in der Regel am wenigsten bedeutende.

Beim Erfinden neuer Kosten und Gebühren sind die Fondsgesellschaften und Banken recht kreativ: So gibt es z. B. eine »Einrichtungsgebühr« für Sparpläne, eine »Verwässerungsgebühr« bei Neuanlagen (zusätzlich zum Ausgabeaufschlag einmalig zu zahlen), eine »Betreuungs-« oder »Servicegebühr«, »Switch-Gebühren« und so weiter. Wie bereits festgestellt: Um angesichts dieses wuchernden Unfugs halbwegs den Überblick zu behalten, sollte man möglichst das Total Expense Ratio beachten, weil es normalerweise alle laufenden Kosten beinhaltet. Aber wundern Sie sich nicht, wenn Ihr Bankberater oder Fonds-Shop-Mitarbeiter diesen Begriff nicht kennt. Leider steht es mit der Beratungsqualität der entsprechenden Mitarbeiter nicht immer zum Besten, wie viele Untersuchungen der Stiftung Warentest in den letzten Jahren ergeben haben.

Ein spezieller Kostenvergleich der drei Indexanlagetypen (Indexfonds, Indexzertifikate und Indexaktien), die mit konventionellen Investmentfonds konkurrieren, findet sich in Abschnitt 5.5.

5.3 Sinnvolle und ungeeignete Kriterien für die Auswahl eines Investmentfonds

»Ein niedriges Total Expense Ratio
ist statistisch gesehen die wichtigste einzelne
Ursache für den Erfolg eines Fonds.«

John Bogle, Gründer der Vanguard-Gruppe,
eine der größten Fondsgesellschaften der Welt

In Abschnitt 4.3 »Die praktische Umsetzung des Weltportfolios« stellten wir für verschiedene Kombinationen aus Risikotoleranzstufe und Anlagehorizont neun Musterportfolios vor. Wie findet man nun geeignete Fonds bzw. risikofreie Anlagen für die sieben Asset-Klassen des Musterportfolios?. Im Folgenden nennen wir positive und negative Auswahlkriterien, die Ihnen helfen werden, bei dieser Suche zielgerichtet vorzugehen. Die wichtigsten Kriterien sind mit einer Ausnahme an vorderer Stelle genannt. Grundsätzlich verabschieden sollten Sie sich von der Vorstellung, es wäre möglich, einen künftigen »Star-Fonds« mit langfristiger Outperformance seines Marktsegmentes im Voraus zuverlässig zu identifizieren. Über das notwendige Scheitern entsprechender Bemühungen besteht in der Finanzwissenschaft keinerlei Zweifel.

Grundsätzlich sind zwei Konstellationen denkbar, unter denen Sie in einen Fonds investieren können: (a) Sie legen »neues« Geld an, also Mittel, die bisher noch nicht in einer Vermögensanlage investiert sind, oder (b) Sie ziehen Geld aus einer bestehenden Vermögensanlage (z. B. einem Fonds) ab und investieren es in einen anderen Fonds. Im vorigen Abschnitt über die Bedeutung der Fondskosten hatten wir bereits angedeutet, dass man sich den Wechsel von einem Fonds in einen anderen genau überlegen sollte, insbesondere mit Blick auf den verbleibenden Anlagehorizont. Schließlich verursacht ein solcher Wechsel, sofern (wie zumeist) ein Ausgabeaufschlag für den neuen Fonds zu zahlen ist, Kosten, die man hätte vermeiden können. Etwas anders sieht die Situation bei der Investition frischen Kapitals aus. Hier hat man die Option der vollständigen Kostenvermeidung in der Regel nicht.

Nun zu den einzelnen Kriterien für die Fondsauswahl:

Kriterium (1): Der Fonds sollte gut zu Ihrem gewünschten Anlageprofil (der Asset-Klasse) passen. Das heißt, er sollte möglichst genau diejenigen Märkte oder Anlagephilosophien abdecken, die Sie sich wünschen.

Kriterium (2): Niedrige laufende Kosten, am besten gemessen anhand des Total Expense Ratio, ersatzweise anhand der Summe aus Verwaltungsgebühr und Depotbankgebühr. Die Fonds mit den niedrigsten laufenden Kosten sind erfahrungsgemäß Indexfonds. Doch wundern Sie sich nicht, wenn Ihnen Ihr Bank- oder Fonds-Shop-Berater selten einen Indexfonds empfiehlt. An diesen Fonds verdient der Vermittler allenfalls ein Viertel der Vertriebsprovision eines konventionellen Fonds.

Kriterium (3): Wenn Sie das Total Expense Ratio nicht herausfinden konnten, sollten Sie darauf achten, dass der Fonds ein Mindestvolumen von 20 Million Euro aufweist. Kleinere Fonds liegen nämlich gerade bei den versteckten Kostenarten (z. B. Wertpapierhandelskosten und allgemeine Betriebskosten) besonders schlecht im Rennen, diese Kosten sind aber im Total Expense Ratio enthalten.

Kriterium (4): Niedriger Ausgabeaufschlag. Dieser lässt sich inzwischen für die Mehrzahl aller Fonds um ein bis drei Viertel und in seltenen Fällen sogar noch stärker reduzieren, indem man den Fonds bei einer Direktbank (Discount-Broker) erwirbt. Alle Direktbanken veröffentlichen (teilweise auch online) Verzeichnisse, die die rabattierten Fonds bzw. die Fondsgesellschaften auflisten, für deren Produkte ein Ausgabeaufschlagsrabatt gewährt wird. Gelegentlich sind Fonds auch bei der Fondsgesellschaft selbst preisgünstig zu erwerben.

Kriterium (5): Der Fonds sollte nicht zu groß sein. Einige wissenschaftliche Untersuchungen haben gezeigt, dass Fonds mit einem Volumen von 10 Milliarden Euro einen Renditenachteil besitzen, da die von Ihnen getätigten, zwangsläufig großvolumigen Wertpapierkäufe die Preise bereits zuvor nach oben treiben (sog. *market impact costs*) bzw. – im Falle von Verkäufen – nach unten drücken.

Kriterium (6): Das gesamte verwaltete Vermögen der Fondsgesellschaft sollte bei mindestens 25 Milliarden Euro liegen. (Zum Vergleich: Die größten Fondsgesellschaften der Welt verwalten 800 Milliarden Euro und mehr.) Kleine Fondsgesellschaften besitzen häufig nicht die notwendigen Ressourcen, um modernste Technik einzusetzen und hochqualifiziertes Personal zu beschäftigen.

Kriterium (7): Was das mit Abstand populärste und allgemein weit überschätze Auswahlkriterium, die historische Rendite, angeht, genügt es, dass der Fonds in den vergangenen ein, zwei und drei Jahren nie im *untersten* Viertel seiner Vergleichsgruppe lag. Jede stärkere Berücksichtigung dieses Kriteriums wäre eher schädlich.

Kriterium (8): Fondsgesellschaften, die nicht zu einem Bankkonzern gehören (also unabhängig sind), sind konzerngebundenen Fondsgesellschaften vorzuziehen. Diese müssen in ihrer Anlagepolitik oftmals Rücksicht auf das Firmenkundengeschäft der Mutterbank nehmen und können ihren Wertpapierhandel nicht notwendigerweise beim billigsten Wertpapierhaus durchführen. Daher ist auch Vorsicht angebracht, wenn Ihnen Ihr Bankberater einen »hauseigenen« (konzerneigenen) Fonds empfiehlt. Es wäre naiv, davon auszugehen, dass ausgerechnet dieser Fonds unter allen 3500 am Markt angebotenen Produkten das für Sie optimale ist.

Kriterium (9): Kaufen Sie keine Fonds mit performanceabhängiger Gebühr. Bildhaft gesprochen nimmt sich die Fondsgesellschaft bei solchen Fonds das Recht, genau in dem Moment in Ihr »Fonds-Portemonnaie« zu greifen, wenn es ausnahmsweise sehr voll ist – in der Hoffnung, dass Sie das dann nicht stört. Da aber alle Aktienfonds sehr volatil sind, müssen sie in den guten Zeiten »vorsorgen«, das heißt, jedes Quentchen Rendite muss gerade dann bei Ihnen verbleiben, damit Sie die unweigerlich kommenden schlechten Zeiten ausgleichen können. Nur so kommen Sie langfristig auf eine durchschnittliche Rendite von 12 % bis 15 % p.a.

Kriterium (10): Kaufen Sie keine Fonds, die auf der Basis der so genannten »technischen Analyse« gemanagt werden. Diese spezielle Stock-Picking-Strategie (vgl. Glossar) funktioniert unter allen Strategien mit am schlechtesten, und ihr fehlt jede wissenschaftliche Fundierung. Eigentlich gehört sie längst in die Mottenkiste der finanzgeschichtlicher Kuriositäten, doch mit dem Aufkommen preiswerter Computergrafiken hat sie eine gewisse Renaissance erlebt und weigert sich hartnäckig zu »sterben«.

Kriterium (11): Seien Sie skeptisch hinsichtlich gut gemeinter oder so genannter »heißer« Tipps von Freunden oder Verwandten. Die Erfahrung zeigt, dass viele Anleger ihre gewohnheitsmäßige und berechtigte Forderung nach Sachverstand und plausiblen Begründungen seitens des Tippgebers in diesen Fällen unbewusst fallen lassen – mit oft bedauerlichen Konsequenzen. Geldgeschäfte und Freundschaften zu vermischen ist ein gefährliches Unterfangen.

Kriterium (12): Kaufen Sie niemals einen Fonds allein auf der Basis von Empfehlungen im Fernsehen, Internet oder gar in Internet-Chat-Rooms. Diese Medien sind notorisch unausgewogen, unfundiert, fehlerträchtig und oft genug von undurchsichtigen Interessenlagen geprägt.[16]

Kriterium (13): Wie schon in Abschnitt 5.1 erläutert, lassen Sie besser die Finger von folgenden Fondstypen: Dachfonds (Fund of Funds), Umbrella-Fonds, Garantiefonds, No-Load-Fonds (wenn diese statt des Ausgabeaufschlags erhöhte Verwaltungsgebühren aufweisen), fondsgebundene Lebensversicherungen, gemischte Aktien-/Rentenfonds (Mischfonds), AS-Fonds (Altersvorsorge-Sondervermögen), Rohstofffonds, Commodity-Fonds, Hedge-Fonds, Derivatefonds, Futures-Fonds und Junk-Bond-Fonds.

Kriterium (14): Dieses letzte Kriterium ist besonders wichtig: Fonds, die in Deutschland nicht zugelassen sind, sollten Sie grundsätzlich nicht kaufen, da sie steuerlich massiv benachteiligt werden (siehe Abschnitt 6.9 »Die Besteuerung von Investmentfonds und Indexzertifikaten«).

An dieser Stelle sei eine generelle Empfehlung wiederholt: Da Kosten das insgesamt wichtigste Auswahlkriterium für Investmentfonds sind, sollten Sie sich nicht scheuen, Depots bei mehreren unterschiedlichen Finanzinstituten zu unterhalten, wenn dies Kostenvorteile bringt. Die Zeit, die mancher Anleger in die überwiegend sinnlose Jagd nach sogenannten Outperformer-Fonds steckt, ist hier besser investiert.

Auf der Basis der genannten Auswahlkriterien, die Sie möglicherweise durch einige persönliche Kriterien ergänzen werden, sollten Sie sich die Auflistung empfehlenswerter Aktienfonds für das Weltportfolio im letzten Abschnitt dieses Kapitels ansehen (Tabelle 34). Dort werden für jede der sieben Asset-Klassen fünf oder mehr alternative und aus heutiger Sicht empfehlenswerte Fonds genannt. Nützliche Fondstabellen und Analysen bietet auch das zweimal jährlich erscheinende Sonderheft »Investmentfonds« von *Finanztest* (Hrsg.: Stiftung Warentest) und der jährlich erscheinende, leider nicht ganz billige *GFA FondsGuide*. Die folgenden Fondsdatenbanken sind ebenfalls hilfreich bei der Suche nach Fonds, die bestimmte Kriterien erfüllen (nicht zwangsläufig hinsichtlich der Qualität der dort unmittelbar *empfohlenen* Fonds):

www.onvista.de	(Burda-Verlag),
www.diraba.de	(Direktanlagebank, HypoVereinsbank-Konzern),
www.advance-bank.de	(Advance-Bank, Dresdner-Bank-Konzern),
www.micropal.com	(Finanzdienstleister Standard & Poors),
www.vwd.de	(Vereinigte Wirtschaftsdienste; Finanzinformationsdienstleister, an dem u.a. das *Handelsblatt* beteiligt ist),
www.bvi.de	(Bundesverband Deutscher Investment-Gesellschaften e.V.; Interessenverband, in dem die meisten in Deutschland aktiven Fondsgesellschaften zusammengeschlossen sind).

Bei der Lektüre der zunehmend nutzloseren Zusammenstellungen von Fonds, die fast monatlich in vielen Anlegerzeitschriften erscheinen, sollten Sie dagegen skeptisch sein. Diese Rankings unterstellen unkritisch, dass die historische Performance ein zuverlässiger Indikator für die künftige Performance ist. Diese scheinplausible Annahme ist bekanntlich aber nicht zutreffend. Noch bedauerlicher ist der kindische Starkult um einige Investmentfonds-Manager, der oft in diesen Artikeln betrieben wird.[17]

5.4 Bezugsquellen für Fonds und ihre Vor- und Nachteile

»Einen Fonds mit einem Ausgabeaufschlag zu kaufen
ist ungefähr so clever, wie ein Fußballspiel
mit einem Rückstand von 0 zu 2 zu beginnen.«

Burton Malkiel, J. P. Mei, Finanzwissenschaftler

Der Vertrieb von Investmentfonds findet über vier verschiedene (konventionelle) Vertriebswege statt. Über das Internet werden Fondsanteile praktisch noch nicht gehandelt (Stand: August 2000). Entsprechende Bemühungen einiger Discount-Broker stießen – zur Verwunderung vieler Fachleute – bei den Fondsanlegern bisher auf wenig Interesse. In Tabelle 28 haben wir die vier Vertriebswege mit ihren jeweiligen Vor- und Nachteilen aufgelistet.

Aus unserem Vergleich gehen Discount-Broker (Direktbanken) insgesamt als Sieger hervor, vor allem deshalb, weil sie auf die Ausgabeaufschläge bestimmter Gesellschaften einen Rabatt zwischen 25 % und 100 % gewähren. Ihr Hauptnachteil ist der fehlende feste Ansprechpartner und die fehlende oder geringe Beratungsleistung.

Die Kontaktadressen der wichtigsten Direktbanken finden Sie in Tabelle 29. Direktbanken, die keine Fonds vertreiben (Stand: Juni 2000), haben wir in dieser Aufstellung nicht aufgeführt. Was das Angebot von Fondssparplänen betrifft, kann diese Tabelle zwischenzeitlich überholt sein, da die Direktbanken ihr Angebot laufend ergänzen. Einige der genannten Banken bieten Fondssparpläne nur für eine sehr eingeschränkte Anzahl von Fonds an. Die meisten Direktbanken veröffentlichen auf ihrer Website eine Übersicht über diejenigen Fondsgesellschaften bzw. Fonds, für die die jeweilige Bank reduzierte Ausgabeaufschläge anbietet. »Shopping around« lohnt sich also!

Tabelle 28: **Bezugsquellen für Investmentfonds mit Ihren Vor- und Nachteilen**

Bezugsquelle	Vorteile	Nachteile	Bemerkung
Konventionelle Bank / Sparkasse (in der Regel die eigene »Hausbank«)	• Bequem, da man nur einen (den bekannten) Ansprechpartner hat • Verwaltung des Depots in einer Hand • gelegentlich Rabatte auf die institutseigenen Fonds • Beratung • bei konzerneigenen Fonds ist oft die automatische Wiederanlage der Erträge ohne Ausgabeaufschlag möglich	• Normalerweise keine Reduktion der Ausgabeaufschläge • relativ hohe Depotführungskosten (die aber vergleichsweise wenig ins Gewicht fallen) • konzernfremde Produkte werden nicht aktiv angeboten • einseitige Argumente gegen Indexfonds zu erwarten, da die Bank an diesen weniger verdient	Die in der Regel teuerste Bezugsquelle, dafür bequem und übersichtlich
Die Fondsgesellschaft selbst	• Oft kostenlose Depotführung • zumeist automatische Wiederanlage der Erträge ohne Ausgabeaufschlag möglich • zwischen Fonds einer »Fondsfamilie« oder sogar fast allen Fonds der Fondsgesellschaft ist zum Teil ein kostenreduzierter Fondswechsel (Switch) möglich	• Keine konzernfremden Produkte • keine Beratung • keine Reduktion des Ausgabeaufschlages (mit seltenen Ausnahmen) • führt zu Unübersichtlichkeit bei Anlagen in Fonds unterschiedlicher Gesellschaften	Bedingt zu empfehlen
Fonds-Shop oder freier Fondsvermittler	• Relativ große Auswahl • teilweise Beratung • teilweise Rabatte (für bestimmte Fonds einiger Fondsgesellschaften) • keine zusätzlichen Kauf- und Verkaufsspesen	• Depot wird bei der Fondsgesellschaft selbst geführt, daher ebenfalls potenzieller Nachteil der mangelnden Übersichtlichkeit • Gefahr, an ein unprofessionelles oder unseriöses »schwarzes Schaf« zu geraten, da im Prinzip jeder einen Fonds-Shop eröffnen kann • einseitige Argumente gegen Indexfonds zu erwarten, da der Shop an diesen weniger verdient	Bedingt zu empfehlen
Discount-Broker/ Direktbank	• Große Auswahl • häufig Rabatt auf den Ausgabeaufschlag • Verwaltung des Depots in einer Hand	• Keine Beratung • automatische Wiederanlage der Ausschüttungen oft nicht möglich oder umständlich • nicht alle Discount-Broker bieten Sparpläne bzw. rabattierte Sparpläne an	Insgesamt am ehesten zu empfehlen, da relativ bequem, übersichtlich und preisgünstig (alle Großbanken haben eine Direktbanktochter)

Tabelle 29: Die Adressen der wichtigsten Direktbanken und Discount-Broker

Direktbank / Discount-Broker / Online-Broker	Internet-Adresse	Telefon-nummer	Fondssparpläne im Angebot (Stand: 05/2000)
Advance Bank (Dresdner Bank)	www.advance-bank.de	0180-330000	nein
Allgemeine Deutsche Direktbank (unabhängig)	www.diba.de	0180-3332344	ja
Brokerage24 (Deutsche Bank)	www.bank24.de	01803-240000	ja
Citibank (Citibank-Travelers-Konzern, USA)	www.citibank.de	0180-3322111	nein
Comdirect Bank (Commerzbank)	www.comdirect.de	01803-4445	ja
Consors (Schmidt Bank)	www.consors.de	01803-252510	ja
Direkt Anlage Bank (HypoVereinsbank)	www.diraba.de	01802-254500	ja
Entrium (Quelle-Schickedanz-Konzern)	www.entrium.de	0800-8002030	ja
Fimatex (Société Génerale, Frankreich)	www.fimatex.de	0800-8007444	nein
Pulsiv.com (unabhängig)	www.pulsiv.com	0800-2080900	ja
1822 direkt (1822-Versicherung)	www.1822direkt.com	01803-241822	ja

5.5 Die Vorteile von Indexfonds, Indexzertifikaten und Indexaktien

»Der effektivste Weg, ein Aktienportfolio zu diversifizieren,
ist der Erwerb von Indexfonds mit niedrigen Gebühren.
Statistisch gesehen schlägt ein breit diversifizierter
Aktienindexfonds die meisten aktiv gemanagten Aktienportfolios.
Kaum zehn von 1000 aktiven Anlagemanagern performen
ausreichend, um ein Expertengremium davon zu überzeugen,
dass mit ihren Fonds ein langfristiger Vorsprung vor einer
Indexing-Strategie wahrscheinlich ist.«

Paul A. Samuelson, Wirtschaftsnobelpreisträger

In unseren bisherigen Ausführungen haben wir mehrfach die interessanten Vorteile von Indexanlagen hervorgehoben. Diese Vorteile, aber auch mögliche Nachteile solcher Investments wollen wir uns im Folgenden ausführlich ansehen.[18]

Seit Anfang 1999 haben Indexfonds auch in Deutschland an Popularität gewonnen. Wie so vieles kommen diese Investmentfonds, die keinen Fondsmanager im herkömmlichen Sinne haben, sondern einfach »nur« einen Börsenindex nachbilden, aus den USA. Dort floss 1999 beinahe die Hälfte aller neuen Fondsmittel in Indexfonds. Der größte Publikumsinvestmentfonds der Welt ist seit Anfang 2000 ein Indexfonds. Der US-Finanzdienstleister Standard & Poors (Urheber des S&P 500-Index) prognostiziert, dass Index-Investmentfonds bis Ende 2007 weltweit einen 50-prozentigen Marktanteil an allen Kapitalanlagen besitzen werden.

Was sind Indexfonds, Indexaktien und Indexzertifikate?

Indexfonds sind normale Investmentfonds, die jedoch keine aktive Anlagestrategie verfolgen. Bei einer aktiven Strategie versucht der Fondsmanager den Markt zu schlagen. Die bekannteste aktive Anlagestrategie ist das Stock-Picking auf der Basis »fundamentaler« Unternehmensanalyse. Andere Strategien sind beispielsweise Stock-Picking auf der Basis technischer Analyse, Market-Timing, Contrarian-Investing, Value-Investing, Growth-Investing und die Dividendenrenditestrategie. Je nach Zählweise existieren circa einhundert verschiedene aktive Anlagestrategien. Im Unterschied dazu wählt bei einem *Indexfonds* ein Computerprogramm diejenigen Wertpapiere aus, die in dem zugrunde liegenden Index enthalten sind – in der gleichen Gewichtung. *Indexaktien* sind – trotz des missverständlichen Namens – börsengehandelte Indexfonds. (Traditionelle Indexfonds werden nicht über die Börse gehandelt, sondern direkt bei der Fondsgesellschaft gekauft oder an sie zurückverkauft.) *Indexzertifikate* sind Bankschuldverschreibungen; sie erbringen jedoch keine laufenden Zinsen, sondern ihr Kurs entwickelt sich wie bei Indexfonds genau parallel zum zugrunde liegenden Aktienindex. Anders als ein Indexfonds haben die meisten Indexzertifikate eine begrenzte Laufzeit von durchschnittlich fünf Jahren. Generell besteht der wichtigste Unterschied zwischen Indexanlagen und traditionellen Anlageformen darin, dass Indexanlagen nicht auf eine Outperformance (Überrendite) gegenüber dem Vergleichsbörsenindex (Benchmark) abzielen. Außerdem weisen Indexanlagen niedrigere Kosten und meistens ein geringeres Risiko auf als aktiv gemanagte Fonds.

Was versteht man unter indexorientiertem Anlegen?

Indexorientiertes Anlegen (»Indexing«) ist eine strenge Buy-and-Hold-Anlagestrategie mit dem Ziel, die Rendite eines Aktienmarktes genau nachzubilden. Der betreffende Markt wird durch einen Aktienindex wie z. B. Dax, EuroStoxx oder Nikkei repräsentiert. Finanzwissenschaftler gebrauchen für eine solche Strategie die Bezeichnung »passives Portfoliomanagement«. Richtig verstanden bedeutet Indexing, extrem wenig zu traden (kaufen/verkaufen), um Kosten zu minimieren, also einen Buy-and-Hold-Ansatz zu verfolgen. Einige Anleger spekulieren mit Indexanlagen auf der Basis einer »Market-Timing-Strategie« (siehe Glossar). Hiervon raten wir ab. Ein Erfolg dieser Strategie ist wissenschaftlich nicht belegt.

Welche Vorteile haben Indexfonds?

Mehrere hundert wissenschaftliche Studien, die den gesamten Zeitraum seit dem Zweiten Weltkrieg abdecken, haben gezeigt, dass die überwältigende Zahl aller konventionellen Investmentfonds nicht die

Rendite der entsprechenden Indexfonds erreichen. Die kleine Gruppe von konventionellen Fonds, die über den Indexfonds liegen, wechselt in ihrer Zusammensetzung von Periode zu Periode. Es ist faktisch nicht möglich, einen Outperformer-Fonds für eine bestimmte Vergleichsperiode (etwa von 1997 bis 2000) im Voraus zu identifizieren, insbesondere nicht auf der Basis historischer Renditen. Diesem Irrtum unterliegen US-amerikanischen Untersuchungen zufolge über 90 % aller Anleger. Indexfonds erbringen bei langfristiger Betrachtung höhere und konstantere Renditen als die Mehrzahl der herkömmlichen Fonds. Wegen ihrer niedrigeren Kosten ist mathematisch garantiert, dass die jährliche Nettorendite des durchschnittlichen aktiv gemanagten Fonds zwischen einem und drei Prozentpunkten unterhalb eines entsprechenden Indexfonds oder -zertifikates liegt. Die Renditegleichung lautet: *Durchschnittlicher aktiver Fonds + 1 bis 3 Prozent = Indexfonds*. Aufgrund des Zinseszinseffekts haben solche scheinbar kleinen Renditeunterschiede langfristig einen dramatischen Einfluss auf die Wertentwicklung des Fonds.

Warum sind die Kosten von Indexanlagen niedriger?

Indexfonds haben keinen teuren Fondsmanager, benötigen kein kostspieliges Wertpapier-Research, haben um rund 90 % geringere Wertpapierhandelskosten und eine weitaus kleinere niedrig verzinsliche *Barreserve* (siehe Glossar) als herkömmliche Fonds.

Warum versuchen »Indexer« nicht auch den Markt zu schlagen wie alle übrigen Anleger?

Indexanleger sind mit der Marktrendite zufrieden. Aus guten Gründen glauben sie nicht, dass Profi- oder Amateurinvestoren die Marktrendite nach Berücksichtigung aller Kosten und des Risikos zuverlässig übertreffen können. Der Versuch, den Markt zu schlagen, ist kein risikoloses Vorhaben, bei dem man nur gewinnen kann. Aktive Investoren gehen bei diesem Versuch unvermeidlich so hohe Risiken ein (z. B. durch mangelnde Diversifizierung ihres Portfolios), dass die große Mehrzahl von ihnen *langfristig* unterhalb des Index endet, auch wenn in einzelnen Teilperioden eine Outperformance besteht.

Für welche Wertpapierindizes gibt es Indexfonds, -aktien oder -zertifikate?

Für die meisten bekannten Aktienindizes weltweit, auch für Indizes von Schwellenländern (Emerging Markets). Man kann davon ausgehen, dass im Jahre 2001 auch die bisher sehr kleine Zahl von rund fünf Rentenindexfonds zunehmen wird. Für Immobilienfonds gibt es in Deutschland derzeit noch keine Indexanlagen.

Welcher Prozentsatz aktiv gemanagter Fonds wird von Indexfonds und -zertifikaten geschlagen?

Je nach Untersuchungsstudie und Zeitraum liegt dieser Prozentsatz zwischen 50 und 95 %.[19] Bei vielen Studien läge dieser Prozentsatz noch höher, wenn sie bestimmte methodische Mängel nicht hätten. Zu diesen Mängeln gehören die Nichtberücksichtigung von Kosten wie Ausgabeaufschlag und Verwaltungsgebühr, die der Anleger zu tragen hat (bei Indexfonds deutlich niedriger), die Nichtberücksichtigung des Fondsrisikos (bei Indexfonds durchschnittlich niedriger), die Nichtberücksichtigung des *Survivorship bias* (siehe Glossar), die Beschränkung auf relativ kurze Betrachtungsperioden von typischerweise ein bis drei Jahren (Indexfonds schneiden in langfristigen Vergleichen »stärker« ab als in kurzfristigen) sowie die Nichtberücksichtigung der Tatsache, dass die Gruppe der Outperformer-Fonds in ihrer Zusammensetzung kontinuierlich wechselt (was nützt es, in einem Jahr unter den Top-5 % aller Fonds zu liegen, wenn man im nächsten Jahr mit diesem Fonds in die Gruppe der unteren 50 % abrutscht?).

Warum beinhalten Indexfonds weniger Risiko (bessere Diversifikation)?

Bei Indexanlagen ist das Kapital des Anlegers über den ganzen Markt gestreut. Normale Investmentfonds setzen dagegen nur auf durchschnittlich 25 verschiedene Aktien – oft auch noch aus derselben Branche.

Warum ist »Indexing« einfacher als alle anderen systematischen Anlagestrategien?

Für Indexing ist weder eine aufwendige Markt- oder Unternehmensanalyse noch die laufende Beobachtung der gekauften Aktien noch die fortwährende Überprüfung der eigenen Anlagestrategie notwendig. Die einzigen beiden wichtigen Unterscheidungsmerkmale zwischen Indexanlageprodukten sind der jeweils abgebildete Index und die Kostenbelastung. Indexing ist deswegen wohl die simpelste planmäßige Anlagestrategie überhaupt.

Warum bedeutet Indexing weniger Stress und mehr Gelassenheit?

Ein Indexer« ist damit zufrieden, die Marktrendite abzüglich der geringstmöglichen Transaktionskosten zu erreichen – nicht mehr und nicht weniger. Dies gelingt ihm mit einer Wahrscheinlichkeit von 100 %. Er braucht nicht zu befürchten, dass »sein« Fondsmanager falsche Anlageentscheidungen trifft.

Was sagt die Wissenschaft zu Indexanlagen?

Indexing basiert auf der »Modernen Portfoliotheorie« – der einzigen wissenschaftlich unstrittigen Theorie der Vermögensanlage. Die Moderne Portfoliotheorie (MPT) wurde in den fünfziger Jahren formuliert und seitdem kontinuierlich weiter entwickelt. (Die Efficient-Market-Theorie, die wir bereits vorgestellt haben, ist ein Kernelement der MPT.) Bis heute sind fünf Wirtschaftsnobelpreise für Beiträge zu dieser Theorie vergeben worden.

Wie stehen die besten Anleger der Welt zu Indexanlagen?

Der erfolgreichste lebende Finanzinvestor und Milliardär Warren Buffet empfiehlt Indexanlagen gerade für Privatanleger; ebenso der berühmteste Investmentfondsmanager der vergangenen 20 Jahre, Peter Lynch, wie auch Douglas Dial, der Manager des größten amerikanischen Pensionsfonds.

Wer sollte indexorientiert investieren?

(a) Anleger, die eine möglichst simple Anlagestrategie verfolgen möchten, ein übersichtlich aufgeteiltes Portfolio bevorzugen und nach der einmaligen Strukturierung ihres Portfolios nur noch wenig Zeit auf dessen Verwaltung und Überwachung verwenden wollen. (b) Anleger, die einen langfristigen Anlagehorizont haben, typischerweise mehr als vier Jahre. (c) Anleger, die ihre langfristige erwartete Rendite mit hoher Verlässlichkeit und Konstanz auf einen realistischen Zielwert von netto 12 % bis 14 % p.a. hin ausrichten wollen. (d) Anleger, die nicht die Mühe und das Risiko auf sich nehmen wollen, aus den rund einhundert miteinander konkurrierenden aktiven Anlagestrategien, verteilt auf die rund 3 500 in Deutschland zugelassenen aktiven Fonds, eine einzelne Strategie bzw. einen einzelnen Fonds mit ungewisser Aussicht auf Erfolg auszuwählen. (e) Anleger, die einen möglichst kleinen Teil ihrer Bruttorendite an ihre Bank, ihren Vermögensberater oder an eine Fondsgesellschaft abgeben wollen. (f) Anleger, die gewillt sind, plausiblen und verständlich formulierten Argumenten der Wissenschaft zu folgen, auch wenn diese der in den Medien verbreiteten Meinung widersprechen.

Für wen ist »Indexing« kaum geeignet?
(a) Für Anleger mit einem Anlagehorizont von weniger als drei Jahren. (b) Für Anleger, die in kürzester Zeit ein »Ergebnis« ihrer Investments sehen wollen. (c) Für Anleger, die gerne »zocken«, also Anleger, für die Investieren ein emotional belegtes Hobby ist, eine Freizeitaktivität, die einen gewissen »Kick« bringen muss. (d) Für Anleger, die lieber alles auf eine Karte setzen wollen, um vielleicht doch noch den »großen Treffer« zu landen. (e) Für Anleger, die sich nicht von den Empfehlungen ihres Bankberaters oder eines guten Freundes (der »etwas von Geld versteht«) lösen können oder wollen.

Wie unterscheiden sich Indexaktien von Indexfonds?
Indexaktien sind *börsengehandelte* Indexfonds (insofern ist das Wort »Indexaktie« ein missverständlicher Begriff, der vermutlich von der falschen Übersetzung des amerikanischen Originalnamens *index shares* = Indexanteil herrührt). Indexaktien sind in den meisten für den Anleger wesentlichen Gesichtspunkten mit normalen Indexfonds identisch. Allerdings werden sie – wie Aktien oder festverzinsliche Wertpapiere – über die Börse gehandelt. Das ist bei konventionellen Investmentfonds (auch Indexfonds) nicht der Fall. Wer einen normalen Fondsanteil erwerben möchte, kauft ihn direkt bei der Fondsgesellschaft. Die Geldmittel, die die Fondsgesellschaft dafür erhält, investiert sie danach gemäß der Anlagepolitik des Fonds in bestimmte

Wertpapiere. Will der Anleger seinen Fondsanteil wieder abstoßen, verkauft er ihn an die Fondsgesellschaft zurück. Unter gewissen Umständen weisen Indexaktien niedrigere Kosten als Indexfonds auf. (Ein Kostenvergleich der drei Indexprodukte findet sich am Ende dieses Abschnitts.) Im September 2000 gab es in Deutschland erst zwei zugelassene Indexaktien (auf den Stoxx und den Euro Stoxx 50). Es wird erwartet, dass diese Zahl bald deutlich zunimmt.

Wie unterscheiden sich Indexzertifikate von Indexfonds?

Indexzertifikate und Indexfonds sind – bezogen auf ihr Rendite-Risiko-Profil – sehr ähnliche Investmentprodukte, doch sind sie ganz anders konstruiert. Ein Indexfonds (wie auch eine Indexaktie) ist ein Anteil an einem so genannten Sondervermögen, was bedeutet, dass der Fondsanteilschein einen gleichmäßigen Bruchteil an allen Wertpapieren, die zum Fondsvermögen gehören, repräsentiert. Diese Wertpapiere existieren real, und die Fondsgesellschaft übt folgerichtig (im Falle von Aktienfonds) auch die unternehmerischen Rechte aus, die Aktionären zustehen. Käme es zum Konkurs der Fondsgesellschaft, wäre dies für die Fondsanteilsbesitzer letztlich unerheblich, da ihre Anteile davon nicht betroffen wären. Anders sieht es bei Indexzertifikaten aus. Eine solches Zertifikat ist rechtlich eine (Bank-)Schuldverschreibung, also eine Anleihe. Allerdings fließen bei einem Zertifikat, anders als bei einer normalen Anleihe, keine Zinsen an den Anleger, ebensowenig laufende Erträge wie Dividenden oder Bezugsrechtserlöse, wie das bei ausschüttenden Fonds der Fall wäre. Stattdessen erhält der Anleger am Tag der Fälligkeit des Zertifikates von der emittierenden Bank einen Geldbetrag, der dem Stand des Index entspricht, auf den sich das Zertifikat bezieht. Indexzertifikate haben gegenüber Indexfonds und Indexaktien zwei Nachteile und einen möglichen Vorteil. Letzterer besteht in den unter Umständen niedrigeren Kosten. Die Nachteile sind zum einen das Bonitätsrisiko der Emissionsbank. Das bedeutet, dass der Zertifikatsbesitzer sein Investment im Falle eines Konkurses der Emissionsbank wahrscheinlich verlieren würde (der so genannte Einlagensicherungsfonds deckt keine Anleihen). Der an sich wichtige Vorteil von Indexanlagen, nämlich die Streuung des Anlagebetrages auf viele einzelne Unternehmen und die damit verbundene Risikoreduzierung, hätte dem Inhaber in diesem Fall nichts gebracht. Der zweite Nachteil ist die Laufzeitbegrenzung: Im Unterschied zu Indexfonds und Indexaktien haben die meisten Zertifkate eine begrenzte Laufzeit von durchschnittlich fünf Jahren (bei einzelnen Zertifikaten ist sie wesentlich länger). Bei Fälligkeit zahlt die Emissionsbank den Wert an den Besitzer aus, und dieser muss sich um eine Neuanlage kümmern. Die meisten Banken legen allerdings das gleiche Indexzertifikat wieder auf, sodass der Anleger »nahtlos« und unverändert investiert bleiben kann, und – erfreulich – seit Herbst 2000 kommen auch zunehmend mehr Zertifikate ohne Laufzeitbegrenzung auf den Markt. Neben herkömmlichen Indexzertifikaten gibt es auch »exotische« (sogenannte »strukturierte«) Indexzertifikate. Diese sind mit allen möglichen Zusatzmerkmalen ausgestattet, z.B. einer garantierten Mindestrendite. Die bekanntesten dieser recht populären Exoten sind Cap-Zertifikate (Discountzertifikate) und Floor-Zertifikate (Garantiezertifikate). Wir empfehlen, nur die preisgünstigeren, einfachen Zertifikate. In Deutschland gibt es rund 400 Indexzertifikate auf eine stattliche Anzahl gängiger Wertpapierindizes, davon zählen etwa 300 zur Gruppe der Exoten.

Sind für Indexaktien und Indexzertifikate auch Sparpläne möglich?

Für Indexaktien nicht, für Indexzertifikate bieten viele Direktbanken inzwischen Sparpläne an.

Warum ist Indexing in Deutschland (noch) nicht populär?

In Deutschland dürften nach unseren Schätzungen erst knapp 2 % aller privaten Anlagegelder in Indexfonds und Indexzertifikaten investiert sein. Grund ist, dass die Finanzbranche solche Produkte – wegen ihrer weitaus geringeren Provisionsmarge – nur »passiv« (das heißt nur auf Anfrage) verkauft. Es wird so gut wie keine Werbung für Indexanlagen betrieben. Die Finanzpresse ignoriert diese Produkte, weil man mit ihnen keine »heiße Story« verbinden kann. Und schließlich können sich viele Anleger emotional einfach nicht von der Vorstellung lösen, dass es de facto aussichtslos ist, den Markt schlagen zu wollen. Wie es der amerikanische Investor und Finanzwissenschaftler Alfred Cowles, der in den dreißiger Jahren die empirische Finanz-

Tabelle 30: Vergleich der Kosten unterschiedlicher Indexanlagen

	(Aktien-)Indexfonds	Indexaktien (börsengehandelte Indexfonds)	Indexzertifikate
Ausgabeaufschlag (AA), einmalig	0%–6% (kann bei Kauf über eine Direktbank um bis zu 75% und mehr reduziert werden)	ca. 1% (nur bei der ursprünglichen Ausgabe, nicht mehr beim späteren Erwerb über die Börse)	nein; das gilt jedoch nur für einfache Zertifikate ohne Zusatzmerkmale; bei Basket- oder Themenzertifikaten fällt im Moment der Neuemission ein AA an. Dieser kann durch späteren Kauf über die Börse vermieden werden.
Sonstige Kosten beim Kauf, insbes. Geld-Brief-Spanne, Courtage	in der Regel nicht	ca. 0,7%	0,1%–1,2% (je nach Anlagebetrag)
Sonstige Kosten beim Verkauf, insbes. Geld-Brief-Spanne, Courtage	in der Regel nicht (Ausnahme: Fonds mit Rückgabeabschlag, die aber selten sind und von denen abzuraten ist)	ca. 0,7%	0,1%–1,0% (Geld-Brief-Spanne), entfällt, falls Papier bis zur Fälligkeit gehalten wird
Verwaltungsgebühr, lfd. Kosten (p.a.)	0,2%–1,0% p.a.	0,5% p.a.	nein; das gilt jedoch nur für einfache Zertifikate ohne Zusatzmerkmale; Exoten haben eine Gebühr von ca. 0,5% p.a.
Depotbankkosten (p.a.) – nicht zu verwechseln mit den Depotkosten des Anlegers	0,15%–1,5%, (durchschnittl. 0,2%)	analog Indexfonds	nein

marktforschung begründete, bereits 1974 ausdrückte: »Aktive Investoren [Stock-Picker] *wollen* einfach glauben, dass irgendjemand Aktienkurse vorhersagen kann. Eine Welt, in der keiner dazu fähig ist, kann für sie wirklich fürchterlich beängstigend sein.« Außerdem ist

Indexing langweilig: »Indexing ist, als ob man Farbe beim Trocknen zusehen oder seine eigene Schwester küssen würde. Todlangweilig. Es geschieht halt...« So der Wirtschaftsnobelpreisträger Paul Samuelson, ein enthusiastischer Verfechter von Indexanlagen.

Wie stellen sich die Kosten der drei Indexanlagetypen dar? Die in Tabelle 30 angegebenen Werte sind nur als Anhaltspunkte zu verstehen, in der Praxis kommt es oft zu Abweichungen. Die genannten Prozentsätze beziehen sich auf das zu aktuellen Marktpreisen bewertete Anlagevolumen.

5.6 Die wichtigsten Börsenindizes

»Ein Indexportfolio besitzt klare Vorteile gegenüber
einem aktiv gemanagten Portfolio (...)
Diese ›eingebauten‹ Vorteile hängen weder vom
Geschick des Investors ab, noch von seinem Glück,
noch von einer bestimmten Zeitperiode;
sie arbeiten vielmehr permanent für den Investor.«

Peter L. Bernstein, Finanzwissenschaftler und Bestsellerautor

Ein international orientierter Anleger sollte die gängigen Börsenindizes aus zwei Gründen kennen: Zum einen, weil die Rendite eines Fonds nur durch einen Vergleich mit einem ähnlich strukturierten Benchmark-Index sinnvoll beurteilt werden kann, zum anderen, weil man mit Hilfe von Indexfonds, Indexzertifikaten und Indexaktien preisgünstig in die Indizes selbst investieren kann. Bevor wir die wichtigsten internationalen Börsenindizes für Aktien und Renten kurz beschreiben, gehen wir jeweils zunächst auf die wichtigsten Konstruktionsmerkmale von Börsenindizes aus der Perspektive des Anlegers ein.

Aktienindizes

Es werden *Performance-Indizes* und *Kursindizes* unterschieden. Ein Kursindex (auch Preisindex genannt) spiegelt lediglich die Kurse der in ihm enthaltenen Aktien wider. Andere Erträge, vor allem Dividen-

Tabelle 31: Die wichtigsten nationalen Aktienindizes

Land/Region	Indexname	Erläuterungen
Argentinien	Merval	–
Australien	All ordinaries	Australischer Aktienindex; repräsentiert die rund 300 größten australischen Aktiengesellschaften; gewichtet nach Marktkapitalisierung.
Belgien	BEL20	–
Brasilien	Bovespa	–
Chile	IGPA	–
China	Shanghei Composite	–
Dänemark	KFX	–
Deutschland	CDax	Deutscher Aktienindex; ein Index, der alle ungefähr 360 zum amtlichen und geregelten Handel an der Frankfurter Wertpapierbörse zugelassenen Titel abbildet. Der CDax ist somit der breiteste deutsche Aktienindex; er wird auch für sechzehn Einzelbranchen je gesondert berechnet. »C« steht for *composite* (= zusammengesetzt).
Deutschland	Dax	Deutscher Aktienindex; repräsentiert die 30 größten deutschen Aktiengesellschaften; gewichtet nach der Marktkapitalisierung (siehe Glossar); wird im *Handelsblatt* zusätzlich auch als Kursindex ausgewiesen. Er umfasst rund 80 % der Kapitalisierung der deutschen börsennotierten Unternehmen.
Deutschland	HDax	Deutscher Aktienindex; Zusammenfassung von Dax und MDax.
Deutschland	MDax	Deutscher Aktienindex; »M« steht für Mid-Cap (siehe Glossar); repräsentiert die auf die 30 Dax-Gesellschaften folgenden 70 größten deutschen Aktiengesellschaften; gewichtet nach Marktkapitalisierung.
Deutschland	NEMAX All-Share-Index	Deutscher Aktienindex; umfasst die derzeit rund 150 Unternehmen des Neuen Marktes an der Frankfurter Wertpapierbörse.
Deutschland	SMAX All-Share-Index	Deutscher Aktienindex für Small-Caps, die bestimmten hohen Kriterien für Finanzberichterstattung und Liquidität genügen und an der Frankfurter Börse zum amtlichen oder geregelten Handel zugelassen sind; repräsentiert die Unternehmen, die nach der Marktkapitalisierung auf die MDax-Unternehmen folgen.

Land/Region	Indexname	Erläuterungen
Finnland	HEX	–
Frankreich	CAC 40	Französischer Aktienindex; repräsentiert die größten französischen Aktiengesellschaften; gewichtet nach Marktkapitalisierung.
Griechenland	Athen General	–
Großbritannien	FTSE 100	FTSE steht für »Financial Times (London) Stock Exchange«; britischer Aktienindex; repräsentiert die nach Marktkapitalisierung 100 größten britischen Aktiengesellschaften; im Börsenjargon auch »Footsie« genannt.
Hongkong	Hang Seng Index	Hongkonger Aktienindex; repräsentiert im Wesentlichen die rund 35 größten Aktiengesellschaften in Hongkong; entspricht etwa 75 % der Gesamtbörse; gewichtet nach Marktkapitalisierung.
Indien	Bombay BSE 30	–
Indonesien	Jakarta SE	–
Irland	Irish SE	–
Italien	BCI General	–
Japan	Nikkei Stock Average 225	Japanischer Aktienindex, errechnet von der Zeitung *Nihon Keizai Shimbun*; repräsentiert im Wesentlichen die 225 größten japanischen Aktiengesellschaften (rund 60 % der japanischen Marktkapitalisierung); *nicht* nach Marktkapitalisierung gewichtet (einfacher Durchschnittsindex); repräsentiert in der 225er-Version rund 60 % der japanischen Börsenkapitalisierung. Einige erweiterte Varianten dieses Indizes sind gängig, zum Beispiel der Nikkei 300.
Japan	Topix Core 30 Topix Large 70 Topix 100 Topix 150 Topix Mid 400 Topix 500 Topix Small	Indexserie der Tokioter Börse. Unter den sieben Indizes wird der erst im Jahr 2000 kreierte Topix 150 zunehmend als wichtigster betrachtet. Der Topix 150 ist nach Free-Float-Marktkapitalisierung gewichtet (siehe Glossar); er umfasst etwa 70 % der japanischen Börsenkapitalisierung. Die übrigen Indizes sind – wie die Nikkei-Indizes – ungewichtete Durchschnitte. Die Bezugsgrößen gehen weitgehend aus den Namen der Indizes hervor.
Kolumbien	Bursatil	–
Niederlande	AEX	Niederländischer Aktienindex; repräsentiert im Wesentlichen die 25 größten niederländischen Aktiengesellschaften; gewichtet nach Marktkapitalisierung.

Land/Region	Indexname	Erläuterungen
Portugal	BVL30	–
Russland	CSFB Russland Index	–
Russland	RTX	–
Schweiz	SMI Swiss Market Index	Umfasst die 25 größten Schweizer Blue-Chips; repräsentiert rund 80 % der Schweizer Börsenkapitalisierung; gewichtet nach Marktkapitalisierung; Kursindex.
Schweiz	SPI Swiss Performance Index:	Umfasst die 25 Blue-Chips des SMI und eine größere Anzahl in der Marktkapitalisierung nachfolgender Mid-Caps aus der Schweiz und Liechtenstein; der Index repräsentiert rund 95 % des Schweizer Marktes, Performance-Index.
Singapur	Straits Times	–
Slovakei	SAX	–
Spanien	Ibex (genauer: Ibex-35)	Spanischer Aktienindex; repräsentiert im Wesentlichen die 35 größten spanischen Aktiengesellschaften; gewichtet nach Marktkapitalisierung.
Sri Lanka	CSE	–
Ungarn	Budapest	–
USA	Dow Jones Industrial Average (DJIA)	Häufig nur als *Dow Jones* bezeichnet; bekanntester und ältester Aktienindex der Welt (wird seit 1884 berechnet); umfasst 30 US-amerikanische Großunternehmen. Der Dow Jones ist aus mehreren Gründen als Basis und Benchmark einer Indexanlage ungeeignet: (a) Er repräsentiert nur einen recht kleinen Anteil der US-Börsenkapitalisierung; (b) er umfasst keine Dienstleistungs- oder Finanztitel und ist damit in gewisser Weise ein Branchenindex; (c) er ist nicht nach Marktkapitalisierung gewichtet, sondern ein ungewichteter Durchschnitt der 30 Aktienkurse; und (d) er ist ein Kursindex.
USA	Russel 3000 Index	Umfasst die 3000 größten US-amerikanischen Aktiengesellschaften; repräsentiert rund 98 % des US-Aktienmarktes; gewichtet nach Marktkapitalisierung; Kursindex.
USA	Schwab 1000 Index	Umfasst die 1000 größten US-amerikanischen Aktiengesellschaften; Performance-Index; repräsentiert rund 90 % der US-amerikanischen Börsenkapitalisierung.

Land/Region	Indexname	Erläuterungen
USA	Standard & Poor's 500 Composite Stock Index (S&P 500)	Enthält die 500 größten börsennotierten nordamerikanischen, also auch kanadischen Aktiengesellschaften; gewichtet nach Marktkapitalisierung; repräsentiert rund 75 % der nordamerikanischen Börsenkapitalisierung; ist ein Kursindex.
USA	Wilshire 5 000 Index	Umfassendster US-amerikanischer Aktienindex; repräsentiert den gesamten US-Aktienmarkt; beinhaltet rd. 7 500 börsennotierte Aktiengesellschaften (1971 bei Etablierung des Index waren es noch 5 000 – daher der Name); gewichtet nach Marktkapitalisierung. Performance-Index.
Venezuela	Merinv	–
Westeuropa	Dow-Jones-Stoxx-Index-Familie	Diese Gruppe von Indizes basiert auf dem gleichen Grundgedanken wie die MSCI-Indizes (vgl. unten »Diverse«), beschränkt sich allerdings auf Europa. Alle Indizes sind nach Marktkapitalisierung gewichtet. Es existiert sowohl eine Kurs- als auch eine Performance-Variante. Die wichtigsten Stoxx-Indizes (hierbei ignorieren wir die Stoxx-Branchenindizes) sind: • *Dow Jones Stoxx (600):* Manchmal auch nur »Stoxx« genannt. Umfasst die rund 660 nach Marktkapitalisierung größten Gesellschaften aus 16 westeuropäischen Ländern. Die in Klammern gesetzte Zahl wird in der Presse nicht immer wiedergegeben. Von diesem Index gibt es auch die folgenden Untervarianten: Dow Jones Stoxx Large (die größten 200 Titel), Dow Jones Stoxx Mid (die mittleren 200 Titel) und Dow Jones Stoxx Small (die unteren 200 Titel). • *Dow Jones Stoxx 50:* Spiegelt 50 westeuropäische Blue-Chips aus Ländern innerhalb und außerhalb der Euro-Zone wider. • *Dow Jones Euro Stoxx (326):* Umfasst rund 330 westeuropäische Blue-Chips aus Euroland (das heißt, insbesondere britische und Schweizer Unternehmen sind nicht berücksichtigt). Die in Klammern gesetzte Zahl wird in der Presse nicht immer wiedergegeben. • *Dow Jones Euro Stoxx 50:* Repräsentiert 50 westeuropäische Blue-Chips aus Euroland (das heißt, insbesondere britische Unternehmen sind nicht berücksichtigt).
Westeuropa	FTSE Eurobloc 100	Europäischer Aktienindex; repräsentiert die 100 nach Marktkapitalisierung *und* Branchenposition größten Aktiengesellschaften aus Euroland.

Land/Region	Indexname	Erläuterungen
Westeuropa	FTSE Eurotop 100 (E100)	Europäischer Aktienindex; repräsentiert die 100 an den europäischen Börsen am stärksten gehandelten Aktiengesellschaften aus neun westeuropäischen Ländern (innerhalb und außerhalb der Euro-Zone); gewichtet nach Marktkapitalisierung.
Westeuropa	FTSE Eurotop 300	Europäischer Aktienindex; errechnet von der *Financial Times* und der London Stock Exchange; beinhaltet 300 Blue-Chips aus dreizehn westeuropäischen Ländern (innerhalb und außerhalb der Euro-Zone) sowie Finnland; gewichtet nach Marktkapitalisierung.
Diverse	MSCI (Morgan Stanley Capital International)	Der einzelne MSCI-Index repräsentiert ungefähr 60 % des Börsenkapitals, gewichtet nach Marktkapitalisierung, innerhalb des jeweiligen Marktsegments, also sowohl Blue-Chips als auch zu einem kleinen Teil Mid-Caps. Die Indizes werden als Kurs- und als Performance-Index berechnet, Letztere allerdings nicht an jedem Börsentag. Die wichtigsten MSCI-Indizes: • *MSCI-World*: Repräsentiert etwa 1 000, nach Marktkapitalisierung größten Titel der Welt. Es sind 23 nationale Aktienmärkte berücksichtigt, darunter aber nur zwei Schwellenländer, nämlich Hongkong und Singapur. Die Bezeichnung »World Index« ist insofern irreführend, als der größte Teil der rund 30 Schwellenländermärkte nicht darin enthalten sind. • *MSCI-Europe*: Repräsentiert Westeuropa (nicht nur die EU-Länder). • *MSCI-EAFE (Europe, Australia and Far East)*: Enthält die rund 1 000 nach Marktkapitalisierung größten Titel in Europa, Australien, Neuseeland und Ostasien (mit Japan). Einige wenige formal nordamerikanische Aktien sind aus formalen Gründen ebenfalls berücksichtigt. • *MSCI-Select Emerging Markets (Free)*: Enthält rund 450 Titel aus Hongkong, Indonesien, Malaysia, den Philippinen, Singapur, Thailand, Argentinien, Brasilien, Mexiko, Portugal, Griechenland und der Türkei; er repräsentiert jeweils etwa 60 % der Gesamtmarktkapitalisierung in diesen Ländern. »Free« steht für Aktienmärkte, in denen Ausländer relativ ungehindert Aktien erwerben können. • *MSCI-EAFE + Select Emerging Markets (Free)*: Nach Marktkapitalisierung gewichtete Zusammenfassung des MSCI-EAFE und des MSCI-Select Emerging Markets (Free Nations).

Land/Region	Indexname	Erläuterungen
Diverse	Die FT/S&P Actuaries-Index-Familie	Die FT / S&P Actuaries-Indizes sind recht breite Marktindizes, die die nach Marktkapitalisierung größten Aktien der Indexregion umfassen (in der Regel mehr als 50 % der gesamten Marktkapitalisierung). Es handelt sich somit um Blue-Chip-Indizes. Sie werden von dem Commerzbank-Tochterunternehmen CICM für deren Indexfonds verwendet. Die Indexkonstrukteure sind die *Financial Times* und *Standard & Poors*. Diese Indizes sind vorwiegend für die Zwecke des passiven Portfoliomanagements entwickelt worden und weniger, um mit ihnen öffentlichkeitswirksam einzelne »populäre« Märkte oder Marktsegmente zu messen.
Diverse	FTSE E300 (Ländername)	Länderspezifischer Aktienindex, den es für 14 europäische Staaten gibt; abgebildet werden jeweils die 300 nach Marktkapitalisierung größten, börsennotierten Aktiengesellschaften des jeweiligen Landes. Folgende Länderindizes sind vorhanden: Austria, Belgium, Switzerland, Denmark, Germany, Spain, Finland, France, UK, Ireland, Italy, Netherlands, Norway, Sweden. Das »E« steht für *Equity* (Eigenkapital).

den, bleiben bei der Berechnung unberücksichtigt. Ein Performance-Index (auch Total-Return-Index genannt) weist diese Schwäche nicht auf. Er beinhaltet auch andere Renditebestandteile, vor allem Dividenden, Bezugsrechtserlöse und Sonderausschüttungen. Rechnerisch geht man davon aus, dass solche Ausschüttungen sofort wieder ohne Transaktionskosten in den Aktien angelegt werden, von denen sie stammen. Es dürfte einleuchten, dass ein Kursindex einfacher und preisgünstiger zu berechnen ist. Deshalb werden die meisten bekannten Kursindizes mehrmals täglich berechnet, während viele Performance-Indizes nur einmal täglich oder in noch größeren Abständen berechnet werden. Das kann insbesondere bei Indexzertifikaten, die im Unterschied zu Indexfonds laufend auf dem Sekundärmarkt (siehe Glossar) gehandelt werden, zu Problemen führen.

Nehmen wir an, dass von einem bestimmten Index sowohl eine Kursindex- als auch eine Performance-Index-Variante existiert, wie das in der Tat oft der Fall ist. (In den Zeitungen wird zumeist die Performance-Variante veröffentlicht.) Der Stand des Kursindex wird stets unter jenem des Performance-Index liegen, ausgenommen am Tag der Etablierung des Index, wenn beide Indexvarianten bis zur ersten Dividendenzahlung einer einzelnen Aktie im Index für kurze Zeit völlig parallel laufen.

Die weltweit bedeutendsten Indexkonstrukteure sind *Dow Jones, Financial Times Stock Exchange International, Standard & Poors* und *Morgan Stanley Capital International.* Allein diese vier Gesellschaften publizieren zusammen mehr als 5 000 Indizes, von denen das Gros natürlich nur hoch spezialisierte professionelle Investoren interessiert. Im Anhang finden Sie die Internet-Adressen der einzelnen Indexgesellschaften, bei denen man zum Teil historische Indexstände für bis zu 30 Jahre zurück liegende Zeiträume kostenlos herunterladen kann.

Rentenindizes

Die Konstruktion von Rentenindizes ist schwieriger als jene von Aktienindizes. Hauptproblem ist dabei die begrenzte Laufzeit normaler, festverzinslicher Wertpapiere, was zur Folge hat, dass die fällig werdenden Papiere ständig durch neue ersetzt werden müssen – ein aufwendiger Vorgang.

Auch Rentenindizes existieren in der Form von Kursindizes und Performance-Indizes. Einen Kursindex erkennt man daran, dass er stets um den Wert 100 herumschwankt, daher lässt er nur Rückschlüsse auf das augenblickliche Zinsniveau für die (gewichtete) Restlaufzeit und Risikoklasse (Bonität) zu, die der Index repräsentiert, jedoch keine Rückschlüsse auf die langfristige Performance des abgebildeten Marktsegmentes. Das kann lediglich ein Performance-Index. Dementsprechend sind auch ausschließlich Renten-Performance-Indizes als Benchmark für einen Index-Rentenfonds oder ein Index-Rentenzertifikat möglich. Die meisten Rentenindizes sind nicht nach Marktkapitalisierung gewichtet. Viele Indizes repräsentieren zum Beispiel nur von Staaten oder öffentlich-rechtlichen Körperschaften emittierte Anleihen oder zum Beispiel nur Anleihen mit einem bestimmten Mindest-Rating.

Hier einige bekannte Bond-Indizes (Rentenindizes):

REXP: Bildet einen repräsentativen Ausschnitt des deutschen Rentenmarktes für Staatspapiere; umfasst alle Staatsanleihen mit einer Restlaufzeit zwischen sechs Monaten und zehneinhalb Jahren; ist ein Performance-Index; mittlere Laufzeit rund fünf Jahre. Falls das »P« am Ende fehlt, handelt es sich um die Kursindexvariante.

Lehman Brothers Aggregate Bond Index: Bildet den gesamten US-amerikanischen Rentenmarkt ab (sowohl staatliche als auch Unternehmensanleihen ohne Junk-Bonds; mittlere Laufzeit rund neun Jahre.

J. P. Morgan Government Bond Index: Enthält staatliche Bonds aus 15 Ländern (Australien, Belgien, Kanada, Dänemark, Frankreich, Deutschland, Irland, Italien, Großbritannien, USA, Spanien, Schweden, Neuseeland, Niederlande); gewichtet nach Marktkapitalisierung.

Salomon Brothers World Government Bond Index: Praktisch identisch mit dem zuvor genannten J.P. Morgan Government Bond Index.

Die aktuellen Stände der weltweit wichtigsten Aktienindizes sowie einiger ausgewählter Rentenindizes finden sich im werktäglich erscheinenden *Handelsblatt* in der Sektion »Finanzzeitung, Rubrik Aktien – Internationale Indizes«. Internet-Links zu allen großen Index-Providern, auch mit Download-Möglichkeiten, haben wir im Anhang zusammengestellt.

5.7 Empfehlenswerte Aktienfonds für das Weltportfolio

> »Wer nicht die Zeit und die Mittel für die fundierte
> Analyse einzelner Aktien und Bonds hat,
> der sollte sich offene Investmentfonds oder Indexfonds kaufen
> und so von dem vorhandenen Know-how profitieren.«
> *Harry Markowitz*, Wirtschaftsnobelpreisträger

Die nachfolgend aufgelisteten Fonds sind entsprechend der in unserem Weltportfolio vertretenen Regionen des Weltaktienmarktes gegliedert:

(1) Westeuropa (EU, Großbritannien, Schweiz, Skandinavien),

(2) Nordamerika,

(3) Lateinamerika,

(4) Japan und Ozeanien (Australien, Neuseeland),

(5) Osteuropa / Russland,

(6) Ostasien (ohne Japan) / Südostasien (Tigerstaaten, China).

Keiner der hier aufgeführten Fonds wurde primär aufgrund historischer Performance ausgewählt; entscheidend für die Aufnahme waren vielmehr folgende Kriterien:

Auswahlkriterium 1: Innerhalb seines Fondssegments hat der Fonds ein niedriges Total Expense Ratio (TER; vgl. auch Abschnitt 5.2). Das TER ist die Summe aller laufenden Fondskosten (ohne die Wertpapierhandelskosten), ausgedrückt als Prozentsatz des Fondsvermögens. Nicht im TER enthalten sind einmalig anfallende Kosten, wie z. B. der Ausgabeaufschlag. Das TER ist die wichtigste Kostengröße bei einem Investmentfonds. Kennt man das TER, erübrigt sich die gesonderte Betrachtung von Verwaltungsgebühr und Depotbankvergütung, da diese beiden Kostengrößen bereits im TER enthalten sind. Das TER kann daher nicht niedriger sein als die Summe aller laufenden Fondskosten (ausschließlich der Wertpapierhandelskosten). Verwaltungsgebühr und Depotbankgebühr (nicht zu verwechseln mit den persönlichen Depotkosten des Anlegers) sind in der Tabelle vorwiegend deswegen genannt, weil in manchen Fällen das TER nicht bekannt ist. Es ist wichtig, sich zu vergegenwärtigen, dass der Ausgabeaufschlag auf lange Sicht (> 4 Jahre) eine tendenziell geringere Bedeutung hat als das TER (oder ersatzweise die Verwaltungs- und Depotbankgebühren).

Auswahlkriterium 2: Der Fonds wird über bestimmte Vertriebswege, zumeist Direktbanken, mit einem reduzierten Ausgabeaufschlag angeboten (Stand: September 2000). Keiner der aufgeführten Fonds behält einen Rücknahmeabschlag ein.

Auswahlkriterium 3: Der Fonds befand sich in keinem der zurückliegenden drei Jahre im unteren Performance-Drittel seiner Asset-Klasse (Stand: September 2000).

Auswahlkriterium 4: Der Fonds hat (mit wenigen Ausnahmen) ein Volumen von über 10 Millionen Euro.

Unser Weltportfolio lässt sich baukastenartig aus einzelnen Fonds zusammensetzen. In der einfachsten Konstellation würde dazu ein einziger weltweit anlegender Aktienfonds genügen. Solche »Weltfonds« sind daher in Tabelle 32 aufgeführt. Allerdings investieren diese Fonds – im Widerspruch zu ihrer offiziellen Titulierung als »weltweit anlegende Aktienfonds« – kaum in den Schwellenländern. Eine etwas präzisere und auch kostengünstigere Abbildung des Weltportfolios kann man dadurch erreichen, dass man jede der sechs wesentlichen Aktienmarktregionen des Weltportfolios durch einen separaten Fonds abdeckt. Unsere Tabelle folgt weitgehend dieser Grundphilosophie. Bei Portfolios unter 20 000 Euro wird es sich nicht vermeiden lassen, die drei Emerging-Market-Regionen (Lateinamerika, Osteuropa, Ost-/Südostasien) mit einem einzelnen Fonds abzubilden. Daher haben wir auch einige dieser weltweiten Emerging-Market-Fonds berücksichtigt. Ein sehr einfach strukturiertes Anlegerportfolio dürfte daher aus je einem weltweit anlegenden »allgemeinen« Aktienfonds und einem breit diversifizierten Emerging-Market-Fonds sowie gegebenenfalls einer risikofreien Anlage (z. B. ein Geldmarktfonds) zur Senkung des Portfoliorisikos bestehen.

Eine Besonderheit gilt hinsichtlich der Aktienregion Westeuropa. Diesen Markt kann man mit Investmentfonds – etwas vereinfacht betrachtet – auf zwei Arten abdecken: (a) mit einem einzelnen Investmentfonds, der im gesamten Westeuropa (das heißt in erster Linie in den 15 Staaten der Europäischen Union) investiert, oder (b) mit einem Fonds, der sich auf die elf Mitgliedsstaaten der europäischen Währungsunion beschränkt. Im zweiten Fall müsste ein Anleger die Nicht-EWU-Länder Großbritannien, Schweiz, Dänemark, Schweden und Norwegen mit gesonderten Fonds einbeziehen.[20] Um auch diese Vorgehensweise zu ermöglichen, erscheint die Region Westeuropa gewissermaßen zweimal in der Tabelle.

Bei allen Fonds handelt es sich um Blue-Chip-Fonds (Standardwertefonds), also um Fonds, die vorwiegend oder ausschließlich in sehr große Unternehmen investieren.

Wie die meisten internationalen Investmentfonds ist keiner der hier gelisteten Fonds in nennenswertem Umfang währungsgesichert, da eine solche Sicherung unnötige Kosten verursacht. In diesem Zusammenhang haben wir auf die anderenorts übliche Nennung der Fondswährung verzichtet, da die Angabe der nominellen Fondswährung nicht zwangsläufig Rückschlüsse darauf zulässt, welchen Wechselkursrisiken der Anleger sich mit dem Erwerb des Fonds aussetzt. Ein Südostasienfonds mag z. B. in US-Dollar notieren, dennoch besteht das faktische Wechselkursrisiko in dem Wechselkurs zwischen Euro und den entsprechenden südostasiatischen Währungen, nicht im Dollar-Euro-Wechselkurs (mehr zu diesem Thema in Abschnitt 6.6).

Die beiden derzeit in Deutschland zugelassenen Indexaktien (börsengehandelte Indexfonds) haben wir in der Tabelle aufgrund ihrer niedrigen Kosten berücksichtigt; ebenso zwei Indexzertifikate auf europäische Stoxx-Indizes. Für die Regionen außerhalb Europas gibt es leider nur Indexzertifikate, bei denen die Emissionsbank die Dividenden nicht an die Anleger auszahlt. Hierdurch wird der Kostenvorteil von Indexzertifikaten gegenüber Fonds zunichte gemacht; erhalten bleiben nur die im letzten Abschnitt besprochenen Nachteile von Zertifikaten. Daher enthält die Tabelle nur zwei Zertifikate, die dieses Manko nicht aufweisen.

Am Ende der Tabelle nennen wir einige Geldmarktfonds (in Euro bzw. D-Mark), die als risikofreie Anlage zur Risikosteuerung des Anlegerportfolios verwendet werden können. Oft dürfte es zu diesen Geldmarktfonds besser verzinsliche Alternativen geben, z. B. variabel verzinsliche Guthabenkonten (»Tagesgeldkonten«, »Cash-Konten« etc.), Festgelder, Finanzierungsschätze des Bundes und anderes. Diese Alternativen sowie ihre speziellen Vor- und Nachteile wurden in Abschnitt 4.4 beschrieben.

Sofern Sie eine andere Portfoliostruktur als jene unseres Weltportfolios bevorzugen sollten, können Sie die Angaben zur relativen Größe der einzelnen Volkswirtschaften in Abschnitt 4.3 (Unterpunkt »Globale Verteilung des Bruttoinlandproduktes als Allokationsgröße«) als Orientierungshilfe für die Gewichtung der einzelnen Fonds in Ihrem Portfolio verwenden.

Zum Schluss ein wichtiger Hinweis: Fondsangebote und -konditionen ändern sich laufend. Überprüfen Sie deshalb alle Angaben in der Tabelle, bevor Sie Fondsanteile tatsächlich erwerben. Es ist weiterhin möglich, dass sich unter den fast 3 500 in Deutschland zugelassenen Fonds attraktive »Schnäppchen« befinden, die nicht in unserer Liste enthalten sind. Für eine erste Orientierung mit Hilfe des Internets sind insbesondere die folgenden drei sich ergänzenden Fondsdatenbanken gut geeignet: www.onvista.de, www.diraba.de, www.advancebank.de. Weitere Online-Fondsdatenbanken nennen wir im Anhang. Einige Abkürzungen werden am Tabellenende erläutert. Naturgemäß können wir keinerlei Gewähr für die künftige positive Ertragsentwicklung dieser Fonds geben.

Tabelle 32: Kostengünstige Investmentfonds zur Abbildung der regionalen Aufteilung des Weltportfolios (Stand: September 2000)

Fondsname	WKN	Fondsgesellschaft	Internet-Adresse	Anlageregion	Indexfonds?
Westeuropa gesamt					
Goldman Sachs Europe Portfolio	986348	Goldman Sachs Asset Mgmt International, Frankfurt/M., Tel. 069-7532-1000	www.gs.com	Westeuropa (inkl. Schweiz, GB, Skand.)	nein
Lion Interaction Europe	971424	Crédit Lyonnais, Paris, Tel. +33-1-429570-00	www. creditlyonnais.lu	Westeuropa (inkl. Schweiz, GB, Skand.)	nein
Comgest Europe Sicav	972343	Comgest Europa SA, Luxembourg, Tel. +352-4767-2458	www. comgest.com	Westeuropa (inkl. Schweiz, GB, Skand.)	nein
Nordglobal	848534	Nordinvest, Hamburg Kapitalanlageges. mbH, Tel. 040-374773-0	www. nordinvest.de	Westeuropa (inkl. Schweiz, GB, Skand.)	ja, MSCI Europe
Consors Dow Jones Stoxx (z.T. auch FI Lux Consors Dow Jones Stoxx genannt)	974516	Franken Invest KAG mbH, Nürnberg, Tel. 0911-24 70 100	www. franken-invest.de	Westeuropa (inkl. Schweiz, GB, Skand.)	ja
Stoxx Indexzertifikat der HypoVereinsbank, Laufzeit bis 09/2007 (Performance-Indexzertifikat)	825064	HypoVereinsbank.de, München, Tel. 089-378-0	www. hypovereinsbank. de	Westeuropa (inkl. Schweiz, GB, Skand.)	ja, Dow Jones Stoxx = die etwa 660 größten AGs der EWU
Ldrs Stoxx 50 (Indexaktie) [»ldrs« wird wie »leaders« ausgesprochen]	935926	EETF European Exchange-Traded Fund Company plc, über Merrill Lynch Frankfurt zu kontaktieren	www.ldrs-funds.com; www.exchange tradedfunds.de	Westeuropa (inkl. Schweiz, GB, Skand.)	ja, Dow Jones Stoxx 50
Europäische Währungsunion					
Berenberg Universal Euro Aktien	989089	Universal Investmentgesellschaft mbH, Frankfurt/M., Tel. 069-75691-0	www.universal-investment.de	Westeuropa + Finnland, aber ohne Schweiz, Großbritannien, Schweden, Dänemark	nein
Parvest Euro Equities	987127	Parvest Sicav, Luxembourg, Tel. +352-46464311 (Lux.) oder Tel. 0180-3241706	www.parvest.com	Westeuropa + Finnland, aber ohne Schweiz, Großbritannien, Schweden, Dänemark	nein

AA (Standard)	AA (reduziert)	Verwaltungsgebühr	Depotbankgebühr	Total Expense Ratio	Sparplan möglich?	thes./ ausschüttend?	Bemerkungen
5,50%	kein AA (=0,00%) bei Advance-Bank, 1,38% bei consors und diraba	1,25%	0,25%	1,58%	nein	thes.	Goldman Sachs Investment Bank, USA
5,00%	kein AA (=0,00%) bei consors und diraba	1,00%	n.b.	1,17%	ja	thes.	Crédit Lyonnais-Bank-Konzern, Frankreich
5,0%	kein AA (=0,00%) bei Advance-Bank	1,50%	0,20%	1,70%	ja	thes.	unabhängig
5,00%	kein AA (=0,00%) bei diraba, 2,5% bei consors und comdirect	0,50%	0,50%	1,08%	ja	ausschüttend	relativ niedriges Fondsvolumen; HypoVereinsbank-Konzern
5,00%	kein AA (=0,00%) bei consors	0,25%	0,05%	n.b., aber vermutl. unter 1,0%	ja	thes.	Schmidt-Bank-Konzern
0,00% (kein AA), aber ca. 1% Kaufspesen (Bezug über die Börse)	entfällt	keine Verwaltungsgebühr	keine	TER = 0, da keine laufenden Kosten	bei manchen Banken ja	thes.	Indexzertifikate haben eine begrenzte Laufzeit und sind rechtlich Bankschuldverschreibungen.
kein AA bei Erwerb über die Börse	kein AA (=0,00%), aber Kauf- und Verkaufsspesen von je etwa 0,7%	0,50%	keinen.	n.b., aber vermutl. unter 1,0%	nein	ausschüttend	Die Aktionäre der EETF sind Merrill Lynch und die Landesbank Baden Württemberg
5,50%	2,75% bei consors und comdirect	1,10%	0,05%	1,23%	ja	ausschüttend	unabhängig (Gesellschafter sind fünf Privatbanken)
4,00%	kein AA (0,00%) bei diraba, consors, comdirect	1,50%	n.b.	1,86%	ja	n.b.	BNP Paribas-Konzern, Frankreich

Fondsname	WKN	Fondsgesellschaft	Internet-Adresse	Anlageregion	Indexfonds?
ABN Amro Euro Equity	988121	ABN Amro Asset Mgmt GmbH, Frankfurt/M., Tel. 0800-100 14 19	www. abnamro.com	Westeuropa + Finnland, aber ohne Schweiz, Großbritannien, Schweden, Dänemark	nein
Activest Lux Aktien Euro	989089	Activest Investmentges. mbh, München, Tel. 01803-767778, Tel. 089/99226-0	www.activest.de	Westeuropa + Finnland, aber ohne Schweiz, Großbritannien, Schweden, Dänemark	ja, Dow Jones Euro Stoxx 50
Fidelity Dow Jones Euro Stoxx 50	986379	Fidelity Investmentservices GmbH, Frankfurt/M., Tel. 0800-1826244	www.fidelity.de	Westeuropa + Finnland, aber ohne Schweiz, Großbritannien, Schweden, Dänemark	ja, Dow Jones Euro Stoxx 50
Euro Stoxx Indexzertifikat der HypoVereinsbank, Laufzeit bis 09/2007 (Performance-Indexzertifikat)	825063	HypoVereinsbank.de, München, Tel. 089-378-0	www. hypovereinsbank. de	Westeuropa + Finnland, aber ohne Schweiz, Großbritannien, Schweden, Dänemark	ja, Dow Jones Euro Stoxx (die etwa 325 größten AGs der EWU)
Ldrs Euro Stoxx 50 (Indexaktie) [»ldrs« wird wie »leaders« ausgesprochen]	935927	EETF European Exchange-Traded Fund Company plc, über Merrill Lynch Frankfurt zu kontaktieren	www.ldrs-funds.com; www.exchange tradedfunds.de	Europäische Union (15 Staaten)	ja, Dow Jones Stoxx
Großbritannien					
Activest Aktien Großbritannien	976952	Activest Investmentges. mbh, München, Tel. 01803-767778, 089/99226-0	www.activest.de	Großbritannien	ja, FTSE-100 (die 100 größten AGs Großbritanniens)
(CICM) CB United Kingdom Basket	933932 oder 921773	Commerz International Capital Mgmt, Frankfurt/M., Tel. 069-13809-0	www.cicm.de	Großbritannien	ja, FT/S&P Actuaries Index United Kingdom
DVG-Fonds England	847663	DVG / DWS, Frankfurt/M., Tel. 069-71002	www.dws.de	Großbritannien	ja, FTSE-100 (die 100 größten AGs Großbritanniens
GIF Sicav United Kingdom Portfolio A oder B	972971 oder 973081	Indocam Asset Mgmt, Frankfurt/M., Tel. 069-74221-428 oder +352-465424470 (Luxemb.)	www. indocam.com oder www.gifis.com	Großbritannien	nein

AA (Standard)	AA (reduziert)	Verwaltungsgebühr	Depotbankgebühr	Total Expense Ratio	Sparplan möglich?	thes./ ausschüttend?	Bemerkungen
5,25%	2,62% bei consors, diraba und comdirect	1,10%	keine	1,42%	ja	thes.	ABN Amro Bank-Konzern, Holland
4,00%	2,00% bei diraba, consors, comdirect	0,40%	0,05%	0,52%	nein	thes.	HypoVereinsbank-Konzern
0,00% (kein AA)	kein AA (=0,00%) bei Fidelity direkt oder bei Advance-Bank	0,60%	keine	0,69%	ja	thes.	Fidelity (USA) ist die größte Fondsgesell. der Welt
0,00% (kein AA), aber ca. 1% Kaufspesen (Bezug über die Börse)	entfällt	keine Verwaltungsgebühr	keine	TER = 0, da keine laufenden Kosten	bei manchen Banken ja	thes.	Indexzertifikate haben eine begrenzte Laufzeit und sind rechtlich Bankschuldverschreibungen.
kein AA bei Erwerb über die Börse	kein AA (=0,00%), aber Kauf- und Verkaufsspesen von je etwa 0,7%	0,50%	keine	n.b., aber vermutl. unter 1,0%	nein	ausschüttend	Die Aktionäre der EETF sind Merrill Lynch und Landesbank Baden Württemberg.
4,00%	2,00% bei diraba, comdirect, consors	0,40%	0.05%	0,48%	ja	thes.	HypoVereinsbank-Konzern; relativ geringes Fondsvolumen
2,00%	1,00% bei comdirect	0,30%	0,10%	0,51%	nein	thes.	Commerzbank-Konzern
5,00%	3,75% z.B. bei comdirect, consors, Advance-Bank und diraba; bei Beträgen > 5000 Euro 3,0% bei Deutsche Bank 24	0,40%	keine	0,47%	ja	ausschüttend	Deutsche-Bank-Konzern
5,82%	kein AA (=0,00%) bei comdirect, consors, diraba	1,25%	keine	1,74%	nein	thes. oder ausschüttend	Crédit-Agricole-Indosuez-Konzern, Frankreich

Fondsname	WKN	Fondsgesellschaft	Internet-Adresse	Anlageregion	Indexfonds?
Schweiz					
DVG Fonds Helvetia	847661	DVG / DWS, Frankfurt/ M., Tel. 069-71002	www.dws.de	Schweiz	SMI Swiss Market Index (ca. 70 % des Marktes)
(CICM) CB Switzerland Basket	933926 oder 921764	Commerz International Capital Mgmt, Frankfurt/M., Tel. 069-13809-0	www.cicm.de	Schweiz	ja, FT/S&P Actuaries Index (ca. 60 % des Marktes)
JB (Julius Baer) Multistock Swiss Stock Fund B	971986	Julius Baer Kapitalanlage AG, Frankfurt/M., Tel. 069-754349-00	www. juliusbaer.com	Schweiz	nein
GIF Switzerland Portfolio A, GIF Switzerland Portfolio B	973080 oder 972970	Indocam Asset Mgmt, Frankfurt/M., Tel. 069-74221-428 oder +352-465424470 (Luxemb.)	www. indocam.com oder www.gifis.com	Schweiz	nein
Skandinavien					
DVG Fonds Scandinavia	847664	DVG / DWS, Frankfurt/M., Tel. 069-71002	www.dws.de	Skandinavien	Synth. Index aus den 4 nat. Hauptindizes, nach Marktkap. gewichtet
(CICM) CB Scandinavia Basket	833922 oder 921766	Commerz International Capital Mgmt, Frankfurt/M., Tel. 069-13809-0	www.cicm.de	Skandinavien	ja, FT/S&P Actuaries Index
Parvest Scandinavia	986406	Parvest Sicav, Luxembourg, Tel. +352-46464311 (Lux.) oder 0180-3241706	www.parvest.com	Skandinavien	nein
Activest Aktien Skandinavien	977970	Activest Investmentges. mbh, München, Tel. 01803-767778, 089/99226-0	www.activest.de	Skandinavien	ja, Dow Jones Stoxx Nordix 30
Nordamerika					
DVG Fonds USA	847668	DVG / DWS, Frankfurt/M., Tel. 069-71002	www.dws.de	USA	ja, Dow Jones Industrial Average Index
Activest Aktien USA	976953	Activest Investmentges. mbh, München, Tel. 01803-767778, 089/99226-0	www.activest.de	USA	ja, S&P 500-Index

AA (Standard)	AA (reduziert)	Verwaltungsgebühr	Depotbankgebühr	Total Expense Ratio	Sparplan möglich?	thes./ausschüttend?	Bemerkungen
5,00%	3,75% z.B. bei comdirect, consors und diraba; bei Beträgen > 5000 Euro 3,0% bei Deutsche-Bank 24	0,40%	keine	0,46%	ja	ausschüttend	Deutsche Bank-Konzern
2,00%	1,00% bei comdirect	0,30%	0,10%	0,51%	nein	thes.	Commerzbank-Konzern
5,00%	kein AA (=0,00%) bei consors, 1,25% bei comdirect	1,50%	keine	1,60%	ja	thes.	Bank Julius Baer, Schweiz
5,82%	kein AA (=0,00%) bei comdirect, consors, diraba	1,25%	0,13%	1,82%	nein	ausschüttend	Crédit-Agricole-Indosuez-Konzern, Frankreich
5,00%	3,75% z.B. bei comdirect, consors und diraba; bei Beträgen >5000 Euro 3,0% bei Deutsche Bank 24	0,40%	keine	0,47%	ja	ausschüttend	Deutsche-Bank-Konzern
2,00%	1,00% bei comdirect	0,50%	0,10%	0,65%	nein	thes.	Commerzbank-Konzern
4,00%	0,00% AA bei comdirect, consors, diraba	1,50%	n.b.	1,72%	nein	thes.	BNP-Paribas-Konzern, Frankreich
4,00%	2,00% bei diraba, comdirect, consors	0,40%	0,05	n.b.	ja	thes.	HypoVereinsbank-Konzern
5,00%	3,75% z.B. bei comdirect, consors und diraba; bei Beträgen >5000 Euro 3,0% bei Deutsche Bank 24	0,40%	n.b.	0,46%	ja	ausschüttend	Deutsche-Bank-Konzern; der Dow Jones Industrial Average ist ein relativ enger Index
4,00%	2,00% bei diraba, consors, comdirect	0,40%	0,05%	0,50%	ja	thes.	HypoVereinsbank-Konzern

Fondsname	WKN	Fondsgesellschaft	Internet-Adresse	Anlageregion	Indexfonds?
(CICM) CB USA Basket	971825 oder 921775	Commerz International Capital Mgmt, Frankfurt/M., Tel. 069-13809-0	www.cicm.de	USA	ja, FT/S&P Actuaries Index
GIF Northamerica Portfolio A bzw. B	973079 bzw. 972969	Indocam Asset Mgmt, Frankfurt/M., Tel. 069-74221-428 oder +352-465424470 (Luxemb.)	www.indocam.com oder www.gifis.com	USA, Kanada	nein
Parvest USA	972565	Parvest Sicav, Luxembourg, Tel. +352-46464311 (Lux.) oder 0180-3241706	www.parvest.com	Nordamerika	nein
Lion Interaction Amérique	971421	Crédit Lyonnais, Paris, +33-1-429570-00	www.creditlyonnais.lu	Nordamerika	nein
Japan					
HVB Lux Portfolio Japanische Aktien	930966	Activest Investmentges. mbh, München, Tel. 01803-767778, 089/99226-0	www.activest.de	Japan	ja, Topix-Index
(CICM) CB Japan Basket	933936 oder 921777	Commerz International Capital Mgmt, Frankfurt/M., Tel. 069-13809-0	www.cicm.de	Japan	ja, FT/S&P Actuaties Index Japan
Japan-Pazifik-Fonds	848474	Nordinvest Kapitalanlageges. mbH, Hamburg, Tel. 040-374773-0	www.nordinvest.de	Japan	ja, Nikkei 300-Index
Activest Aktien Japan	976953	Activest Investmentges. mbH, München, Tel. 01803-767778, 089/99226-0	www.activest.de	Japan	ja, Nikkei 300-Index
Parvest Japan C bzw. D	972547 bzw. 972546	Parvest Sicav, Luxembourg, Tel. +352-46464311 (Lux.) oder 0180-3241706	www.parvest.com	Japan	nein
Goldman Sachs Japan Portfolio	986079	Goldman Sachs Asset Mgmt International, Frankfurt/M., Tel. 069-7532-1000	www.gs.com	Japan	nein
Ozeanien (Australien, Neuseeland)					
Mercury ST Australia & New Zealand	971035	Mercury Asset Mgmt Vertriebsgesellschaft mbH, Merrill Lynch Investment Managers, Tel. 069-5899-2410, +352-3402010-1 (Luxemb.)	www.mam.com	Australien, Neuseeland	nein

AA (Standard)	AA (reduziert)	Verwal-tungs-gebühr	Depot-bank-gebühr	Total Expense Ratio	Sparplan möglich?	thes./ ausschüt-tend?	Bemerkungen
2,00%	1,00% z.B. bei comdirect	0,30%	0,10%	0,58%	nein	thes.	Commerzbank-Konzern
5,5%	kein AA (=0,00%) bei comdirect, diraba, consors	1,25%	0,13%	1,72%	nein	thes. oder aus-schüttend	Crédit-Agricole-Indosuez-Konzern, Frankreich
4,00%	kein AA (0,00%) bei consors, diraba und comdirect	1,50%	1,91%	1,91%	ja	ausschüt-tend	BNP Paribas-Kon-zern, Frankreich
5,00%	kein AA (0,00%) bei consors und diraba	1,00%	n.b.	1,10%	nein	thes.	Crédit-Lyonnais-Konzern, Frank-reich
2,00%	1,00% z.B. bei diraba, consors, comdirect	1,00%	0,25%	n.b.	ja	thes.	HypoVereinsbank-Konzern
1,00%	1,00% bei comdirect	0,30%	0,10%	0,51%	nein	thes.	Commerzbank-Konzern
5,00%	kein AA (0,00%) bei diraba, 2,5% bei consors und comdirect	0,50%	0,50%	1,17%	ja	ausschüt-tend	HypoVereinsbank-Konzern
4,00%	2,00% bei diraba, consors, comdirect	0,40%	0,05%	0,49%	ja	thes.	HypoVereinsbank-Konzern
4,00%	kein AA (0,00%) bei diraba, consors, comdirect	1,50%	keine	1,81	nein	thes. bzw. ausschüt-tend	BNP Paribas-Kon-zern, Frankreich)
5,50%	kein AA (=0,00%) bei Advance-Bank, 1,38% bei diraba und consors	1,25%	0,25%	1,60%	nein	thes.	Goldman Sachs Investment Bank, USA
5,00%	2,5% bei consors und comdirect	1,15%	0,10%	1,45%	ja	thes.	Merrill-Lynch Bank-Konzern, USA

Fondsname	WKN	Fondsgesellschaft	Internet-Adresse	Anlageregion	Indexfonds?
UBS (Lux) Equity Fund – Australia	972974	UBS Invest Kapitalanlagegesellschaft mbH, Frankfurt/M., Tel. 069-1369-0	www.ubs.com	Australien, Neuseeland	nein
Australien-Pazifik-Fonds	848486	Nordinvest Kapitalanlageges. mbH, Hamburg, Tel. 040-374773-0	www.nordinvest.de	Australien, Neuseeland	ja, Australia-All-Ordinaries-Index
(CICM) Australia & New Zealand Basket	933928 oder 921769	Commerz International Capital Mgmt, Frankfurt/M., Tel. 069-13809-0	www.cicm.de	Australien, Neuseeland	FT/S&P Index Composite Australia & New Zealand
Emerging Markets gesamt (Lateinamerika, Osteuropa, Ost-/Südostasien)					
DVG Fonds Emerging Markets	977301	DVG / DWS, Frankfurt/M, Tel. 069-71002	www.dws.de	alle Schwellenländer	nein
GIF Developing Markets	972576 und 973003	Indocam Asset Mgmt, Frankfurt/M., Tel. 069-74221-428 oder +352-465424470 (Luxemb.)	www.indocam.com oder www.gifis.com	alle Schwellenländer	nein
Win Global Equity Index Emerging Markets	988024	Win Investment Funds, Winterthur, Schweiz, Tel. +41-52 261 6144 oder +352-42-3886 (Luxemb.), zu beziehen über Vers.-büros der DBV-Winterthur	www.wininvestmentfunds.com	alle Schwellenländer (ING Baring Emerging Markets Index)	ja
Gartmore CSF-Emerging Market Fund	974440	Gartmore Investment Services GmbH, Tel. 069-714005-0	www.gartmore.iii.co.uk	alle Schwellenländer, Osteuropa untergewichtet	nein
Pictet TF Emerging Markets	972822	Pictet & Cie, Genf und Zürich, Tel. 0041-1-2254422, 0041-22-7052211, +41-1-2254400	www.pictet.ch	alle Schwellenländer	nein
Mercury ST Emerging Market Fund	973010	Mercury Asset Mgmt Vertriebsgesellschaft mbH, Merrill Lynch Investment Managers, Tel. 069-5899-2410, +352-3402010-1 (Luxemb.)	www.mam.com	alle Schwellenländer	nein
Morgan Stanley Dean Witter Emerging Markets Equity	986719 und 987720	Morgan Stanley Dean Witter Sicav, Frankfurt/M., Tel. 069-2166-0	www.msdw.com/sicav	alle Schwellenländer	nein

AA (Standard)	AA (reduziert)	Verwaltungsgebühr	Depotbankgebühr	Total Expense Ratio	Sparplan möglich?	thes./ ausschüttend?	Bemerkungen
6,00%	3,00% bei consors	1,20%	keine	1,22%	ja	thes.	Union Bank of Switzerland-Konzern
5,00%	kein AA (0,00%) bei diraba, 2,5% bei consors und comdirect	0,50%	0,50%	1,32%	ja	ausschüttend	relativ niedriges Fondsvolumen
2,00%	1,00% bei comdirect	0,30%	0,10%	0,75%	nein	thes.	Commerzbank-Konzern
5,00%	3,75% z.B. bei comdirect, consors und diraba; bei Beträgen >5000 Euro 3,0% bei Deutsche Bank 24	0,80%	n.b.	0,97%	ja	ausschüttend	Deutsche-Bank-Konzern
5,82%	kein AA (=0,00%) bei comdirect, diraba, consors	1,25%	keine	1,97%	nein	thes. oder ausschüttend	Crédit-Agricole-Indosuez-Konzern, Frankreich
5,00%	nicht bekannt	1,00%	nein	1,71%	nein	thes.	Winterthur-Versicherung (UBS Bank-Konzern)
5,0%	2,5% bei comdirect	1,50%	0,05%	1,74%	ja	ausschüttend	britische Fondsgesellschaft
5,0%	kein AA (=0,00%) bei diraba	2,0%	keine	2,58%	ja	thes.	Pictet ist eine Schweizer Privatbank
5,25	2,63% bei comdirect und consors, diraba	1,5%	0,10%	1,74%	ja	ausschüttend	Merill Lynch-Konzern, USA
5,75%	2,88% bei comdirect, diraba, consors	1,60%	keine	1,86%	ja	thes. oder ausschüttend	Morgan Stanley-Bank, Großbritannien

Fondsname	WKN	Fondsgesellschaft	Internet-Adresse	Anlageregion	Indexfonds?
Lateinamerika					
Threadneedle Latinamerca Growth Fund Cl. 1	987673	Threadneedle Asset Mgmt, Frankfurt/M., Tel. 0800-182 2549, 069-975 03 147	www.threadneedle.de	Lateinamerika	nein
Gartmore CSF Latin America Fund	974442	Gartmore Investment Services GmbH, Frankfurt/M., Tel. 069-714005-0	www.gartmore.iii.co.uk	Lateinamerika	nein
Fleming Latin America Fund	972079	Fleming Fund Mgmt (Lux) SA, Luxembourg, Tel. +352-34101	www.flemings.lu	Lateinamerika	nein
ABN Amro Latin America Equity	973685	ABN Amro Asset Mgmt GmbH, Frankfurt/M., Tel. 0800-100 14 19	www.abnamro.com	Lateinamerika	nein
Mercury ST Latin America Fund	973515	Mercury Asset Mgmt Vertriebsgesellschaft mbH, Merrill Lynch Investment Managers, Tel. 069-5899-2410, +352-3402010-1 (Luxemb.)	www.mam.com	Lateinamerika	nein
CL Latin America Equity Fonds	986679	Credit Lyonnais, Frankreich	www.creditlyonnais.lu	Lateinamerika	nein
(CICM) CB Latin America Basekt	933716 oder 933719	Commerz International Capital Mgmt, Frankfurt/M., Tel. 069-13809-0	www.cicm.de	Lateinamerika	ja, FT/S&P Actuaries Index Latin America
Ost-/ Südostasien (ohne Japan)					
(CICM) CB Emerging Asia Basket	933941 oder 921781	Commerz International Capital Mgmt, Frankfurt/M., Tel. 069-13809-0	www.cicm.de	China, Indien, Südkorea, Pakistan, Philippinen, Taiwan, Thailand	ja, Barings Index Composite
(CICM) CB Asia Basket	972702 oder 921779	Commerz International Capital Mgmt, Frankfurt/M., Tel. 069-13809-0	www.cicm.de	Hong Kong, Singapur, Malaysia	ja, FT/S&P Index Composite HK/Sing.
Parvest Asian Growth C	972533	Parvest Sicav, Luxembourg, Tel. +352-46464311 (Lux.) oder 0180-3241706	www.parvest.com	Ostasien, Südostasien	nein
Julius Baer Multistock-Pacific Stock Fund A bzw. B	971929 bzw. 971979	Julius Baer Kapitalanlage AG, Frankfurt/M., Tel. 069-754349-00	www.juliusbaer.com	Ostasien, Südostasien	nein

AA (Standard)	AA (reduziert)	Verwal-tungs-gebühr	Depot-bank-gebühr	Total Expense Ratio	Sparplan möglich?	thes./ ausschüt-tend?	Bemerkungen
5.00%	3,75% z.B. bei diraba, consors	1,50%	keine	1,55%	ja	thes.	britische Fonds-gesellschaft
5.00%	2,5% z.B. bei comdirect	1,50%	0,05%	1,74%	ja	ausschüt-tend	britische Fonds-gesellschaft
5.00%	2,5% z.B. bei comdirect	1,50%	0,05%	1,92%	ja	thes.	amerikanische Fondsgesellschaft
5,25%	2,63% z.B. bei comdirect	1,40%	keine	1,94%	ja	thes.	ABN Amro Bank-Konzern, Holland
5,25%	2,63% z.B. bei diraba	1,50%	keine	1,97%	nein	ausschüt-tend	Merrill-Lynch Bank-Konzern, USA
5.00%	kein AA (=0,00%) z.B. bei comdirect, diraba	1,50%	keine	2,88%	nein	thes. oder aus-schüttend	eventuell für kurze Anlagezeiträume (<3 Jahre) geeig-net, da kein AA
	0,30%	0,10%	n.b.		nein	thes.	Com-merz-bank-Konzern
2,00%	1,00% bei comdirect	0,30%	0,10%	1.35%	nein	thes.	Commerzbank-Konzern
2,00%	1,00% bei comdirect	0,30%	0,10%	1,05%	nein	thes.	Commerzbank-Konzern
4,00%	kein AA (=0,00%) bei comdirect, consors, diraba	1,50%	n.b.	1,69%	ja	thes.	BNP Paribas-Kon-zern, Frankreich
5,00%	kein AA (=0,00%) bei consors und diraba	1,75%	keine	1,80%	ja	thes. oder aus-schüttend	Julius Baer Bank, Schweiz

Fondsname	WKN	Fondsgesellschaft	Internet-Adresse	Anlageregion	Indexfonds?
Newton Oriental	930446	Newton Fund Managers Limited London, Tel: +44-(0)171 332 9000	www. newton.co.uk	Ostasien, Südostasien	nein
Swiss Life Pacific	988228	Swiss Life Investment Fund PLC, Großbritannien, Tel. +44-1732 58 2000	www. swisslife.co.uk	Ostasien, Südostasien	nein
Parvest Asian Growth C und D	972533 und 972532	Parvest Sicav, Luxembourg, Tel. +352-46464311 (Lux.) oder 0180-3241706	www.parvest.com	Schwellenländer Ostasiens ohne VR China	nein
Osteuropa, Russland					
Pictet TF Eastern Europe	974669	Pictet & Cie, Genf und Zürich, Tel. 0041-1-2254422, 0041-22-7052211, +41-1-2254400	www.pictet.com	Ungarn, Polen, Tschechien, Russland u. a.	nein
Julius Baer Central Europe Stock A	973890	Julius Baer Kapitalanlage AG, Frankfurt/M., Tel. 069-754349-00	www. juliusbaer.com	gesamtes Osteuropa + Russland	nein
Activest Lux Osteuropa	973916	Activest Investmentges. mbH, München, Tel. 01803-767778, 089/99226-0	ww.activest.de	Polen, Russland, Ungarn. Tschechien, Rumänien u. a.	nein
Parvest Eastern Europe C bzw. D	987125 bzw. 987124	Parvest Sicav, Luxembourg, Tel. +352-46464311 (Lux.) oder 0180-3241706	www.parvest.com	schwerpunktmäßig Polen, Tschechien, Ungarn sowie andere Länder der Region	nein
Osteuropa Index Trust	987380	Carl Spängler KAG mbH, Wien, Tel. 0043-6628686-0	www. spaengler.co.at	Osteuropa (Ungarn, Polen, Tschechien, Slowakei)	ja, CECE-Index
(CICM) CB Emerging Europe Basket	933845 oder 921785	Commerz International Capital Mgmt, Frankfurt/M., Tel. 069-13809-0	www.cicm.de	Polen, Tschechien, Ungarn	ja, OETOB Indices Composite
Welt					
Fidelity World Fund	986377	Fidelity Investmentservices GmbH, Frankfurt/M., Tel. 0800-1826244	www.fidelity.de	Aktien weltweit, im Wesentlichen ohne Emerging Markets	nein
GIF Sicav International A bzw. B	971105 bzw. 972095	Indocam Asset Mgmt, Frankfurt/M., Tel. 069-74221-428 oder +352-465424470 (Luxemb.)	www. indocam.com oder www.gifis.com	Aktien weltweit, im Wesentlichen ohne Emerging Markets	nein
Goldman Sachs Global Equity Portfolio	973733	Goldman Sachs Asset Mgmt International, Frankfurt/M., Tel. 069-7532-1000	www.gs.com	Aktien weltweit, im Wesentlichen ohne Emerging Markets	nein

AA (Standard)	AA (reduziert)	Verwal-tungs-gebühr	Depot-bank-gebühr	Total Expense Ratio	Sparplan möglich?	thes./ ausschüt-tend?	Bemerkungen
4,00%	kein AA (=0,00%) bei consors	1,50%	0,10%	n.b.	n.b.	ausschüt-tend	britische Fondsgesellschaft
5,00%	kein AA (=0,00%) bei consors	1,25%	0,00%	n.b.	n.b.	thes.	britische Fondgesellschaft
4%	kein AA (=0,00%) bei comdirect, consors, diraba	1,50%	n.b.	1,69%	ja	thes. oder aus-schüttend	BNP Paribas-Konzern, Frankreich
5,00%	1,25% bei consors	1,50%	keine	2,60%	nein	thes.	Pictet ist eine Schweizer Privat-bank
5,00%	kein AA (=0,00%) bei consors, 1,25% bei comdirect	1,50%	n.b.	1,50%	ja	ausschüt-tend	Bank Julius Baer, Schweiz
5,00%	2,5% bei diraba, consors, comdirect	1,50%	0,15%	2,46%	ja	thes.	HypoVereinsbank-Konzern
4,00%	kein AA (=0,00%) bei consors, comdi-rect, diraba	1,50%	n.b.	1,92%	nein	ausschüt-tend oder thes.	BNP Paribas-Konzern, (Frankreich)
5,00%	3,75% bei consors	0,50%	0,50%	1,06%	ja	thes.	österreichische Fondsgesellschaft
2,00%	1,00% bei comdirect	0,30%	0,10%	1,12%	nein	thes.	Commerzbank-Konzern
0,00% (kein AA)	0,00% direkt bei Fidelity oder bei Advance-Bank	1,50%	keine	2,05%	ja	ausschüt-tend	Fidelity (USA) ist die größte Fonds-gesell. der Welt
5,50%	kein AA (=0,00%) bei comdirect, diraba, consors	1,25%	0,13%	1,75%	nein	ausschüt-tend oder thes.	Crédit Agricole Indosuez-Konzern, Frankreich
5,50%	kein AA (=0,00%) bei Advance-Bank, 1,38% bei diraba	1,25%	0,25%	1,63%	nein	ausschüt-tend	Goldman-Sachs-Investment-Bank-Konzern, USA

Fondsname	WKN	Fondsgesellschaft	Internet-Adresse	Anlageregion	Indexfonds?
Parvest World Equities C	987028 oder 987027	Parvest Sicav, Luxembourg, Tel. +352-46464311 (Lux.) oder 0180-3241706	www.parvest.com	Aktien weltweit, im Wesentlichen ohne Emerging Markets	nein
Balzac World Index	921655	State Street Global Advisors GmbH, München, Tel. 089-55878 510	www.statestreet.com, www.statestreetfrance.com	Aktien weltweit, ohne Emerging-Markets, aber mit Singapur u. Hongkong	ja, MSCI World Index
Carlson Fund Equity EAFE	987771	Carlson Fund Mgmt Company SA, Luxembourg, Tel. +352-229515	www.cim.se	22 Industrieländer (inkl. Westeuropa, Japan, Australien, USA)	ja, MSCI-EAFE Index
Wekanord Fonds	848473	Nordinvest Kapitalanlageges. mbH, Hamburg, Tel. 040-374773-0	www.nordinvest.de	Aktien weltweit, ohne Emerging-Markets, aber mit Singapur u. Hongkong	ja, MSCI World Index
Geldmarktfonds (Deutschland oder EWU)					
Commerzbank Money Market Euro (ALSA)	973739	Adig Investmentges. mbH, München, Tel. 089-46268525	www.adig.de	DM- bzw. Euro-Anleihen hoher Bonität sowie andere Geldmarkt-Assets	nein
BfG Invest Geldmarkt DM	976902	BfG Investmentfonds GmbH, Frankfurt/M., Tel. 069-95023-0	www.bfg-invest.de	DM- bzw. Euro-Anleihen hoher Bonität sowie andere Geldmarkt-Assets	nein
Allianz Geldmarktfonds II	847145	Allianz Invest KAG mbH, Tel. 01802-222888	www.allianz-kag.de; www.fondsbanking.de	DM- bzw. Euro-Anleihen hoher Bonität sowie andere Geldmarkt-Assets	nein
DWS Geldmarkt Plus	847423	DVG / DWS, Frankfurt/M., Tel. 069-71002	www.dws.de	DM- bzw. Euro-Anleihen hoher Bonität sowie andere Geldmarkt-Assets	nein
Adig Geldmarkt I	976957	Adig Investmentges. mbH, München, Tel. 089-46268525	www.adig.de	DM- bzw. Euro-Anleihen hoher Bonität sowie andere Geldmarkt-Assets	nein

Erläuterungen: diraba = Direktanlagebank   WKN = Wertpapierkennnummer
AA = Ausgabeaufschlag   n.b. = nicht bekannt
Mgmt = Management   thes. = thesaurierend

AA (Standard)	AA (reduziert)	Verwaltungsgebühr	Depotbankgebühr	Total Expense Ratio	Sparplan möglich?	thes./ ausschüttend?	Bemerkungen
4,00%	kein AA (=0,00%) bei consors, comdirect, diraba	1,50%	keine	2,58%	ja	thes. oder ausschüttend	BNP Paribas-Konzern, Frankreich
2,5%	1,00% bei diraba	0,50%	n.b.	n.b.	ja	thes.	StateStreet-Bank-Konzern, USA
5,00%	2,5% bei diraba, consors	1,25%	n.b.	1,69%	nein	ausschüttend	schwedische Fondsgesellschaft
5,00%	kein AA (0,00%) bei diraba, 2,5% bei comdirect und consors	0,50%	0,50%	1,17%	ja	ausschüttend	HypoVereinsbank-Konzern
0,00% (kein AA)	generell kein AA (=0,00%)	0,20%	0,05%	0,28%	nein	ausschüttend	Commerzbank-Konzern
0,00% (kein AA)	generell kein AA (=0,00%)	0,60%	0,06%	0,66%	ja	thes.	Die BfG-Bank gehört zum frz. Crédit Lyonnais-Konzern
0,00% (kein AA)	generell kein AA (=0,00%)	0,50%	0,06%	0,58%	ja	ausschüttend	Allianz-Versicherungskonzern
0,00% (kein AA)	generell kein AA (=0,00%)	0,35%	keine	0,40%	ja	thes.	Deutsche Bank-Konzern
0,00% (kein AA)	generell kein AA (=0,00%)	0,40%	0,06%	0,51%	ja	thes.	Commerzbank-Konzern

6
Die Pflege Ihres internationalen Depots

In diesem Kapitel werden wir uns mit einigen praktischen Fragen beschäftigen, die zum Teil ebenso wichtig sind wie die grundlegenderen Themen aus den vorhergehenden Kapiteln, aber zumeist erst im fortgeschrittenen Stadium einer Investmententscheidung aufkommen.

6.1 Verflixte Psyche: Die Erkenntnisse der Behavioral Finance nutzen

»So gut wie jeder Fondsanleger, dem ich begegne, glaubt,
er sei die Ausnahme von der Regel.«

William J. Bernstein, Neurologe und
Herausgeber der Anlegerzeitschrift Efficient Frontier

Seit zwei, drei Jahren erregt eine in den USA entwickelte neue Fachrichtung der Betriebswirtschaftslehre auch in Deutschland Aufsehen. Diese Fachrichtung nennt sich *Behavioral Finance* und ist ein finanzwissenschaftlicher Ansatz, der traditionelle wirtschaftswissenschaftliche Untersuchungsmethoden mit Methoden der Psychologie verbindet. Behavioral Finance könnte man – wenig anschaulich – mit »Verhaltensökonomie« übersetzten. Die Disziplin entstand Anfang der achtziger Jahre und hat sich zu einer regelrechten Modeerscheinung in der Betriebswirtschaftslehre entwickelt.

Behavioral Finance unterscheidet sich von anderen Fachrichtungen und methodischen Ansätzen in der Ökonomie dahingehend, dass sie nicht grundsätzlich von rationalen, also »nutzenmaximierenden« Wirtschaftsakteuren ausgeht. Was das Vermögensanlagegeschäft angeht, liefert Behavioral Finance einige äußerst interessante Einsichten, die neue, zusätzliche Argumente für Indexanlagen liefern.

In kurzer Form könnte man die Erkenntnisse der Behavioral Finance in Bezug auf das Vermögensanlagegeschäft wie folgt beschreiben: Aufgrund einer ganzen Reihe irrationaler, größtenteils unbewusster Verhaltensweisen der Anleger, denen selbst professionelle Finanzinvestoren wie Fondsmanager, Broker, Aktienhändler und Finanzprofessoren zum Opfer fallen, ist es vollständig naiv anzunehmen, als Privatanleger könne man den Markt schlagen. »Vollständig naiv« deshalb, weil die Finanzwissenschaft bereits *vor* Entstehen der Behavioral Finance viele andere Gründe identifiziert hat, die eine langfristige Überrendite (Index-Outperformance) einzelner Investoren unwahrscheinlich machen. Die Behavioral Finance bestätigt mithin aus einem neuen Blickwinkel, was die Finanzwissenschaft schon seit den fünfziger Jahren immer wieder herausgefunden hat: Die Chancen, den Markt *langfristig* nach Kosten und Risiko zu schlagen, sind deprimierend gering, und die Gefahr, langfristig unter dem Marktergebnis zu landen, ist bei unausgewogenen, nicht diversifizierten Investments deprimierend hoch.

Im Folgenden nennen wir im Schnelldurchgang die wichtigsten, von Ökonomen in wissenschaftlich seriösen Experimenten nachgewiesenen »Anlegerirrationalitäten«. Die Gültigkeit dieser Phänomene, die wir hier stark verkürzt und in einer Auswahl darstellen, ist in der Wirtschaftswissenschaft längst unbestritten. Im Literaturverzeichnis finden Sie hierzu drei Aufsätze von Terrance Odean, einem amerikanischen Finanzwissenschaftler, der bahnbrechende Untersuchungen zu diesem faszinierenden Thema angestellt hat, sowie zwei zusammenfassende Bücher. Odeans Forschungsergebnisse gründen auf der statistischen Auswertung von über 70 000 Anlegerdepots und zwei Millionen Wertpapier-Trades, teilweise über einen Zeitraum von 10 Jahren hinweg. (Einige ausgewählte Ergebnisse aus Odeans Analysen nennen wir weiter unten [vgl. Abschnitt 6.3].)

Overconfidence Bias (systematische Selbstüberschätzung): Anleger schätzen ihr Anlage-Know-how konsequent zu hoch ein. Zum Beispiel geben rund 85 % aller befragten Privatanleger an, sie seien »überdurchschnittliche« Investoren – eine Zahl, die schon allein aus mathematischen Gründen nicht stimmen kann. Eine andere Ausprägung des Overconfidence Bias besteht darin, dass die Bandbreite möglicher künftiger Ereignisse (z. B. die möglichen Kurse einer bestimmten Aktie am Jahresende) systematisch unterschätzt wird. Auch die Profitabilität des eigenen Investmenterfolges in der jüngeren Vergangenheit wurde in einer Untersuchung um mehr als 110 % überschätzt, und – wen überrascht es? – der Overconfidence Bias ist bei Männern höher als bei Frauen.

Hindsight Bias (verzerrter Rückblick): Sobald ein Ereignis abgeschlossen ist (z. B. ein bestimmter Kursanstieg eingetreten ist), überschätzen Anleger systematisch das Ausmaß, in dem sie selbst dieses Ereignis hätten vorhersagen können. Auf Befragung deklarieren sie bestimmte Argumente als ihnen »schon vorher bekannt«, die sie objektiv erst *nach* Eintritt des Ereignisses kennen gelernt haben.

Verlustaversion (auch Dispositionseffekt genannt): Anleger bewerten Gewinne und Verluste identischer Größenordnung *unterschiedlich*, ebenso die Wahrscheinlichkeiten identischer Gewinne und Verluste. Verluste werden gefühlsmäßig als gravierender eingestuft als Gewinne in gleicher Höhe. Folglich lässt sich nachweisen, dass verkaufte Aktien nach dem Verkauf höhere Renditen als die gekauften erzielen – unabhängig davon, ob das Depot von einem Profi oder einem Privatanleger gemanagt wurde. Anleger scheinen einem unterbewussten Zwang zu unterliegen, Verlustrealisierung (das Eingeständnis einer »Niederlage«) zu vermeiden.

Kognitive Dissonanz (mentale Nichtübereinstimmung): Eine einmal getroffene Einschätzung in Bezug auf den »richtigen« Kurs eines Wertpapiers wird unangemessen gering an neue Informationen angepasst, wenn diese Informationen gegen die Richtigkeit dieser Einschätzung sprechen.

Recency und Short Term Bias (Neigung zur Übergewichtung der jüngsten Vergangenheit): Objektiv identische bzw. gleich bedeutsame Ereignisse werden in ihrer Wichtigkeit unterschiedlich gewertet, je nachdem, wie lange sie zurückliegen. Anders formuliert: Die verhaltenssteuernde Wirkung von Informationen verfällt im Zeitablauf, unabhängig von ihrer tatsächlichen Bedeutung, zugunsten weniger bedeutender, aber jüngerer Ereignisse.

Magical Thinking (magisches Denken): Anleger rechnen sich die Ursachen eines Anlageerfolges oder -misserfolges persönlich zu, auch wenn andere Umstände ganz oder überwiegend dafür verantwortlich waren. So ist z. B. wissenschaftlich gesichert, dass 80 % bis 95 % des Anlageergebnisses eines Portfolios auf die in ihm enthaltenen Asset-Klassen zurückgeht und nicht auf die Auswahl einzelner Wertpapiere innerhalb der Asset-Klassen. Dennoch schreiben sich Anleger ihr Anlageergebnis in einer bestimmen Zeitspanne vollständig zu, selbst wenn sich die Asset-Klasse nie geändert hat oder eine andere Person die Asset-Klassen bestimmte.

Compartmentalisation (Denken in unangemessen isolierten Zusammenhängen): Das »big picture« (große Bild), das zur Beurteilung von Sachverhalten notwendig wäre, wird selbst, wenn der Anleger es kennt, zugunsten einer isolierten Betrachtung einzelner Daten und Argumente vernachlässigt. Die Vorteile von Indexanlagen sind hierfür ein gutes Beispiel. Obwohl ihre Überlegenheit gegenüber aktiv gemanagten Anlageprodukten zweifelsfrei bewiesen ist, stufen die meisten Anleger die Renditeerfolge einzelner Investoren oder die Aussagen einzelner »Experten« höher ein als die gesammelten Forschungsergebnisse der Finanzwissenschaft über einen Zeitraum von mehr als 30 Jahren.

Neben den hier genannten psychologischen Ungleichgewichten bzw. Irrationalitäten hat die Behavioral Finance noch viele weitere entdeckt. Schon wurden mehrere Investmentfonds aufgelegt, die versuchen, durch Ausnutzung dieser Forschungsergebnisse den Markt zu outperformen (die Ergebnisse waren bislang gemischt, zuverlässige Schlussfolgerungen dürften erst in einigen Jahren möglich sein).

Mancher Leser dieser Ausführungen mag nun denken: »Gut, *andere* Anleger mögen in diese »Rationalitätsfallen« tappen – *ich* aber nicht.« Doch genau das wäre ein klassischer Fall von Overconfidence Bias. Niemand sollte so etwas ernsthaft behaupten, der nicht seine vergangenen Anlageergebnisse methodisch korrekt und über einen Zeitraum von mindestens drei Jahren detailliert analysiert hat. Viel schlauer wäre es, stattdessen dem Ratschlag von Terrance Odean, dem oben erwähnten Behavioral-Finance-Experten, zu folgen. Er äußerte in einem Interview, dass obwohl man theoretisch mit diesen Erkenntnissen die Fehler anderer Anleger ausbeuten und so den Markt outperformen könne, er von diesem Versuch abrate. Ihn selbst habe seine Arbeit darin bestärkt, diejenige Anlagephilosophie weiter zu verfolgen, die er schon immer favorisiert habe: Buy and hold mit Indexfonds.[21]

Bereits am Ende des Abschnittes über die Efficient-Market-Theorie sind wir kurz auf den hartnäckig von der Finanzpresse unterstellten, aber nicht belegbaren Widerspruch zwischen den Forschungsergebnissen der Behavioral Finance und der Efficient-Market-Theorie eingegangen. Lassen Sie sich von scheinplausiblen Aussagen, die da lauten, die EMT gehe von vollständig rationalen Marktteilnehmern aus, die Behavioral Finance habe dagegen die Irrationalität vieler Marktteilnehmer gezeigt, ergo sei die EMT widerlegt, nicht verunsichern.

6.2 Welche Rolle spielt der Zeitpunkt des Markteintrittes?

> »Sie wundern sich, warum Fondsmanager
> den S&P 500 nicht schlagen können?
> Weil sie Schafe sind, und Schafe werden geschlachtet.«
> Gordon Gekko, dargestellt von Michael Douglas, im Film »Wall Street«

Zu der hier gestellten Frage wird in Anlegerzeitschriften, Ratgeberbüchern und im Internet besonders viel Unsinn verbreitet, denn zumeist findet sich dort nur eine unvollständige und damit gefährlich falsche

Antwort. Zusammenfassend könnte man die Frage nach der Bedeutung des Markteintrittszeitpunktes wie folgt beantworten: Der Zeitpunkt des Markteintritts ist einerseits außerordentlich bedeutsam und andererseits außerordentlich unbedeutend. Diese scheinbar paradoxe Antwort erklärt sich folgendermaßen:

1. Der konkrete Zeitpunkt des Markteintrittes – genauer formuliert: der exakte Zeitraum, während dessen ein Investment besteht – hat einen erheblichen Einfluss auf die durchschnittliche Jahresrendite dieses Investments. Dieser Einfluss nimmt allerdings mit der Länge des Anlagezeitraums ab, verschwindet aber bei Betrachtung von »realistischen« Zeiträumen von unter 25 Jahren nie vollständig. In diesem Sinne ist der Markeintritts- und austrittszeitpunkt bedeutsam.

2. Zugleich sind diese Zeitpunkte aber wiederum unwichtig, denn es gibt letztlich keine erfolgversprechende Methode, den günstigsten Markteintrittszeitpunkt im Voraus zu bestimmen. Gäbe es sie, müsste die aktive Anlagestrategie des Market-Timing funktionieren. Diese weist aber – wie an anderer Stelle schon erwähnt – nachweislich unter allen Anlagestrategien die schlechteste (nämlich eine katastrophale) Erfolgsbilanz auf.[22] Wenn es mithin unmöglich ist, den richtigen Zeitpunkt zuverlässig abzupassen (man also auf sein Glück vertrauen muss), dann ist der Zeitpunkt des Markteintritts in diesem Sinne letztlich unbedeutend.

Antwort 2 lässt sich ganz einfach durch eine Betrachtung historischer Renditen illustrieren. Wir verwenden hierfür die Indizes MSCI Deutschland und MSCI World. Tabelle 33 zeigt, dass die jährlichen Renditen dieser beiden Märkte in den vergangenen 30 Jahren außerordentlich stark schwankten. Betrachtet man längere Intervalle, dann nimmt die Schwankung bei beiden Indizes ab, ist aber immer noch signifikant. Übrigens werden solche Tabellen oft dazu missbraucht, die Vorteilhaftigkeit von Market-Timing zu »beweisen«, denn könnte man die starken und schwachen Perioden voraussagen, dann wäre Market-Timing natürlich nicht nur sinnvoll, sondern geradezu unerlässlich. Aber leider sind eben solche Prognosen notorisch unzuverlässig, obwohl man davon in der Presse und von Banken oder Fondsgesellschaften selten etwas hört.

Tabelle 33: Schwankungsbreite der Einjahres- und der Zehnjahresrenditen des
MSCI Deutschland und MSCI World zwischen 1970 und 1999

	MSCI Deutschland 1 Jahr	MSCI Deutschland 10 Jahre	MSCI World 1 Jahr	MSCI World 10 Jahre
Höchster Wert	+84,4%	+16,1% p.a.	+42,8%	+19,3% p.a.
Niedrigster Wert	−38,4%	+2,2% p.a.	−24,5%	+6,3% p.a.

Diesen Aussagen ist ein klein wenig relativierend hinzuzufügen, dass man bei größeren Investments in regionale Märkte, die sehr hoch bewertet sind, in der Tat vorsichtig sein sollte. Das war im August 2000 für den US-Aktienmarkt der Fall. Das Kurs-Gewinn-Verhältnis des S&P 500-Index (der die 500 größten US-Aktiengesellschaften enthält) lag zu diesem Zeitpunkt bei über 35 – gegenüber dem langjährigen Durchschnitt von 16 (1968–1998). Wenn die Abweichungen so ausgeprägt sind wie in diesem Fall, kann es angebracht sein, einen solchen Markt relativ zu seiner »Standardgewichtung« in einem diversifizierten Portfolio (z. B. in unserem Weltportfolio) vorübergehend unterzugewichten.

Abschließend bleibt festzustellen: Der beste Einstiegszeitpunkt ist immer »jetzt«. Aufgrund des Zinseszinseffektes (den wir weiter unten in Abschnitt 6.10 besprechen) wächst ein Wertpapierdepot, gemessen in Geldeinheiten, im Zeitablauf immer schneller. Diese »Magie des Zinseszinseffektes« kann man sich zunutze machen, indem man möglichst früh anfängt zu investieren.

6.3 Buy and Hold versus häufiges Traden

»Durch sehr aktives Traden lässt sich eine simple
Buy-and-Hold-Strategie nur mit höchst geringer
Wahrscheinlichkeit schlagen.«

Burton Malkiel, Finanzwissenschaftler und Bestsellerautor

Das Eingangszitat bringt es auf den Punkt: Eine einfache Buy-and-Hold-Strategie (kaufen und halten) ist einer Strategie des intensiven Tradens (kaufen und verkaufen) von Investments in der überwältigenden Mehrzahl aller Fälle überlegen. Das gilt sowohl für Anlagen in einzelne Wertpapiere als auch für Fondsinvestments. Im Folgenden stellen wir dazu die Ergebnisse einiger Studien des bereits zitierten Finanzwissenschaftlers Terrance Odean und anderer Wissenschaftler vor, die den renditesenkenden Nettoeffekt intensiven Tradens und die daraus folgende Überlegenheit eines simplen Buy-and-Hold-Ansatzes belegen. Alle Studien sind im Literaturverzeichnis aufgeführt. Seriöse Untersuchungen, welche Überrenditen durch intensives Traden nach Berücksichtigung von Kosten und Risiko für Privatanleger nachweisen konnten, existieren nicht.

▸ Odean zeigte in einer Analyse von 60 000 Depots privater Anleger über den Zeitraum von 1991 bis 1996, dass deren jährliche Nettorendite um 1,8 Prozentpunkte unter dem Marktindex lag (ohne Berücksichtigung des zudem höheren Risikos). Das Quintil (die 20 %-Gruppe) der intensivsten Trader unter diesen 60 000 Haushalten schnitt sogar um 5,8 Prozentpunkte schlechter als der Index ab.

▸ Eine andere Studie von Odean demonstrierte, dass die von Privatanlegern gekauften Aktien gegenüber den gleichzeitig oder fast gleichzeitig verkauften Aktien um durchschnittlich brutto 0,6 % Prozentpunkte schwächer rentieren. Hierbei wurden Transaktionskosten von bis zu 1 % pro Kauf oder Verkauf und das amerikanische Äquivalent der deutschen Spekulationssteuer sogar ignoriert.

▸ Die amerikanischen Ökonomen Lakonishok, Shleifer und Vishny wiesen nach, dass der durchschnittliche einzelne Wertpapier-Trade (Kauf oder Verkauf) amerikanischer Pensionsfonds im Jahre 1988 über die folgenden drei Jahre die Fondsnettorendite um 0,78 % reduzierte.

▸ Eine Analyse rund 80 000 institutioneller Trades von Anlagegesellschaften durch die amerikanische Beratungsfirma Plexus-Group ergab, dass der durchschnittliche Aktienkauf die kurzfristige Rendite eines Fonds um 0,67 % erhöhte, der durchschnittliche Verkauf sie jedoch um 1,08 % reduzierte.

▸ In den 16 Jahren von 1982 bis 1997 erzielten amerikanische Blue-Chip-Aktienfonds eine Rendite von knapp über 15 % p.a. Gleichzeitig erreichten die privaten Fondsanleger nur knapp 10 % p.a. Warum? Antwort: Durch häufigen Fondswechsel und den damit verbundenen Kosten büßten die Anleger durchschnittlich ein volles Drittel der mittleren Fondsnettorendite ein. Dieses Drittel landete bei den Banken, Brokern und Fondsgesellschaften.

▸ In einer weiteren, außergewöhnlich aufwendigen Studie untersuchte Odean die Qualität von Analystenempfehlungen (360 000 Empfehlungen von 269 amerikanischen Brokerage-Häusern oder Banken im Zeitraum von 1986 bis 1996). Resultat: Nach Berücksichtigung der (aus der Sicht eines Privatanlegers wohl zu niedrig angesetzten) Trading-Kosten konnte bei Umsetzung dieser Empfehlungen keine Überrendite gegenüber dem Marktindex nachgewiesen werden.

Die Erklärung dieser enttäuschenden Bilanz ist einfach: Die Wertpapiermärkte sind schlicht zu effizient, als dass irgendjemand – Profi oder Amateur – laufend überdurchschnittlich profitable Kauf- oder Verkaufsgelegenheiten ausfindig machen könnte, die sich auch dann noch rechnen, wenn man die dabei entstehenden Kosten und das erhöhte Risiko berücksichtigt. Deswegen kann es auch nicht weiter verwundern, dass der erfolgreichste lebende Finanzinvestor, Warren Buffet, ein radikaler Buy-and-Hold-Investor ist. Die durchschnittliche Halteperiode der Aktien in seinem geschlossenen Fonds »Berkshire-Hathaway« betrug 17 Jahre (Stand: 1997).

Die Frage bleibt, warum Banken, Broker, Vermögensberater, Fonds-Shops und Finanzpresse nicht deutlich und wiederholt auf die Schädlichkeit intensiven Tradens hinweisen, warum im Gegenteil diese Institutionen vielmehr Woche für Woche ein regelrechtes Trommelfeuer sensationsheischender, kurzatmiger Anlagetipps auf die Anlegerschaft abschießen? Die Antwort auf diese Frage liegt auf der Hand: Diese Anlageempfehlungen werden nicht deshalb abgegeben, weil ein objektiver Beleg für ihr Funktionieren geliefert werden könnte, sondern weil ihre Urheber an der Umsetzung dieser Tipps durch private Anleger gut verdienen. Solche Tipps und Empfehlungen motivieren die Anleger zu intensivem, laufenden Trading von Einzelaktien oder Fonds. Dadurch entstehen Banken und Fondsgesellschaften beträchtliche Provisionen, die zu deren risikolosen Haupteinnahmequellen gehören. Wie ein kluger Journalist feststellte, ist dies »ein ewiges Problem seit Entstehen des Wertpapierhandels: Broker und Banker haben einen starken Anreiz, Kunden zum Traden zu bewegen, selbst wenn es im Interesse des Kunden wäre, nichts zu tun.« (*Business Week*, 14.8.1997).

Übrigens bildet auch Daytrading – die extremste Form des aktiven Portfoliomanagements, bei der Wertpapiere durchschnittlich weniger als einen Tag gehalten werden – keine Ausnahme zu unserer Regel. Inzwischen haben mehrere Studien nachgewiesen, dass der durchschnittliche Daytrader den Markt nicht zu schlagen vermag und die Outperformer von Halbjahr zu Halbjahr wechseln. Dazu noch einmal die *Business Week*: »Trotz des ganzen Tamtams über Daytrading gibt es nach wie vor keine überzeugenden Belege dafür, dass Daytrader eine simple Buy-and-Hold-Strategie schlagen können.« (*Business Week*, 22.5.2000).

6.4 Länder- versus Branchenansatz

»Die gefährlichsten Worte im Kapitalanlagegeschäft sind:
›Diesmal ist alles anders‹«.

John Templeton, legendärer Fondsmanager und Gründer
der gleichnamigen Fondsgesellschaft

In Abschnitt 4.2 »Das Prinzip des Weltportfolios« gingen wir bereits kurz auf die denkbare Alternative zur Asset-Allokation nach Ländern (oder Regionen) ein: den Branchenansatz, der dank des Booms der

Technologie-, Internet- und Biotechnologiewerte (jedenfalls bis August 2000) in den vergangenen Jahren wieder stark in Mode gekommen ist. Wie in besagtem Abschnitt ausgeführt, könnte man das Weltportfolio auch nach Branchen statt nach Regionen aufteilen. Das würde aber letztlich auf dasselbe Ergebnis hinauslaufen, denn ein Weltportfolio soll per definitionem den ganzen Weltaktienmarkt (also alle wesentlichen Branchen und Länder) abdecken. Ein Unterschied zwischen Länder- und Branchenansatz entsteht nur, wenn man – wie die meisten Anleger – selektiv vorgeht, weil man der Meinung ist, man könne einigermaßen zuverlässig prognostizieren, welche Aktienmarktsegmente (Länder oder Branchen) sich kurz- oder langfristig besser als andere entwickeln werden.

Wie Sie zweifellos bereits vermuten, raten wir von dieser Vorgehensweise ab, denn um mit einer solchen Strategie langfristig Erfolg zu haben, müsste Market-Timing (und nichts anderes bedeutet das selektive Investieren in Branchenfonds) funktionieren. Das ist aber eindeutig nicht der Fall, wenn man sich an seriösen, wissenschaftlichen Studien orientiert und die irreführende Presseberichterstattung zu diesem Thema außen vor lässt. Abgesehen davon, dass diese Berichte in den meisten Fällen methodisch kaum das Papier wert sind, auf dem sie gedruckt sind (siehe dazu auch den Eintrag »Anecdotal evidence« im Glossar), stellen sie zumeist nur Momentaufnahmen dar, die sich auf kurze, isolierte Zeiträume beziehen. Unausgesprochen unterstellen diese Berichte, dass historische Performance ein verlässlicher Indikator für zukünftige Performance sei (was nicht der Fall ist), und mit »Volldampf« tappen diese Journalisten gleichzeitig in mehrere anlegerpsychologische Fallen, die die Behavioral Finance aufgedeckt hat, z.B. in den Overconfidence Bias und den Hindsight Bias (siehe hierzu Abschnitt 6.1). Auch beweist die Tatsache, dass ein gegebener Neuer-Markt-Fonds oder ein Technologiefonds den Dax schlägt, keineswegs die Funktionalität des Branchenansatzes. Zum einen wird es historisch immer bestimmte Branchen geben, die vorübergehend, aber nicht zuverlässig vorhersehbar andere Branchen oder den Gesamtmarkt geschlagen haben, zum anderen sind Technologiefonds tendenziell Small-Cap-Fonds, das heißt, sie sind oft nebenwertelastig. Aufgrund des höheren Risikos von Small Caps *müssen* diese Fonds sogar eine höhere langfristige Rendite als ein Gesamtmarktfonds aufweisen, aber eben auch ein höheres Risiko in Form von Wertschwankungen.

Wer seine erwartete Portfoliorendite über die rund 13 bis 14 % p.a., die mit dem Weltportfolio langfristig erzielbar sind, hinaus erhöhen will (und das damit verknüpfte höhere Risiko verkraften kann), ist besser bedient, wenn er zur Kreditfinanzierung (*Leveraging*) seines Portfolios schreitet. Wie das geht, erläutern wir in Abschnitt 6.8.

6.5 Blue Chips versus Nebenwerte

»Viele Anleger verwechseln einen Bullenmarkt
mit Investment-Fähigkeiten.«
Charles Ellis, Finanzwissenschaftler und Bestsellerautor

Die Frage, ob und wann man eher in Blue Chips (Standardwerteaktien) oder in Small Caps (Nebenwerteaktien) investieren sollte, lässt sich weitgehend analog zu der vorhergehenden Gegenüberstellung beantworten. Es ist bekannt, dass sich Nebenwerte über kurze und lange historische Perioden immer wieder besser entwickelt haben als Standardwerte. Dazwischen gab es aber auch kurze und lange Perioden, in denen es genau umgekehrt war, z.B. der Zeitraum von 1990 bis 1998 in den USA, in dem Standardwerte deutlich besser abschnitten.

Nebenwerte *müssen* aufgrund ihres höheren Konkursrisikos nach dem ehernen Gesetz der Ökonomie, das das Risiko den Ertrag bestimmt, langfristig höher rentieren als Standardwerte. Alles andere wäre unplausibel und kann nur eine vorübergehende Erscheinung sein. Ergo bedeutet eine höhere Rendite, z.B. des Neuen Marktes im Vergleich zum Dax, für sich genommen noch gar nichts. Diejenigen, die in den Genuss dieser Renditen kommen, müssen dafür auch ein deutlich erhöhtes Risiko tragen. Wirklich interessant wäre die Beschäftigung mit der Fragestellung dieses Abschnitts nur, wenn jemand systematisch richtig prognostizieren könnte, in welchen Phasen Nebenwerte besser rentieren als Standardwerte und umgekehrt. Dann könnte man elegant zwischen diesen beiden großen Marktsegmenten hin und her wechseln und bequem mit einem bescheidenen Investment von einmalig 10 000 Euro in etwa zehn Jahren oder auch schneller zum Euro-Millionär werden. Dass dies, von einigen »märchenhaften« Glücksfällen abgesehen, nicht gelingt, bedarf keiner ausführlichen Darlegung. Auch hierfür müsste Market-Timing funktionieren.

Es ist allerdings nichts dagegen einzuwenden, wenn man aus Diversifikationsgründen in Nebenwertefonds investiert. Interessant wären auch Anlagen in einen Total-Market-Indexfonds (wie es sie z.B. in den USA, aber leider noch nicht in Europa gibt). Diese preisgünstigen Indexfonds spiegeln den gesamten Aktienmarkt (Large Caps, Mid Caps und Small Caps) eines Landes wider und sind so optimal diversifiziert.

6.6 Wechselkursgesicherte Fonds: ja oder nein?

> »Ökonomische Theorie ist überhaupt nicht
> undurchsichtig oder kompliziert. Nur besitzen
> die meisten Menschen ein unerschütterliches Interesse
> daran, selbst solche Einsichten zu negieren,
> die beleidigend offensichtlich sind.«
> *Frank Knight*, 1885–1972, amerikanischer Ökonom

Bei einem internationalen Investmentfonds, der nicht in Euro notiert – z.B. bei einem Japanfonds –, resultieren die Wertschwankungen aus zwei Komponenten: erstens aus den Wertschwankungen der in dem Fonds enthaltenen Aktien und zweitens aus der Entwicklung des Wechselkurses zwischen der Fondswährung und dem für den deutschen Anleger relevanten Euro. Das bedeutet, dass die Fondsrendite (gemessen in Euro) durch die Auf- oder Abwertung der Fondswährung gegenüber dem Euro verstärkt oder aber abgeschwächt werden kann. Im schlechtesten Fall kommt es mithin dazu, dass sinkende Aktienkurse mit einer Abwertung der entsprechenden Fondswährung gegenüber dem Euro einhergehen und so die Performance des Fonds doppelt leidet.

Nur wenige Auslandsaktienfonds (aber relativ viele Indexzertifikate) sind wechselkursgesichert, was bedeutet, dass das Fondsmanagement mit Hilfe bestimmter Währungssicherungsinstrumente die sich aus Wechselkursschwankungen ergebenden Wertschwankungen des Fonds (gemessen in Euro) zu eliminieren versucht. (Bei einem in einem Euroland investierenden »Auslandsfonds« besteht naturgemäß kein Wechselkursrisiko.) In den Verkaufsprospekten der wenigen wechselkursgesicherten Fonds wird dies oft als zusätzlicher Vorteil des Fonds dargestellt. Stimmt das? Betrachten wir dazu zunächst zwei Beispiele.

▸ Der *nicht* wechselkursgesicherte Indexfonds *Activest Aktien USA* (WKN 976954) spiegelt den bekannten amerikanischen S&P 500-Index wider. Per 9. 6. 2000 wies der Fonds eine (in Euro gemessene) Bruttorendite von + 24,1 % über einen Zwölf-Monats-Zeitraum auf, während der S&P 500-Index selbst im gleichen Zeitraum nur um + 12,2 % zulegte. Ursache der erfreulichen Differenz war die Abwertung des Euros gegenüber dem Dollar in diesen zwölf Monaten. Ohne diese Abwertung hätte der Indexfonds etwa einen viertel Prozentpunkt *unter* dem Index gelegen (exklusive der Verwaltungsgebühr von 0,4 % p.a.).

▸ Umgekehrt hätte das Bild in Bezug auf einen Japanfonds ausgesehen. Das zeigt ein Blick auf zwei Japan-Indexfonds der CICM (Commerzbank-Tochter), darunter zum einen der nicht wechselkursgesicherte CICM CB Japan Basket (WKN 971819), zum anderen der identische, jedoch wechselkursgesicherte Fonds CICM CB VV Japan Basket (WKN 974559). Die nicht wechselkursgesicherte Fondsvariante verlor per 9. 6. 2000 (in Euro gemessen) 10,6 % über einen Zwölf-Monats-Zeitraum, während die wechselkursgesicherte Fondsvariante in dieser Zeit um 4,2 % zulegte. In Yen gemessen hatten die beiden (identischen) Fonds exakt die gleiche Performance, wenn man die Kosten der Wechselkurssicherung für den Augenblick ignoriert.

Wie wir sehen, war die Wechselkurssicherung im einen Fall vorteilhaft, im anderen nachteilhaft. Welche Fondsvariante ist also grundsätzlich vorzuziehen? Pauschale Antwort: In einem gut diversifizierten, langfristig orientierten Portfolio, wie es hier propagiert wird, ist von einer Währungssicherung aus folgenden Gründen eher abzuraten:

▸ Auf lange Sicht (über fünf Jahre und mehr) ist es unwahrscheinlich, dass der saldierte Effekt aus allen Wechselkursveränderungen in einem breit diversifizierten Portfolio, das mehrere Fremdwährungen enthält, nennenswert negativ ist. Vielmehr ist auf lange Sicht von einem neutralen (Null-)Einfluss auszugehen, weil Wechselkurse langfristig um einen Mittelwert (die sogenannte Kaufkraftparität) herum schwanken.

▸ Wie jede Risikoabsicherung verursacht Wechselkurssicherung Kosten für den Fonds und drückt somit die Performance.[23] Diese Kosten lassen sich nicht pauschal beziffern, dürften aber oft bei jährlich 0,5 % des Fondsvermögens liegen. Wenn aber langfristig von keinem Vorteil aus der Sicherung auszugehen ist (siehe das vorige Argument), lohnt es sich nicht, diese Kosten aufzuwenden.

▸ Durchschnittlich die Hälfte der Zeit ist es für den Anleger sogar von Vorteil, wenn der Fonds *keine* Wechselkurssicherung unterhält, dann nämlich, wenn die ausländische(n) Fondswährung(en) gegenüber dem Euro aufwertet/aufwerten (siehe das oben angeführte Beispiel für den Activest Aktien USA).

▸ In einem breit diversifizierten Portfolio kann die Einbindung von Wechselkursrisiken sogar eine Senkung des Gesamtrisikos des Portfolios bewirken, da die Korrelation von Wechselkursschwankungen mit dem EWU-Aktienmarkt kleiner als Eins ist.

Wer hingegen nur einen einzigen Auslandsfonds (sprich: ein wenig diversifiziertes Portfolio) besitzt und/oder einen eher kurzen Anlagehorizont hat (weniger als vier bis fünf Jahre) – dem ist eine Wechselkurssicherung anzuraten.

Da Wechselkurssicherung – statistisch betrachtet – auf lange Sicht keinen positiven Effekt auf die Rendite eines Fonds hat, werden auf dem Markt nur wenige wechselkursgesicherte Fonds angeboten. Hinzu kommt, dass Fondsgesellschaften bei Auslandsfonds, die unter einer Euro-Aufwertung gelitten haben, gegenüber den Anlegern den schwarzen Peter leicht den Wechselkursschwankungen zuschieben können – diese Art von Misserfolg lässt sich immerhin relativ leicht verkaufen.

Obwohl viele Vermögensberater das Gegenteil behaupten, ist das Wechselkursrisiko von internationalen Währungsfonds für die große Mehrzahl der Anleger also kein wirklich gravierendes Problem. Bei einem Anlagehorizont von fünf Jahren aufwärts und einem gut diversifizierten Portfolio wirkt sich das Wechselkursrisiko der meisten internationalen Aktienfonds nur geringfügig (positiv oder negativ) auf die Gesamtrendite des Portfolios aus. Es gibt sogar Fachleute, die plausibel darlegen, dass internationale Anlagen in Fremdwährungen für jedermann eine wünschenswerte natürliche Risikoabsicherung darstellen. Beispiel: Steigt der Dollar gegenüber dem Euro deutlich an, werden die zahlreichen Güter, die wir aus dem Dollarraum beziehen (darunter so gut wie alle Rohstoffe), aber auch Reisen in die USA für uns in Euro gerechnet teurer. Dieser Teuerungseffekt wird aber bei einem Anleger, der in internationalen Fonds angelegt hat, die in Aktien aus dem Dollarraum investieren, ganz oder teilweise kompensiert. Und zwar deswegen, weil die Dollar-Fonds dieses Anlegers in Euro gerechnet durch die Dollaraufwertung einen zusätzlichen Renditeschub erhalten. Bei einer Dollarabwertung gegenüber dem Euro würde der Mechanismus genau umgekehrt verlaufen. Eine clevere Risikosenkungsstrategie.

Übrigens muss man zwischen echtem und vermeintlichem Wechselkursrisiko unterscheiden. So birgt etwa ein in Dollar aufgelegter Fonds, der aber ausschließlich in Aktien des Euroraumes investiert, für einen deutschen Anleger (der sein Vermögen in Euro kalkuliert) *kein* Wechselkursrisiko. Das lässt sich am Fall eines Dax-Indexfonds zeigen, der in Dollar notiert (solche Fonds werden von einigen ausländischen Fondsgesellschaften angeboten). Wie würde sich eine Aufwertung des Dollars gegenüber dem Euro auf diesen Fonds auswirken? Das Fondsvermögen (das aus den im Fonds enthaltenen Dax-Aktien besteht) wäre in Dollar gemessen nach der Dollar-Aufwertung gesunken (und somit die in Dollar ausgewiesene Performance des Fonds schlechter also ohne Wechselkursveränderung). Da aber unser hypothetischer Anleger in Euro rechnet, würde sich dieser Wertverlust für ihn exakt durch die Aufwertung des Dollars ausgleichen. Für die Frage des Wechselkurseffektes kommt es also darauf an, in welche Währungsräume der Fonds investiert, und nicht, in welcher Währung der Fonds notiert.

6.7 Was tun im Crash oder wenn die Kurse immer weiter sinken?

>>Geduld ist bitter, aber sie trägt süße Früchte.<<

Jean-Jacques Rousseau, 1712–1778, Philosoph

Dass es langfristig keine rentablere Anlageform gibt als Aktien, ist inzwischen eine Binsenweisheit, die nicht laufend neu bewiesen werden muss. Mit der hohen Langfristrendite von Aktien geht aber auch ein hohes kurz- und mittelfristiges Risiko einher, höher z. B. als jenes festverzinslicher Wertpapiere.

In der bei Redaktionsschluss dieses Buches noch immer anhaltenden Aktieneuphorie, die etwa 1995 einsetzte, dürften viele Anleger die kurz- und mittelfristigen Risiken von Aktienanlagen unterschätzen (mittelfristig: Anlagehorizont < 5 Jahre). So ist zum Beispiel sicher, dass die durchschnittliche Rendite des Dax in den fünf Jahren von 1995 bis 1999 von 32,6 % p. a. unter gar keinen Umständen dauerhaft wiederholbar ist, weil das die Unternehmensgewinne bzw. das Wachstum der Wirtschaft nicht erlauben. Das >>Gesetz<< der *Regression zum Mittelwert* (siehe Glossar) diktiert, dass pro Asset-Klasse für jedes überdurchschnittliche Jahr ein unterdurchschnittliches existieren muss. Und viele Fachleute (darunter Alan Greenspan und Warren Buffet) begründen ihre Warnungen vor einer massiven Kurskorrektur oder einer langfristigen Kursstagnation der weltweiten Technologieaktienmärkte und des amerikanischen Aktienmarktes im Allgemeinen mit deren zwischenzeitlich extrem hohen Bewertungsniveaus (z. B. gemessen an durchschnittlichen Kurs-Gewinn-Verhältnissen) – Stand September 2000.

Nebenbei bemerkt: Obwohl jeder ständig darüber redet, gibt es kurioserweise keine anerkannte Definition des Begriffs »Crash«. Für unsere Zwecke nehmen wir hier der Einfachheit halber an, jede Jahresrendite von – 20 % oder darunter sei ein Crash, während andere Betrachter den »Crash-Schwellenwert« erst bei – 30 % p.a. ansetzen. Mit beinahe ebenso viel Berechtigung könnte man allerdings im Falle eines schlagartigen Einbruches von – 30 %, der nach drei Monaten wieder aufgeholt ist, von einem Crash sprechen. Doch halten wir uns hier nicht weiter mit subjektiven Definitionen auf.

Um die Gefahren eines Crashs und die sinnvollen Reaktionsmöglichkeiten darauf beurteilen zu können, lohnt es sich, kurz die langfristige Entwicklung des Aktienmarktes zu betrachten. Tabelle 34 zeigt diese Entwicklung exemplarisch anhand des Dax. Die Ergebnisse wären aber für jeden anderen breiten Marktindex der entwickelten Länder relativ ähnlich. Würde man den MSCI-Welt-Index betrachten, wären die Zahlen hinsichtlich des Risikos sogar erfreulicher (aufgrund von geringeren Standardabweichungen und geringeren maximalen Verluste).

Hier einige Erläuterungen zu den Begriffen in der Tabelle:

▸ Die »rollierende« x-Jahresrendite ist die Durchschnittsrendite p.a. für die jeweils davor liegenden zwei, fünf oder zehn Jahre.
▸ In der Spalte »Jährliche Rendite« haben wir alle fünf »Crash-Renditen« (unter – 20 %) fett hervorgehoben.
▸ Die Risikomesszahl *Standardabweichung* wird im Glossar und in Abschnitt 3.1 näher erläutert.
▸ Bei den hier angegebenen Jahresrenditen handelt es sich um einen geometrischen Durchschnitt, bei den rollierenden Mehrjahresrenditen um einen arithmetischen Durchschnitt aus den geometrischen Renditen für die einzelnen Perioden (siehe hierzu ebenfalls Abschnitt 3.1).

Nun zur Interpretation der Tabelle:

1. Die durchschnittliche Jahresrendite des Dax vom 1. 1. 1950 bis zum 31. 12. 1999 betrug 12,7 %. Wenn man das Jahr 1949 – das erste Jahr, für das Dax-Daten vorliegen – mit seiner Jahresrendite von + 161,3 % berücksichtigt hätte, wäre die hier ausgewiesene Durch-

Tabelle 34: Renditen des Dax von 1950 bis 1999
(auffällig schwache Jahre sind hervorgehoben)

Jahr	Jährliche Rendite	Rollierende 2-Jahres-Rendite	Rollierende 5-Jahres-Rendite	Rollierende 10-Jahres-Rendite
1950	−5,8%	−	−	−
1951	111,8%	41,3%	−	−
1952	−7,9%	39,7%	−	−
1953	24,6%	7,1%	−	−
1954	92,4%	55,0%	34,6%	−
1955	6,2%	43,0%	37,8%	−
1956	−7,9%	−1,1%	16,7%	−
1957	5,6%	−1,4%	19,9%	−
1958	61,8%	30,8%	26,3%	−
1959	81,9%	71,5%	24,9%	29,6%
1960	48,0%	64,1%	33,5%	35,6%
1961	−7,5%	17,0%	33,6%	24,9%
1962	**−24,6%**	−16,5%	24,9%	22,4%
1963	9,7%	−9,0%	15,6%	20,8%
1964	4,4%	7,0%	3,4%	13,7%
1965	−12,3%	−4,3%	−6,9%	11,5%
1966	−15,7%	−14,0%	−8,6%	10,5%
1967	49,0%	12,1%	4,8%	14,4%
1968	13,5%	30,1%	5,5%	10,4%
1969	12,2%	12,8%	7,0%	5,2%
1970	**−28,4%**	−10,4%	2,7%	−2,2%
1971	7,8%	−12,2%	7,9%	−0,7%
1972	14,3%	11,0%	2,3%	3,5%
1973	**−21,7%**	−5,4%	−5,0%	0,1%
1974	4,5%	−9,5%	−6,3%	0,1%
1975	39,3%	20,7%	7,0%	4,9%
1976	−4,3%	15,5%	4,5%	6,2%

Jahr	Jährliche Rendite	Rollierende 2-Jahres-Rendite	Rollierende 5-Jahres-Rendite	Rollierende 10-Jahres-Rendite
1977	10,9%	3,0%	3,9%	3,1%
1978	7,1%	9,0%	10,6%	2,5%
1979	−8,8%	−1,2%	7,6%	0,4%
1980	1,9%	−3,6%	1,1%	4,0%
1981	3,0%	2,4%	2,6%	3,6%
1982	17,5%	10,0%	3,8%	3,8%
1983	43,2%	29,7%	10,0%	10,3%
1984	13,8%	27,7%	15,0%	11,3%
1985	85,3%	45,2%	29,6%	14,5%
1986	4,7%	39,2%	30,0%	15,5%
1987	**−37,6%**	−19,1%	14,6%	9,1%
1988	32,8%	−9,0%	12,9%	11,4%
1989	34,8%	33,8%	16,7%	15,9%
1990	**−21,9%**	2,6%	−1,8%	12,8%
1991	12,9%	−6,1%	−0,3%	13,9%
1992	−2,1%	5,1%	9,1%	11,8%
1993	46,7%	19,9%	11,3%	12,1%
1994	−7,1%	16,8%	3,3%	9,8%
1995	7,0%	−0,3%	10,0%	4,0%
1996	28,2%	17,1%	12,9%	6,1%
1997	47,1%	37,3%	22,4%	15,6%
1998	17,7%	31,5%	17,2%	14,2%
1999	39,1%	28,0%	27,0%	14,5%
Durchschnittsrendite	12,7%	14,6%	12,1%	10,5%
Höchster Wert	111,8%	71,5%	37,8%	35,6%
Niedrigster Wert	−37,6%	−19,1%	−8,6%	−2,2%
Standardabweichung	31,5%	21,4%	11,8%	8,1%

schnittsrendite mit 14,4 % deutlich höher ausgefallen. Wir haben aber mit dem Jahr 1950 begonnen, weil 1949 vermutlich ein untypisches »Sonderjahr« war, das das Gesamtergebnis eher verfälschen würde.

2. Die Zahlen zeigen klar, dass das Risiko mit der Anlagedauer (Haltedauer) des Portfolios (hier des Dax) sinkt. Zum einen reduziert sich der maximale Verlust mit zunehmender Haltedauer, zum anderen sinkt die Standardabweichung. Dennoch gab es selbst über den langen Zeitraum von immerhin zehn Jahren noch zwei Verlustperioden (mit Renditen von – 0,1 % und – 2,2 %). Es dürfte wenig Privatanleger geben, die die nötige Ausdauer besitzen, um eine so lange »Durststrecke« durchstehen zu können, ohne zu verkaufen.

3. Die wichtigste Erkenntnis hinsichtlich der Frage nach dem richtigen Verhalten in einem Crash lautet: Wer in einem Crash unmittelbar verkaufte (also den sprichwörtlichen »Panikverkauf« tätigte), konnte in den zurückliegenden 50 Jahren bis zu 37,6 % seines Portfolios verlieren (siehe 1987) – in bestimmten, aus der Tabelle nicht unmittelbar ablesbaren Konstellationen sogar noch mehr. Wer hingegen mit dem Verkauf des Portfolios nach dem Crash nur etwa 14 Monate gewartet hätte, der hätte den Vorjahresverlust in jedem dieser 50 Jahre wieder aufgeholt.

4. Für jeden der hier ausgewiesenen 46 Fünfjahreszeiträume (beginnend mit dem Zeitraum 1949 bis 1954) lag die Wahrscheinlichkeit einer negativen Rendite (– 0,1 % bis – 8,6 %) bei 13 %. Die Chance einer positiven Rendite (0,0 % bis + 37,8 %) lag dagegen bei 87 %. Für jeden der 41 ausgewiesenen Zehnjahreszeiträume betrug die Wahrscheinlichkeit einer negativen Rendite (– 0,1 % bis – 2,2 %) etwa 5 %, die Wahrscheinlichkeit einer positiven Rendite (0,0 % bis + 35,6 %) hingegen rund 95 %.

5. In der Praxis reduziert sich das hier dargestellte Risiko noch zusätzlich aus den folgenden Gründen:

   – Da so gut wie kein Anleger (außer jenen mit außerordentlich hoher Risikoneigung und/oder äußerst langem Anlagehorizont) zu 100 % in Aktien investiert sein sollte, dürften die hier angegebenen negativen Renditen die tatsächliche Rendite der meisten Anlegerportfolios nicht widerspiegeln. Der Anteil des Portfolios,

der in risikolosen Baranlagen (z. B. Geldmarktfonds oder Festgeldern), festverzinslichen Wertpapieren und eventuell in Immobilien investiert ist, sollte im Normalfall den Verlust aus der
Aktienanlage abmildern oder sogar ganz ausgleichen.
– Würde man – wie oben erwähnt – nicht den Dax, sondern ein
wesentlich besser diversifiziertes Portfolio untersuchen, wären
der errechnete maximale Verlust wie auch die Standardabweichung niedriger.
6. Alle hier angestellten Interpretationen sind nur dann relevant,
wenn man davon ausgeht, dass die Zukunft so ähnlich aussieht wie
die Vergangenheit. Diese Grundannahme können wir getrost treffen, da eine bessere methodische Alternative ohnehin nicht zur Verfügung steht.

Unsere kleine Untersuchung hat also bestätigt, was wir alle schon tau-
sendfach gehört haben: Die beste »Crash-Überlebensstrategie« ist,
sich die Anlagemaxime von Warren Buffet zu eigen zu machen: Buy
and hold (kaufen und halten) – komme was wolle. Je länger ein Anleger nach einem Crash unverändert investiert bleibt, desto höher ist
seine Chance, den Verlust wieder aufzuholen und sich der langfristigen Durchschnittsrendite (im Falle des Dax von 12,7 % p.a.) anzunä-
hern. Vorzeitige Verkäufe und vor allem Panikverkäufe machen aus
Papierverlusten echte Verluste.

Würde eines Tages eine *wirkliche* Katastrophe eintreten (und nicht
nur ein historisch gesehen relativ harmloses Ereignis wie der Crash
von 1987), wären Aktien wahrscheinlich immer noch eine der besten
Anlagen, da sie Sachwerte, nämlich Beteiligungen an Unternehmen
sind. Als »wirkliche« Katastrophe bezeichnen wir einen Weltkrieg,
einen Krieg in Deutschland oder eine Hyperinflation wie ab 1929.
Historisch betrachtet haben Aktienanleger in solchen Katastrophen-
phasen (zusammen mit Immobilieneigentümern) noch den geringsten
Schaden davongetragen. Dagegen haben die Besitzer von Bargeld,
Spareinlagen und festverzinslichen Wertpapieren tatsächlich ihr
gesamtes Anlagevermögen oder doch den größten Teil davon verlo-
ren. Wenn man es also genau überlegt, bietet somit nicht einmal eine
Aktienvermeidungsstrategie vollständigen Schutz vor einem Crash.

Dass Aktien langfristig eindeutig die rentabelste Anlageform sind und bleiben werden, hängt mit vielen strukturellen Faktoren zusammen, auf die wir hier nicht eingehen können. Aber vielleicht ist es hilfreich, sich in diesem Zusammenhang einmal das Gesamtbild der fünfeinhalb Jahrzehnte seit dem Zweiten Weltkrieg vor Augen zu führen, in denen Aktien alle anderen Anlageformen nach Rendite geschlagen haben. Im Verlauf dieser fünfeinhalb Dekaden kam es im Westen zu einer beispiellosen Erhöhung des Bruttosozialproduktes und damit des Lebensstandards und der Lebenserwartung. Und dennoch ereignete sich während dieser Zeit eine fast ungeheuerliche Kette von Krisen und Katastrophen: der Koreakrieg, der Vietnamkrieg, die arabisch-israelischen Kriege, der Afghanistankrieg, der Golfkrieg, der Kalte Krieg, die Dekolonisierung Asiens und Afrikas, die Ermordung Kennedys, zwei Ölkrisen, drei Börsencrashs, der Atomunfall von Tschernobyl, der Zusammenbruch der Sowjetunion, zweistellige Inflationsraten, zweistellige Zinsniveaus, Rekord-Haushaltsdefizite, beispiellose Steuererhöhungen, die Aids-Epidemie, die Wiedervereinigung Deutschlands, die Abschaffung der D-Mark und so weiter und so fort. Da die Börse diese Spannungen und Desaster überstanden hat, haben wir allen Grund, weiterhin optimistisch für die Entwicklung des Aktienmarktes zu sein.

Unsere Empfehlung für das Verhalten im Crash lautet also: NICHTS TUN! Auf keinen Fall verkaufen und – allein wegen des Crashs – auch nicht in andere Fonds wechseln. Machen Sie es wie Odysseus, der sich an den Mast fesseln ließ, um nicht den verlockenden, aber tödlichen Sirenengesängen zum Opfer zu fallen. Diese Sirenen werden auch Sie beim nächsten Crash hören: Es sind die Medien, die »Experten«, die sprichwörtlichen guten Freunde (die »etwas von Geld verstehen«) und Ihr höchsteigenes Nervenkostüm.

Über diesen Ratschlag hinaus können wir noch eines festhalten: Über die Zukunft weiß niemand etwas Genaues – aber zwei Dinge stehen fest: Erstens, der nächste Crash kommt bestimmt. Zweitens: Die meisten Anleger werden in diesem Crash Panikverkäufe vornehmen, die sie teuer, sehr teuer zu stehen kommen. Vermeiden Sie, zu dieser großen, bedauernswerten Gruppe zu gehören.

6.8 Die Erhöhung von Rendite und Risiko durch kreditfinanzierte Fondsanlagen (Leveraging)

»Ich habe satt, das ew'ge Wie und Wenn;
es fehlt an Geld – nun gut, so schafft es denn.«

Faust zu Mephisto in Goethes *Faust II*

Mit Hilfe einer teilweisen Kreditfinanzierung von Wertpapieranlagen lässt sich die erwartete Rendite eines Portfolios erhöhen. Das funktioniert wie folgt: Nehmen wir an, ein Anleger hätte ein Geldvermögen von 70 000 Euro. Diesen Betrag will er vollständig investieren. Er könnte nun schlicht und einfach Fondsanteile im Wert von 70 000 Euro kaufen. Stattdessen könnte er aber auch einen zusätzlichen Kredit von z. B. 30 000 Euro aufnehmen und weitere Fondsanteile kaufen, sodass sein Anlageportfolio ein Volumen von 100 000 Euro erreicht. Solange der Ertrag des kreditfinanzierten Portfolioanteiles höher ist als die Kreditzinsen, würde der Anleger mit dieser Vorgehensweise seine Anlegernettorendite (Ertrag abzüglich Kreditzinsen im Verhältnis zum eingesetzten Eigenkapital) gegenüber einem einfachen Portfolio ohne Zusatzkreditfinanzierung erhöhen. Diese Vorgehensweise bezeichnet man als *Leveraging* oder Leverage-Effekt (engl.: leverage = Hebelwirkung). Wie sich dieser Hebeleffekt im Einzelnen auswirkt, wollen wir an einem Beispiel zeigen:

Wir stellen dabei die Entwicklung eines Aktienfonds-Portfolios *ohne* Leverage (ohne Kreditfinanzierung) und eines Portfolios, das teilweise kreditfinanziert ist, unter drei verschiedenen Szenarien einander gegenüber. In Szenario 1 verläuft alles wunschgemäß; die Rendite des Aktienanteils des Portfolios beträgt 25 % p.a. In Szenario 2 sieht es weniger gut aus: Der Aktienanteil weist eine Null-Rendite aus; und im besonders unerfreulichen Szenario 3 erwirtschaftet der Aktienanteil eine negative Rendite von 25 % p.a. Weitere Annahmen, die dem Vergleich zugrunde liegen: Die Kosten der Kreditfinanzierung belaufen sich in allen drei Szenarien einheitlich auf 8 % p.a.; das eingesetzte Eigenkapital umfasst 70 000 Euro und die Höhe der kreditfinanzierten zusätzlichen Fondsanlage beträgt ebenfalls in allen drei Szenarien 30 000 Euro. Aus Tabelle 35 geht nun hervor, dass durch den Leverage-Effekt sowohl die Ertrags- als auch die Verlustchancen gegenüber einem nicht teilweise kreditfinanzierten Portfolio zunehmen.

Tabelle 35: **Die Auswirkung des Leverage-Effekts auf die Anlegerrendite bei unterschiedlicher Rendite des Aktienfondsinvestments**

Szenario 1: Fondsrendite = 25 % p.a.

	Gesamtportfoliovolumen in Euro	Bruttorendite in Euro (exkl. Kreditzinsen)	Aufwandszinsen für den kreditfinanzierten Teil des Portfolios	(Anleger-)Nettorendite (p.a.) des Gesamtportfolios
Portfolio A (ohne Leverage)	70 000 Euro	70 000 Euro × 25 % = 17 500 Euro	entfällt	17 500 Euro ÷ 27 000 Euro = **+25 %**
Portfolio B (mit Leverage)	100 000 Euro	100 000 Euro × 25 % = 25 000 Euro	30 000 Euro × 8 % = 2 400 Euro	25 000 Euro – 2 400 Euro = 22 600 Euro ÷ 70 000 Euro = **+32,3 %**

Szenario 2: Fondsrendite = 0 % p.a.

	Gesamtportfoliovolumen in Euro	Bruttorendite in Euro (exkl. Kreditzinsen)	Aufwandszinsen für den kreditfinanzierten Teil des Portfolios	(Anleger-)Nettorendite (p.a.) des Gesamtportfolios
Portfolio A (ohne Leverage)	70 000 Euro	70 000 Euro × 0 % = 0 Euro	entfällt	**0 %**
Portfolio B (mit Leverage)	100 000 Euro	100 000 Euro × 0 % = 0 Euro	30 000 Euro × 8 % = 2 400 Euro	0 Euro – 2 400 Euro = – 2 400 Euro ÷ 70 000 Euro = **– 3,4 %**

Szenario 3: Fondsrendite = – 25 % p.a.

	Gesamtportfoliovolumen in Euro	Bruttorendite in Euro (exkl. Kreditzinsen)	Aufwandszinsen für den kreditfinanzierten Teil des Portfolios	(Anleger-)Nettorendite (p.a.) des Gesamtportfolios
Portfolio A (ohne Leverage)	70 000 Euro	70 000 Euro × – 25 % = – 17 500 Euro	entfällt	17 500 Euro ÷ 17 500 Euro = **– 25 %**
Portfolio B (mit Leverage)	100 000 Euro	100 000 Euro × – 5 % = – 25 000 Euro	30 000 Euro × 8 % = 2 400 Euro	– 25 000 Euro – 2 400 Euro = – 27 400 Euro ÷ 70 000 Euro = **– 39,1 %**

Warum? Antwort: Der Leverage-Effekt verstärkt ganz offensichtlich die Entwicklung der Portfoliorendite, und zwar sowohl nach oben hin (in positiven Marktphasen) wie auch nach unten hin (in negativen Marktphasen). Anders ausgedrückt: Die Volatilität (Schwankungsintensität) des Portfolios steigt – allerdings auch die erwartete Rendite, sofern man davon ausgeht, dass Aktien langfristig einen Bruttorendite von ca. 12 % liefern. Denn dann würde der Zusatzertag aus dem kreditfinanzierten Teil des Portfolios die Zusatzkosten übertreffen. Bei einer Aktienrendite von 8 % wäre der Leverage-Effekt in unserem Beispiel gleich null (neutral), da sich der zusätzliche Ertrag und der Zinsaufwand gerade ausgleichen würden. Könnte man nun mit Sicherheit davon ausgehen, dass die Langfristrendite von Aktien auch in Zukunft bei 12 % läge, und hätte man zugleich einen unendlichen Anlagehorizont, würde es sich in jedem Fall lohnen, den Leverage-Effekt zu nutzen. Dies sind aber eindeutig ungesicherte Annahmen. In der Praxis kommt noch hinzu, dass der Kredit häufig durch eine Verpfändung des Aktienportfolios zu besichern ist. Gerät nun die finanzierende Bank während einer längeren negativen Marktphase (angesichts des schrumpfenden Portfoliowertes) in Zweifel darüber, ob der Anleger den Kredit wird zurückzahlen können, hat sie zumeist das Recht, die Fondsanlagen zu liquidieren, um den Kredit zurückzuführen. Wenn dies geschieht, wird ein »Papierverlust«, den der Anleger durch striktes Buy-and-Hold wahrscheinlich nach einiger Zeit wieder hätte ausgleichen können, gegen seinen Willen zum realisierten, endgültigen Verlust.

Fazit: Da die Volatilität eines teilweise kreditfinanzierten Portfolios steigt und ferner die kreditgebende Bank zumeist via Wertpapierverpfändungsvertrag einen Einfluss auf die Anlagepolitik erhält, ist Leveraging nur Anlegern mit hoher Risikopräferenz, größerem Vermögenspolster und einem Anlagehorizont von mindestens vier Jahren anzuraten. Anlegern mit »normaler« Risikotragkapazität muss hingegen von kreditfinanzierten Wertpapieranlagen eher abgeraten werden.

6.9 Die Besteuerung von Investmentfonds und Indexzertifikaten

»Die Einkommensteuer hat mehr Menschen
zu Lügnern gemacht als der Teufel.«

William P. A. Rogers, amerikanischer Schriftsteller

Vorab eine Einschränkung: Die nachfolgenden Ausführungen können keine Beratung durch einen qualifizierten Steuerberater ersetzen. Wir empfehlen Ihnen, sofern auch nur geringe Unklarheiten über die steuerlichen Konsequenzen einer Geldanlage bestehen, bereits vor dem Kauf eines Wertpapiers oder Fondsanteils einen Steuerberater zu konsultieren; das gilt besonders, falls Sie ausländische Investmentfonds erwerben möchten. Genauso wichtig ist eine Steuerberatung natürlich bei der späteren Erstellung der Einkommensteuererklärung. Die folgenden Aussagen beziehen sich nur auf Fonds und Wertpapiere, die in Privatvermögen gehalten werden (nicht auf Vermögensanlagen in Betriebsvermögen). Das Steueränderungsgesetz aus dem Jahr 2000 hat für die Jahre ab 2002 einige modifizierte Regelungen gebracht, auf die wir weiter unten eingehen.

Besteuerung von Investmentfonds

Bei einem Investmentfonds wird nicht der Fonds selbst besteuert, sondern die Besteuerung findet auf der Ebene des einzelnen Fondsanlegers statt. Der Fonds selbst ist ein nicht steuerpflichtiges Sondervermögen. Indexaktien (börsengehandelte Indexfonds) werden wie offene Investmentfonds besteuert.

Im Wesentlichen sind nur Kursgewinne (»Spekulationsgewinne«) außerhalb der einjährigen Spekulationsfrist steuerfrei. Das gilt sowohl für Aktien-, Renten- als auch für offene Immobilienfonds. Die übrigen Einkunftsarten sind dagegen steuerpflichtig; das betrifft beispielsweise Einnahmen aus Zinsen oder Dividenden. Da der Anteil der steuerpflichtigen Einkünfte bei Rentenfonds und Immobilienfonds in der Regel höher ist als bei Aktienfonds, resultiert eine gewisse steuerliche Begünstigung von Aktienfonds.

In Abhängigkeit von der Frage der Registrierung (= Zulassung) eines Fonds in Deutschland ergeben sich große Unterschiede hinsichtlich der Besteuerung der Fondserträge. Aus steuerlicher Sicht muss man vom Kauf von in Deutschland nicht registrierten oder zugelassenen Fonds und Indexaktien durch Steuerinländer (Anleger, die in Deutschland Steuern zahlen) abraten, da diese Fonds steuerlich massiv benachteiligt werden. Eine Liste der in Deutschland zugelassenen Fonds hat das Berliner Bundesaufsichtsamt für das Kreditwesen im Internet veröffentlicht (www.bakred.de). Immerhin: Die meisten »ausländischen« Fonds, für die in deutschen Printmedien aktiv geworben wird (darunter viele Fonds aus Luxemburg und Dublin), sind zugelassene Fonds. Im deutschsprachigen Teil des Internet »wimmelt« es dagegen von nicht zugelassenen bzw. nicht registrierten Fonds und Indexaktien, deswegen ist hier Vorsicht angebracht.

Die Frage, ob Fondsanteilsbesitzer Steuerinländer oder Steuerausländer sind, hat weitgehende Konsequenzen für die Besteuerung von Wertpapier- und Fondserträgen. Alle Aussagen in diesem Abschnitt beziehen sich nur auf Steuerinländer.

Für Fondsanteile, die Teil des Betriebsvermögen sind, gelten andere Bestimmungen, auf die wir hier nicht weiter eingehen. (Insbesondere besteht die Steuerbefreiung realisierter Kursgewinne nach Ablauf der Spekulationsfrist von einem Jahr für Unternehmen nicht.)

Die in Tabelle 36 zu findenden Angaben gelten nicht für geschlossene Fonds (in Deutschland sind das in erster Linie geschlossene Immobilienfonds, Flugzeug- und Schiffsfonds, für die vielfach abweichende Steuerregelungen bestehen).

Weitere wichtige Tatbestände bei der Besteuerung von Investmentfonds sind:

▸ Steuerlich besteht kein Unterschied zwischen thesaurierten (nicht ausgeschütteten) und ausgeschütteten Erträgen.
▸ Alle Besteuerungsarten, die im Zusammenhang mit den diversen Wertpapier- und Fondstypen *vorab* anfallen können (Kapitalertragssteuer, Zinsabschlagssteuer, ausländische Quellensteuern, Solidaritätszuschlag, anrechenbare Körperschaftssteuer, vergütete Körperschaftssteuer etc.), werden im Nachhinein mit der Einkommensteuerschuld im Rahmen der Einkommensteuererklärung ver-

Tabelle 36: Besteuerung von Investmentfonds (Stand: Mitte 2000)

Investmentfondstyp	Einkommensteuerliche Behandlung der Erträge
(a) Deutsche Fonds (aufgelegt von einer deutschen Kapitalanlagegesellschaft, in Deutschland registriert) (b) Ausländische Fonds (zum Beispiel Luxemburger Fonds), die in Deutschland gemäß Auslandsinvestmentgesetz registriert sind (§17 AIG)	Steuerpflichtig sind: • Zinserträge • Miet- und Pachtgewinne • Dividendenerträge • Gewinne aus Termingeschäften (innerhalb der Spekulationsfrist von 12 Monaten) • Zwischengewinne und Stückzinsen* • Miet- und Pachteinnahmen (bei offenen Immobilienfonds) Nicht steuerpflichtig sind: • Kursgewinne (Spekulationsgewinne) aus einzelnen Wertpapieren (zum Beispiel Aktien und Renten), die der Fonds hält, sofern der Anleger seine Fondsanteile mindestens 12 Monate besitzt (Spekulationsfrist) • Spekulationsgewinne aus dem Verkauf von Immobilien bei offenen Immobilienfonds, sofern die Immobilie mindestens 10 Jahre im Fondseigentum stand *und* der Anleger seine Fondsanteile mindestens 12 Monate hält Besonderheiten: • Ausländische Fonds, die nach §17 AIG in Deutschland registriert sind, besitzen dennoch einen Nachteil, der sich unter Umständen zuungunsten des Anlegers auswirkt: Im Gegensatz zu deutschen Fonds können ausländische Fonds dem deutschen Anleger keinen Anspruch auf die Vergütung der Körperschaftssteuergutschrift verschaffen, da ihnen die bei Ausschüttung inländischer Dividenden einbehaltene Körperschaftssteuer und Kapitalertragssteuer nicht vergütet wird. Dieser Gesichtspunkt betrifft insbesondere ausländische Fonds, die in erster Linie in deutschen Aktien anlegen. In diesem Fall kann dieser Nachteil in der Fondsperformance zu Buche schlagen.

Investmentfondstyp	Einkommensteuerliche Behandlung der Erträge
Ausländische Fonds, die *nicht* in Deutschland registriert sind, aber einen »inländischen steuerlichen Vertreter« nach dem Auslandsinvestmentgesetz haben (§18 Absatz 2 AIG)	Steuerpflichtig sind: • alle oben genannten Erträge • ebenso Kursgewinne/Spekulationsgewinne auch außerhalb der Spekulationsfrist von einem Jahr
Ausländische Fonds, die *nicht* in Deutschland registriert sind und auch *keinen* inländischen steuerlichen Vertreter haben (§18 Absatz 3 AIG)	Steuerpflichtig sind: • alle Ausschüttungen des Fonds, gleich aus welcher ursprünglichen Ertragsart • 90 % des Wertzuwachses im Kalenderjahr, auch wenn dieser nicht durch Verkauf seitens des Anlegers realisiert wurde Besonderheiten: • Selbst wenn es keinen Wertzuwachs gab, sind 10 % des Anteilswertes als fiktiver Wertzuwachs zu versteuern. • Bei Anteilsverkauf sind 20 % des Verkaufserlöses steuerpflichtige Erträge, die restlichen Spekulationsgewinne/Kursgewinne sind außerhalb der Spekulationsfrist (12 Monate) steuerfrei.

* Als *Zwischengewinn* werden bei Fonds aufgelaufene Erträge (Zinsen, Dividenden etc.) bezeichnet, die noch nicht ausgeschüttet oder buchmäßig thesauriert worden sind. Der Zwischengewinn fällt an, wenn der Anleger seine Fondsanteile zurückgibt, und ist zu versteuern. Da er aber keinen echten Gewinn darstellt (er wurde ja vorher »gekauft«, d.h. war schon im Anteilspreis enthalten), darf der Zwischengewinn gleichzeitig wieder als negative Einnahme aus Kapitalvermögen von den sonstigen Einkünften abgezogen werden. Bei festverzinslichen Wertpapieren (die nicht innerhalb eines Fonds gehalten werden) werden Zwischengewinne als *Stückzinsen* bezeichnet.

rechnet. Insofern sind all diese Steuern nur als Abschlagszahlungen auf die Einkommensteuerschuld zu betrachten. Zu viel gezahlte Steuern lasse sich im Wege der Steuererklärung zurückholen.

▶ Spekulationsverluste/Kursverluste bei einem Wertpapier oder Fonds können mit Spekulationsgewinnen/Kursverlusten bei einem anderen Wertpapier/Fonds steuerlich verrechnet werden. Übersteigen die Verluste die Gewinne in einem gegebenen Jahr, besteht die Möglichkeit eines Verlustrücktrages und – wenn auch danach noch Verluste übrig bleiben – des Verlustvortrages (Verrechnung mit Spekulationsgewinnen künftiger Jahre). Eine Verrechnung von Spekulationsverlusten mit *anderen* steuerlichen Einkunftsarten ist jedoch nicht zulässig.

▶ Jeder Anleger hat einen Steuerfreibetrag von 3 100 DM (Verheiratete: 6 200 DM). Bis zu dieser Höhe sind ansonsten steuerpflichtige Erträge (vor allem Zins- und Dividendenausschüttungen sowie Spekulationsgewinne *innerhalb* der Spekulationsfrist) steuerfrei. Mit einem so genannten *Freistellungsauftrag* bei der depotführenden Bank/Fondsgesellschaft kann man verhindern, dass Erträge unterhalb dieser Schwelle trotz des Steuerfreibetrages vorab vom depotführenden Institut an das Finanzamt abgeführt werden. Würde das geschehen, könnte der Freibetrag erst im Rahmen der Einkommensteuererklärung geltend gemacht werden. Anleger, deren jährliche Gesamteinkünfte 13 499 DM (Verheiratete das Doppelte) nicht überschreiten, zahlen gar keine Einkommensteuer, dementsprechend auch keine Kapitalertragsteuer oder Ähnliches. Mit einer so genannten NV-Bescheinigung des Finanzamtes (einzureichen bei der depotführenden Bank) können sie die Abführung von Zinsabschlagssteuer/Kapitalertragsteuer schon im Vorhinein verhindern.

▶ Mit vielen Staaten, darunter auch den USA, unterhält die Bundesrepublik Deutschland Doppelbesteuerungsabkommen. Dadurch wird vermieden, dass steuerpflichtige Erträge, die im Ausland anfallen, zweimal besteuert werden. Das bedeutet auch, dass die im Ausland oft einbehaltene Quellensteuer auf die Einkommensteuerschuld eines deutschen Steuerinländers angerechnet werden kann.

▸ Bei Wertpapierdepots, die außerhalb der deutschen Jurisdiktion im Ausland angesiedelt sind, greifen die deutschen Steuerbestimmungen naturgemäß zunächst nicht. Das bedeutet unter anderem, dass auch keine Zinsabschlagssteuer anfällt, was sich viele Anleger im Wege eines (übrigens völlig legalen) Depots in Luxemburg zunutze machen. Dessen ungeachtet sind diese Einkünfte im Rahmen der Einkommensteuererklärung zu deklarieren und werden identisch besteuert. Insofern handelt es sich hier vor allem um einen Steuer-*stundungs*effekt, der sich aber liquiditätsmäßig und in Barwertkategorien vorteilhaft auswirkt.

▸ Werden Wertpapiere oder Fondsanteile durch einen Kredit finanziert, so sind die zwischen Kauf und Verkauf angefallenen Schuldzinsen steuerlich absetzbar. Allerdings ist diese Bestimmung umstritten und wird von manchen Finanzämtern offenbar nicht ohne weiteres anerkannt. (Im Übrigen handelt es sich dabei ohnehin um eine hochriskante Vorgehensweise.) Dass ein normaler Privatanleger aus Risikogründen keine kreditfinanzierten Anlagen tätigen sollte, haben wir bereits im vorigen Abschnitt festgestellt.

▸ Ausgabeaufschläge und Verwaltungsgebühren von Fonds sind – genau wie auch Kauf- und Verkaufsspesen einzelner Wertpapiere – leider keine absetzungsfähigen Werbungskosten. Hierunter fallen nur persönliche Depotführungsgebühren und einige andere recht marginale Kosten der Fonds- oder Wertpapieranlage.

▸ Investmentfondsanteile, die vererbt werden, unterliegen der Erbschaftssteuer. Angesetzt wird dabei der Investmentanteil mit dem Rücknahmepreis. Je nach Verwandtschaftsverhältnis zwischen Erbe und Erblasser bestehen unterschiedlich hohe Freibeträge (Ehegatte 600 000 DM, Kinder und Stiefkinder 400 000 DM, Enkel 100 000 DM). Der konkrete Erbschaftssteuersatz auf den darüber hinausgehenden Teil des vererbten Vermögens hängt wiederum von der Erbschaftssteuerklasse (das heißt vom Verwandtschaftsgrad) und von der Höhe dieses Vermögensanteiles pro Erbe ab. Die Sätze liegen zwischen 7 % und 50 %. Durch eine geschickte und vor allem frühzeitige Gestaltung der Vermögensübertragung in Form von Schenkungen und Vererbung lässt sich die Gesamtsteuerbelastung unter Umständen drastisch reduzieren. Hierzu sollten Sie jedoch einen Steuerberater konsultieren.

Wer sich genauer über die Besteuerung von Investmentfonds informieren möchte, dem sei die ausgezeichnete Gratisbroschüre *Steuerinformation – Hinweise für die steuerliche Behandlung deutscher Investmentfonds im Kalenderjahr 2000* des Bundesverbandes Deutscher Investment-Gesellschaften (BVI) empfohlen (siehe Anhang). Die Broschüre enthält auch eine ausführliche Anleitung zur richtigen Erfassung der Fondserträge (und -verluste) in den Einkommensteuerformularen.

Besteuerung von Indexzertifikaten

Soweit die oben genannten Steuervorschriften für Investmentfonds auf Indexzertifikate inhaltlich angewandt werden können, gelten sie auch analog (zum Beispiel Steuerfreiheit von Kursgewinnen außerhalb der einjährigen Spekulationsfrist, Verlustverrechnungsmöglichkeit). Da aber Indexzertifikate relativ neue Finanzprodukte sind, hat die Finanzverwaltung noch keine umfassende und eindeutige Auffassung zu ihrer einkommensteuerlichen Behandlung formuliert.

Indexzertifikate werden im Prinzip steuerlich wie andere Wertpapiere behandelt. So werden insbesondere »Plain-Vanilla«-Indexzertifikate auf Aktienindizes wie Aktien selbst eingestuft (zum Begriff *Plain Vanilla* siehe Glossar). Mit Indexzertifikaten auf einen Performance-Index (siehe Glossar) konnten Anleger bis dato an sich steuerpflichtige Dividenden in steuerfreie Kursgewinne transformieren – ein eigentlich erstaunlicher Steuervorteil (dessen Fortbestand aber nicht unbedingt garantiert ist).

Problematisch kann sich die Besteuerung bei sogenannte Flooroder Garantiezertifikaten (siehe Glossar) gestalten. In einem Schreiben vom 21.7.1998 hat das Bundesfinanzministerium allgemein festgestellt, dass Indexzertifikate bei Privatanlegern dann nicht zu steuerpflichtigen Kapitalerträgen (auch nicht zur Zinsabschlagssteuerpflicht) führen, wenn die *gesamte* Rückzahlung ausschließlich von der ungewissen Entwicklung des zugrunde liegenden Index abhängt. Das ist bei Floorzertifikaten im Grunde aber nicht der Fall.

Es sieht also so aus, als ob bei strukturierten Indexzertifikaten (mit Ausnahme der einfachen Cap-Zertifikate/Discount-Zertifikate) noch gewisse Unsicherheit bezüglich ihrer einkommensteuerlichen Behandlung besteht (Steueränderungsrisiko). Und ob die oben beschriebene Steuerbegünstigung von einfachen Indexzertifikaten auf Performance-Indizes auf Dauer bestehen bleibt, steht leider ebenfalls nicht außer Zweifel.

Neue Regelungen aus dem Steueränderungsgesetz 2000 für die Jahre ab 2002

Die für Privatanleger relevanten Bestimmungen im Steueränderungsgesetz von 2000 sind unter dem Stichwort »Halbeinkünfteverfahren« bekannt geworden. Die damit verknüpften Änderungen gegenüber den bis Ende 2001 geltenden Bestimmungen bedeuten für Fondsanleger nur in einem Punkt eine gravierende Änderung, und auch diese trifft lediglich den vermutlich relativ kleinen Kreis kurzfristig orientierter Fondsanleger. Die Informationen in Tabelle 37 gelten nur für Aktien und Aktienfonds, die in Privatbesitz gehalten werden.

Die wesentliche Änderung besteht somit darin, dass Aktienfondsanlagen *innerhalb* der Spekulationsfrist von zwölf Monaten – anders als die Besitzer einzelner Aktien – nicht in den Genuss der neuen, besseren Regelung unter dem Halbeinkünfteverfahren kämen. Ein Beispiel: Sparer A kauft für 20 000 Euro Aktien, Sparer B für 20 000 Euro Investmentfondsanteile. Nach elf Monaten verkaufen beide Sparer ihr Investment, das jetzt in beiden Fällen 25 000 Euro wert sei. Der Aktienanleger A muss (nach dem Halbeinkünfteverfahren) 2 500 Euro versteuern, der Fondsanleger B dagegen die vollen 5 000 Euro (jeweils ohne Beachtung einer möglichen Nutzung des Sparerfreibetrages).

Für die Fondsanleger, die den Empfehlungen dieses Buches folgen wollen, sind die Änderungen unerheblich, denn wie wir bereits an anderer Stelle gesehen haben, ist von Fondsverkäufen innerhalb von zwölf Monaten (finanzielle Notlagen ausgenommen) fast ausnahmslos abzuraten.

Tabelle 37: Änderungen in der Besteuerung von Aktien und Aktienfonds im Rahmen des »Halbeinkünfteverfahrens«

Form des Investments	Art der Einkünfte	Bisherige Regelung, gültig bis Ende 2001	Neue Regelung ab 2002 (für die Steuerklärung, die im Jahr 2003 abgegeben wird)
Investments in einzelne Aktien (inl./ ausl.)	Dividenden	Nach Durchlaufen eines relativ komplizierten Rechenverfahrens (Körperschaftssteuergutschrift, Rückerstattung der 30%igen Ausschüttungsbesteuerung) versteuert der Aktionär letztlich die Ausschüttung mit seinem persönlichen ESt.-Satz (sofern sie nicht unter den Sparerfreibetrag fällt). Steuerausländer sind schlechter gestellt, weil sie die KöSt.-Gutschrift nicht nutzen können. Kursgewinne fallen unter die Einkunftsart »Sonstige Einkünfte«.	Das (inländische) Unternehmen führt pauschal 25% Steuern auf die Ausschüttungen (Dividenden) ab. Eine Gutschrift für den Anleger gibt es nicht mehr. Den ausgeschütteten Rest muss der Anleger nur zur Hälfte mit seinem persönlichen Einkommensteuersatz versteuern. Die Ausschüttungen belasten den Sparerfreibetrag von 3000 DM pro Person auch nur zur Hälfte. Steuerausländer sind nicht schlechter gestellt. Kursgewinne fallen unter die Einkunftsart »Kapitalerträge«.
Investments in Fondsanteile	Dividenden	Analog Investments in einzelne Aktien; dabei spielt es keine Rolle, ob der Fonds diese Dividenden thesauriert oder an die Anleger ausschüttet. Steuerausländer sind schlechter gestellt, weil sie die KSt.-Gutschrift nicht nutzen können. Kursgewinne fallen unter die Einkunftsart »Sonstige Einkünfte«.	Analog Investments in einzelne Aktien. Ausschüttungen von Auslandsfonds (auch Luxemburger Fonds) nach dem AIG muss der Anleger jedoch vollständig (nicht nur hälftig) versteuern.

Form des Investments	Art der Einkünfte	Bisherige Regelung, gültig bis Ende 2001	Neue Regelung ab 2002 (für die Steuerklärung, die im Jahr 2003 abgegeben wird)
Investment in einzelne Aktien (inl./ausl.)	Kursgewinne innerhalb der Spekulationsfrist von 12 Monaten	Diese Gewinne fallen unter die Einkunftsart »Sonstige Einkünfte«. Sie sind voll mit dem persönlichen ESt.-Satz des Anlegers zu versteuern. Realisierte Kursgewinne und Kursverluste im gleichen Jahr können verrechnet werden.	Diese Gewinne fallen unter die Einkunftsart »Kapitalerträge«. Sie werden auf der Ebene des Anlegers wie Dividendeneinkünfte besteuert, d. h., nur die Hälfte wird mit dem persönlichen ESt.-Satz besteuert. Realisierte Kursgewinne und Kursverluste im gleichen Jahr können verrechnet werden.
Investment in Fondsanteile	Kursgewinne innerhalb der Spekulationsfrist von 12 Monaten	Analog Investments in einzelne Aktien	Analog Investments in einzelne Aktien. Jedoch muss nicht nur die Hälfte des Kursgewinns (wie bei einzelnen Aktien), sondern der volle Kursgewinn versteuert werden.
Investment in einzelne Aktien (inl./ausl.)	Kursgewinne, die der Anleger *nach* Ablauf der Spekulationsfrist von 12 Monaten realisiert	Steuerfrei	Steuerfrei (keine Änderung)
Investment in Fondsanteile	Kursgewinne, die der Anleger *nach* Ablauf der Spekulationsfrist von 12 Monaten realisiert	Steuerfrei	Steuerfrei (keine Änderung)

6.10 Die verblüffende Wirkung des Zinseszinseffektes

»Der Zinseszinseffekt ist die größte
Entdeckung der Mathematik.«
Albert Einstein, 1879–1955

Tabelle 38 soll beispielhaft den Zinseszinseffekt illustrieren. Bedingt durch den Zinseszinseffekt wächst eine Geldanlage (bei konstanter Rendite) nicht linear, sondern exponentiell. Das heißt, in Geldeinheiten gemessen nimmt der Wert der Anlage jedes Jahr schneller zu. Die Konsequenz für Anleger hieraus sollte sein, so früh wie möglich mit dem Sparen zu beginnen und Anlageentscheidungen nicht auf die lange Bank zu schieben.

Um zu errechnen, wie lange es dauert, bis sich ein bestimmtes Kapital (ein einmaliges Investment) bei einer angenommenen durchschnittlichen Jahresrendite verdoppelt hat, kann man eine nützliche und leicht zu merkende Regel anwenden: Es genügt hierzu, die Zahl 72 durch die durchschnittliche Rendite (in Prozent) zu dividieren. Beispiel: Die angenommene Rendite sei 12 %. Dann dauert es (72 ÷ 12 =) 6 Jahre bis zur Verdopplung des Anfangskapitals. Stellen wir uns vor, Fritzi investiert heute 20 000 Euro, zur Hälfte in einen Aktienfonds und zur Hälfte in Rentenpapiere. Er erwartet eine durchschnittliche Jahresrendite für sein Gesamtportfolio von 9 %. Somit wird es nach (72 ÷ 9 =) 8 Jahren auf 40 000 Euro angewachsen sein, nach weiteren acht Jahren auf 80 000 Euro, nach nochmals acht Jahren auf 160 000 Euro usw. Dieselbe Rechenregel kann man auch auf den Geldentwertungseffekt (kaufkraftsenkenden Effekt) der Inflation anwenden. Beispiel: Wie lange dauert es, bis ein Euro bei einer Inflation von 4 % p. a. nur noch die halbe Kaufkraft besitzt? Antwort (72 ÷ 4 =) 18 Jahre. Nach weiteren 18 Jahren wäre die Kaufkraft wiederum um die Hälfte gesunken und so fort.

Tabelle 38: Die Wirkung des Zinseszinseffektes

(a) Die Wertentwicklung einer einmaligen Anlage von 10000 Euro
(Ergebnisse in Tsd. Euro)

Anlagezeitraum in Jahren	Angenommene Rendite des Investments (Zinssatz p.a.)							
	5%	6%	7%	8%	9%	10%	11%	12%
5	12,8	13,4	14,0	14,7	15,4	16,1	16,9	17,6
10	16,3	17,9	19,7	21,6	23,7	25,9	28,4	31,1
15	20,8	24,0	27,6	31,7	36,4	41,8	47,8	54,7
20	26,5	32,1	38,7	46,6	56,0	67,3	80,6	96,5
25	33,9	42,9	54,3	68,5	86,2	108,3	135,9	170,0
30	43,2	57,4	76,1	100,6	132,7	174,5	228,9	299,6

(b) Die Wertentwicklung einer monatlichen Anlage von 100 Euro
(Ergebnisse in Tsd. Euro)

Anlagzeitraum in Jahren	Angenommene Rendite des Investments (Zinssatz p.a.)							
	5%	6%	7%	8%	9%	10%	11%	12%
5	6,8	7,0	7,2	7,3	7,5	7,7	8,0	8,2
10	15,5	16,4	17,3	18,3	19,4	20,5	21,7	23,0
15	26,7	29,1	31,7	34,6	37,8	41,4	45,5	50,0
20	41,1	46,2	52,1	58,9	66,8	75,9	86,6	98,9
25	59,6	69,3	81,0	95,1	112,1	132,7	157,6	187,9
30	83,2	100,5	122,0	149,0	183,1	226,0	280,5	349,5

(c) Die Wertentwicklung einer einmaligen Anlage von 10000 Euro kombiniert mit einer monatlichen Anlage von 100 Euro (Ergebnisse in Tsd. Euro)

Anlagezeitraum in Jahren	Angenommene Rendite des Investments (Zinssatz p.a.)							
	5%	6%	7%	8%	9%	10%	11%	12%
5	19,6	20,5	21,3	22,2	23,2	24,2	25,2	26,3
10	32,0	34,6	37,4	40,5	43,9	47,6	51,6	56,0
15	47,9	53,6	60,2	67,7	76,2	86,0	97,1	109,9
20	68,2	79,3	92,5	108,2	126,9	149,2	175,9	207,9
25	94,4	113,9	138,3	168,5	206,2	253,3	312,1	385,8
30	127,9	160,7	203,2	258,4	330,4	424,4	547,5	709,0

6.11 Wie ein Entnahmeplan (Auszahlplan) funktioniert

»Meine Lieblingszeitperspektive ist ›für immer‹.«

Warren Buffet, Anleger und Milliardär

Wenn Sie nicht zu den wenigen Glücklichen gehören, die stets ein so hohes laufendes Einkommen beziehen, dass Sie davon leben können, werden Sie irgendwann den Punkt erreichen, an dem Sie zur Bestreitung Ihres Lebensunterhaltes teilweise oder vollständig auf Ihre Fondsanlagen zurückgreifen müssen, im Ökonomendeutsch: Sie treten in die »Entsparphase« ein. Folgende Möglichkeiten bestehen, um aus einem bestehenden Fondsdepot laufende Zahlungen zu empfangen (die Namen dieser Konstruktionen sind von Finanzinstitut zu Finanzinstitut unterschiedlich):

1. *Verkauf (Rückgabe) von Fondsanteilen.* Dies kann monatlich, zweimonatlich oder in anderen Abständen geschehen. Insbesondere bei Fondsanteilen ist das (anders als bei einzelnen Wertpapieren) eine realistische Möglichkeit, da keine Kosten durch den Verkauf entstehen. Der Barerlös könnte zweckmäßigerweise, sofern er nicht unmittelbar verbraucht wird, auf ein verzinsliches »Tagesgeldkonto« fließen (siehe dazu Abschnitt 4.4).

2. *Investition in ausschüttende (statt thesaurierende) Investmentfonds.* Solche Fonds schütten ein- oder zweimal pro Jahr die ihnen zugeflossenen Dividenden und sonstigen liquiden Erträge aus. Einige Aktienfonds sind sowohl in einer ausschüttenden als auch in einer thesaurierenden Variante erhältlich (die Mehrzahl ist thesaurierend). Die meisten Renten-, Geldmarkt- und offenen Immobilienfonds sind ausschüttend, und bei ihnen ist der absolute und prozentuale Anteil der Gesamtrendite, der aus (Zins-)ausschüttungen stammt, naturgemäß größer als bei Aktienfonds, deren Rendite üblicherweise zu vier Fünfteln aus Kurssteigerungen besteht.

3. *Etablierung eines Entnahmeplans.* Ein Entnahmeplan ist das Gegenstück zu einem Wertpapiersparplan (Fondssparplan). Viele Banken, Direktbanken und Fondsgesellschaften bieten Entsprechendes an. Dabei wird in bestimmten Abständen, z. B. monatlich,

ein fixer Geldbetrag aus dem Depot ausgezahlt. Der Betrag kann so bemessen sein, dass kein Kapitalverzehr stattfindet (d. h., er überschreitet nicht die erwartete Höhe der Dividenden, Zinserträge und Kurssteigerungen, die den Anlagen im Depot zufließen), oder es findet Kapitalverzehr statt, wenn die Auszahlungen höher als die erwarteten Dividenden, Zinserträge und Kurssteigerungen sind. Letzteres würde bedeuten, dass das Depot nach einer bestimmten Anzahl von Jahren aufgezehrt ist. Insbesondere wenn die Ausschüttungsquote so hoch ist, dass das Depot in weniger als fünf Jahren »aufgebraucht« sein wird, sollte man – je nach sonstiger Vermögenslage – darüber nachdenken, aus Risikogründen vollständig in Rentenfonds oder Geldmarktfonds zu wechseln (siehe die entsprechenden Ausführungen am Ende von Abschnitt 4.6).

4. *Etablierung eines Kapitalauszahlungsplans*, ebenfalls zumeist bei einer Bank. Solche Kapitalauszahlungspläne funktionieren im Grunde genauso wie ein normaler Entnahmeplan, doch wird zuvor das Fondsdepot vollständig oder teilweise liquidiert und der Verkaufserlös auf ein spezielles Depot bzw. Konto eingezahlt. Von diesem Depot/Konto zahlt das Finanzinstitut einen monatlich gleichbleibenden Betrag an den Anleger aus. Das Finanzinstitut investiert die Mittel im Depot zumeist in risikoarme Geldmarktanlagen (Festgelder, kurzlaufende staatlicher Schuldverschreibungen etc.). Bei manchen Banken kann man die Anlageform (und damit Rendite und Risiko) mitbestimmen. Auch hier kann in Abhängigkeit von der Höhe der monatlichen Auszahlung relativ zum Anlagebetrag ein Kapitalverzehr stattfinden oder nicht.

5. Eine fünfte Möglichkeit offerieren Versicherungen. Man könnte diese Konstruktionen als *Kapitalauszahlungspläne mit Rentenversicherungscharakter* beschreiben. Sie funktionieren folgendermaßen: Wie bei der vorgenannten Variante (d) wird das Fondsdepot aufgelöst und der Gegenwert in Form einer Einmalzahlung in einen Art Kapitallebensversicherung eingezahlt. Diese zahlt aber sofort (oder eventuell nach einer gewissen Zwischenphase) einen monatlichen Festbetrag (»Rente«) aus. Dieser Betrag wird – anders als bei der Variante (d) – zeitlich unbegrenzt gezahlt, also in jedem Fall bis

zum Lebensende, da es sich ja um eine Rentenzahlung handelt. Andererseits fällt das Depot an die Versicherung, sofern Sie »von Ihrem Ableben vorzeitig Gebrauch machen« (Versicherungsdeutsch). Da die Versicherung hier ein – von Ihrem Gesundheitszustand und Lebensalter abhängiges – Risiko übernimmt, ist die laufende Rendite solcher Konstruktionen niedriger als bei den übrigen Varianten.

7
Resümee

»Es erfordert viel Mut und ebenso viel Vorsicht,
ein großes Vermögen aufzubauen; und wenn
man es erst einmal hat, braucht es
zehnmal so viel Schlauheit, es zu bewahren.«

Nathan Mayer Rothschild, 1777–1836,
legendärer Gründer der gleichnamigen Bank

Der Autor dieses Buches erinnert sich gelegentlich an einen etwas älteren, freundlichen Universitätsprofessor, der seinen Vorlesungsvortrag fast immer mit ungefähr den folgenden Worten abschloss: »Und wenn Sie so gut wie alles vergessen sollten, was ich heute vorgetragen habe, so nehmen Sie doch mindestens das Folgende mit nach Hause«. In diesem Sinne wollen wir die zentralen Gedanken dieses Buches hier noch einmal ganz knapp zusammenfassen:

▸ Aktieninvestmentfonds sind die ideale Anlageform für Privatanleger. Sie bieten eine bessere Kombination aus Rendite, Risiko, Liquidierbarkeit und Inflationsschutz als jede andere Anlageform. Allerdings sind Anlagen in Aktienfonds im Allgemeinen nur für Anleger mit einem Anlagehorizont von mindestens drei Jahren geeignet.
▸ Die etwa 30 Schwellenländermärkte werden langfristig höhere Renditen erbringen als der deutsche, europäische, amerikanische und japanische Aktienmarkt.
▸ Jeder Anleger kann bereits mit einer Handvoll Fonds auf der Basis einer sinnvollen Aufteilung seines Fondsportfolios auf alle sechs globalen Aktienmarktregionen an diesen höheren Renditen partizipieren und dabei gleichzeitig das Risiko seines Portfolios senken. Das ist bereits mit einem Sparvolumen von ein- bis zweihundert Euro im Monat möglich. Die Anlage des gesamten Aktienvermögen in einem einzigen Euro-Stoxx-50-Fonds bietet dagegen keine ausreichende Diversifikation.
▸ Der Risikograd des Gesamtportfolios lässt sich über das Mi-

schungsverhältnis aus risikolosen Anlagen (Festgeld, Geldmarktfonds etc.) und dem von uns propagierten *Weltportfolio* steuern –
und nicht, indem man die innere Struktur des Weltportfolios
ändert. So kann ein Depot etwa zu 40 % aus Geldmarktfonds und
zu 60 % aus unserem Weltportfolio bestehen. Mit einer Änderung
dieses Verhältnis auf beispielsweise 30 % zu 70 % wird der Risikograd des Gesamtportfolios auf strategisch kluge Weise erhöht.

▸ Anleger sollten Risiko und Rendite ihres »Vermögensportfolios«
(das sämtliche Vermögenswerte – auch Immobilien – mit ein-
schließt) stets auf Gesamtportfolioebene beurteilen, da das Portfoliorisiko kleiner ist als die Summe der Einzelrisiken.

▸ Nebenkosten von Vermögensanlagen haben – aufgrund des Zinseszinseffektes – eine verblüffend hohe Auswirkung auf deren langfristige Wertentwicklung. Der durchschnittliche Anleger in
Deutschland hat laufende Kosten von jährlich über 2,5 % des Anla-
gevermögens. Mit Indexfonds, Indexaktien oder Indexzertifikaten
lässt sich diese Belastung auf unter 1 % drücken. Daher wird ein
passiv gemanagtes Indexportfolio z. B. nach 25 Jahren sehr wahrscheinlich um die Hälfte mehr wert sein als ein normales aktiv
gemanagtes Portfolio. Der beste Maßstab zur Kostenbeurteilung
bei Fonds ist das Total Expense Ratio.

▸ Laufendes Kaufen und Verkaufen von Fonds oder einzelnen Wertpapieren wird – wegen der damit verbundenen hohen Kosten –
einer einfachen Buy-and-Hold-Strategie langfristig unterliegen.
Wenn ein wohlstrukturiertes Fondsportfolio erst einmal steht, ist es
im Grunde das Beste, sich kaum noch damit zu beschäftigen. Es
genügt dann, alle drei oder sechs Monate einen kurzen Blick auf
den Depotauszug zu werfen und alle 24 Monate ein Rebalancing
der Depotstruktur vorzunehmen. Mehr Aufmerksamkeit macht
viele Anleger nur nervös und verleitet sie zu kostspieligen, emo-
tionsgeleiteten Entscheidungen.

▸ Niemand, auch kein Wertpapieranalyst, kann Aktienkurse zuverlässig und ausreichend genau vorhersagen, um damit (nach Kosten
und bei Berücksichtigung des Risikos) eine einfache Buy-and-
Hold-Strategie langfristig sicher zu schlagen. Der Versuch, den
Markt schlagen zu wollen, ist nicht kostenlos. Er bedeutet zwangs-

läufig das Eingehen zusätzlicher Risiken und Kosten, was in den meisten Fällen zu einer Unter- statt Überrendite gegenüber dem Markt führt.

▸ Fast alle Anleger tappen in bestimmte psychologische Fallen, deren renditeschädlichste Folge in einem zu häufigen, teuren Wechseln zwischen verschiedenen Einzelaktien und Fonds besteht.

▸ Historische Performance ist ein wenig brauchbares Auswahlkriterium für Fonds. Investieren in die »Stars von gestern« führt regelmäßig zu einer Unterrendite gegenüber dem Marktindex. Performance-Rankings von Fonds sind für Neuanlageentscheidungen weitgehend nutzlos – auch wenn Vermögensberater, Banker und die Medien anderes behaupten.

▸ Während eines Börsen-Crashs ist »radikales Nichtstun« die beste Überlebensstrategie. Wer im Crash die Nerven behält und nicht verkauft, der bewahrt seine Chance, mit seinem Depot innerhalb von zwölf bis 24 Monaten wieder auf den Vor-Crash-Stand aufzusteigen. Wer hingegen im Crash verkauft, wandelt Papierverluste in reale Verlusten.

▸ Wer eine höhere Rendite (und mehr Risiko) anstrebt, als das in diesem Buch propagierte Weltportfolio ermöglicht, der sollte sein Weltportfolio durch Kreditfinanzierung vergrößern, ohne die Grundstruktur des Weltportfolios zu verändern. Doch ist es der überwältigenden Mehrzahl aller Anleger nicht anzuraten, Fondsanlagen »auf Pump« zu finanzieren. Die Verbindung aus Schulden und Kapitalanlagen, einschließlich Kapitallebensversicherungen, erhöht das Risiko (die Wertschwankungen) des Portfolios. Das heißt, in allgemeinen Marktabschwungsphasen wird ein teilweise kreditfinanziertes Portfolio den Anleger mehr Geld kosten als ein eigenkapitalfinanziertes. Außerdem ist Schuldenfreiheit ein seelisch befreiendes Gefühl, und umgekehrt können Schulden auf der Seele eines Menschen lasten wie ein Fluch.

▸ Der »richtige« Einstiegszeitpunkt in globales Investieren ist ein Mythos – er existiert nicht. Ein unscheinbares, aber starkes Argument spricht für einen Einstieg »hier und jetzt«, nämlich die langfristige Wirkung des Zinseszinseffektes. Sie führt dazu, dass der Wert eines Depots im Zeitablauf immer schneller wächst.

‣ Wann immer irgendwo unüblich hohe Renditen angeboten werden, steckt entweder Betrug oder ein verdecktes Risiko dahinter. Andere Erklärungen für solche verlockenden Angebote gibt es nicht. Wer Wertpapieranlagen anbietet und behauptet, mit diesen lasse sich bei geringem bis mittlerem Risiko dauerhaft mehr als 14 % Nettorendite p.a. erzielen, ist ein Scharlatan.

‣ Fast immer gilt: Je komplexer eine Anlagestrategie, desto schlechter ist die Rendite nach Transaktionskosten, Steuern und Risiko. Beinahe könnte man sagen: Anlagestrategien können gar nicht simpel genug sein. Eine passive, langfristige Buy-and-Hold-Strategie auf der Basis von Low-Cost-Indexfonds und -Zertifikaten ist die einfachste und vermutlich beste planmäßige Anlagestrategie der Welt.

Betrachten Sie den Markt ein wenig wie ein Gärtner das Wetter. Das spielt auch oft verrückt und ist letztlich nicht berechenbar. Auch »verhagelt« es manche Ernte, so dass man es zu Recht verflucht. Aber auf lange Sicht sorgt das Wetter doch dafür, dass der Garten (Ihr Depot) wächst und gedeiht. Es bringt nichts, schlauer als die Natur sein zu wollen. Ihre Aufgabe als Gärtner ist es, den Garten anzulegen. Danach tut das Wetter (der Aktienmarkt) die wirkliche Arbeit. Wenn Sie auf der Basis dieser Grundprinzipien investieren, dann könnte es Ihnen passieren, dass Sie – wie in der Einleitung dieses Buches erwähnt – tatsächlich einmal auf einer Südseeinsel enden.

Anhang:
Die besten Informationsquellen zu internationalen Investmentfonds

In diesem Anhang, der zugleich als Literaturverzeichnis dient, listen wir eine Vielzahl an Informationsquellen für Fondsanleger auf. Bei Informationen, die aus Internet-Finanzportalen und Chatrooms stammen, sollte man besonders vorsichtig sein. Die Qualität und Herkunft dieser Informationen ist häufig zweifelhaft. Es ist daher oft ratsam, Informationen aus dem Internet durch Vergleich mit anderen Quellen zu verifizieren.

Websites

Die nachfolgenden, zumeist deutschsprachigen Internet-Seiten der Fondsbranche bieten eine Vielzahl von nützlichen Informationen und Angeboten, darunter:

▸ Such- und Filterinstrumente zur gezielten Fondssuche anhand bestimmter Kriterien (z.B. Risikograd (Volatilität), Branche, Anlageländer, Höhe des Ausgabeaufschlags, historische Renditen, Fondsgesellschaft)
▸ Allgemeine Fonds-Rankings, -Ratings und Fondsdatenbanken
▸ Grundwissen zum Thema Investmentfonds und Vermögensanlage sowie Anlageberatung
▸ Analyseinstrumente zur Bestimmung der persönlichen Risikoneigung und Risikotragekapazität
▸ Musterdepots und Anlagetipps
▸ Verwaltung von virtuellen, persönlichen Anlagedepots
▸ Branchen- und Länderanalysen
▸ Rechner für Sparpläne und Entnahmepläne

▶ Börsennachrichten
▶ Lexika und Glossare

Ein Mangel vieler Websites sind übrigens die entweder oberflächlichen oder sogar vollständig fehlenden Informationen zu den Eigentümern der Website und der Größe/Geschichte des Unternehmens. Auf diese Weise bleibt dem Nutzer oft unklar, mit wem er es eigentlich zu tun hat und welche spezifischen Interessen ·hinter dem Angebot stecken. Doch diese mangelnde Transparenz ist sicher kein Zufall, denn Scheinunabhängigkeit und Scheinneutralität lassen sich gut verkaufen. Erwarten Sie deshalb nicht zwangsläufig, objektiv oder umfassend informiert zu werden. Denn: »Kein Mann kann zwei Herren dienen« (Matthäus-Evangelium, 6/24). Unter den nachfolgend genannten Fondsdatenbanken gefallen uns die Datenbanken von Micropal und Onvista am besten. Auch die weiter unten genannten Direktbanken bieten Online-Fondsdatenbanken mit Such- und Analysefunktionen.

(a) Internet-Adressen zum Thema Investmentfonds (inkl. Fondssuche und -analyse)

www.boerse.de   Website der geldbuch.de GmbH, München. Nutzt die Fondsdatenbank von Standard & Poor's.

www.bvi.de   Website des Bundesverbandes Deutscher Investmentgesellschaften e.V. Exzellente Gratisbroschüren zum Anfordern, insbesondere zum Thema Steuern und zu rechtlichen Aspekten. Enthält auch eine (allerdings sehr unvollständige) Auflistung von Indexfonds.

www.fonds.de   Website der Münchner Fondskapital Vermögensverwaltung.

www.fondscheck.de   Website der aktiencheck.de AG, Westerburg.

www.fondsweb.de   Website des Finanzberaters Financial Webworks GmbH, München.

www.fonds-world.de   Website des Finanzdienstleisters Internet-Service GmbH, Mertingen.

www.inter-fonds.de   Website der Inter Fonds AG, Passau.

www.investmentfonds.de   Website des Finanzberaters Raimund Tittes, Köln; nutzt die Fondsdatenbank von Standard & Poors/Micropal.

www.micropal.com   Website des Tochterunternehmens der amerikanischen Standard & Poors-Gruppe. Vielleicht die beste Online-Datenbank zu in Deutschland zugelassenen Investmentfonds. Zu empfehlen.

www.onvista.de   Website der Kölner onVista AG mit guter Datenbank zu Fondssuche und -analyse. Zu empfehlen.

www.portfolio-concept.de   Website der portfolio concept GmbH, Köln. Passable Fondsdatenbank.

www.vwd.de Website der Vereinigten Wirtschaftsdienste, einer Nachrichtenagentur, die dem *Handelsblatt*, der *FAZ* und Dow Jones gehört. Zu empfehlen.

(b) Internetadressen von Direktbanken und Discount-Brokern

vgl. hierzu Tabelle 29 in Abschnitt 5.4, S. 149 (mit Informationen zum Fondssparplan-Angebot)

(c) Websites zu Indexfonds und passivem Portfoliomanagement

www.indexinvestments.de (deutschsprachig) Website zum Thema Indexanlagen (Indexfonds, Indexaktien, Indexzertifikate), an deren Entwicklung der Autor dieses Buches mitgewirkt hat.

www.vanguard.com (englischsprachig) Website der amerikanischen Fondsgesellschaft Vanguard, die weltweit die meisten und größten Index-Publikumsfonds anbietet; leider bisher noch keine in Deutschland zugelassenen Fonds. Fondsverzeichnis, Performance-Tabellen, Grundsatzartikel zu Indexing, aktuelle Marktdaten, eine riesige Zahl exzellenter Gratisbroschüren zum Herunterladen. Hervorragend.

www.indexfunds.com (englischsprachig) Amerikanische Website zum Thema Indexing. Interessante Grundsatzartikel und -studien, Indexfondslisten, Fonds-Suchprogramm, Modell-Portfolios etc., allerdings auf den amerikanischen Anleger bezogen; enthält keine in Deutschland zugelassenen Fonds. Exzellent.

www.indexinvestor.com (englischsprachig) Amerikanische Website zum Thema Indexing. Zugangsberechtigung kostet 50 US-$ pro Jahr. Grundsatzartikel, Vergleichsstudien, umfangreiche Indexfondsliste, Modell-Portfolios, allerdings auf den amerikanischen Anleger bezogen; enthält keine in Deutschland zugelassenen Fonds.

www.evansonasset.com (englischsprachig) Website des amerikanischen Vermögensberaters EAM Evanson Asset Management. Enthält unter anderem generelle Informationen zum Thema passives Portfoliomanagement/Indexfonds.

www.efficientfrontier.com (englischsprachig) Anspruchsvolle Website der amerikanischen Beratungsfirma von William Bernstein. Die Website widmet sich vor allem dem Thema Asset-Allokation, welche bekanntlich den größten Teil der Rendite eines Portfolios bestimmt, aber zugleich von den wenigsten Anlegern richtig verstanden wird. Sehr zu empfehlen.

www.indexfundsadvisors.com (englischsprachig) Website des amerikanischen Vermögensberaters Index Fund Advisors Inc. Enthält unter anderem generelle Informationen zum Thema passives Portfoliomanagement/Indexfonds.

(d) Websites zu Indexzertifikaten

www.zertifikateweb.de   Website mit umfassender Datenbank zu Zertifikaten.

www.warrantonline.de   Website der Zeitschrift *Das Börsenmagazin*.

www.finanzenonline.de   Website der Zeitschrift *Finanzen*, die im Auftrag verschiedener Banken deren Indexzertifikate auflistet. Direkter Link zur Internet-Seite mit Indexzertifikaten: www.eurams.de/applix/dynhtml/vorlagen/auswahl.htm

www.commerzbank.de   Direkter Link zur Internet-Seite mit Indexzertifikaten: www.eurams.de/applix/dynhtml/cobank/ax_cob_frame.htm

www.deutsche-bank.de   Direkter Link zur Internet-Seite mit Indexzertifikaten: www.deutsche-bank.de/pb/kurse/derivate

www.dgbank.de   Direkter Link zur Internet-Seite mit Indexzertifikaten: www.eurams.de/applix/dynhtml/dgbank/ax_dgbank_frame.htm

www.hypovereinsbank.de   Direkter Link zur Internet-Seite mit Indexzertifikaten: www.hypovereinsbank.de/Privatkunden/Boerse/zertifikate/index.html

www.westlb.de   Direkter Link zur Internet-Seite mit Indexzertifikaten: www.westlb.de/optionsscheine/home.htm

(e) Websites zu Indexaktien (Exchange Traded Funds / börsengehandelte Indexfonds)

www.exchangetradedfunds.de   Website der Tochtergesellschaft der Deutschen Börse AG, die für den Handel von börsengehandelten Indexfonds zuständig ist. Enthält nützliche Informationen zu diesem relativ neuen und interessanten Indexanlageprodukt.

www.ldrs-funds.com   Website von Merrill Lynch zu deren in Deutschland zugelassenen Indexaktien.

www.amex.com   Website der American Stock Exchange, New York, zu den dort gehandelten Index-Shares (börsengehandelte Indexfonds) auf der Basis von Dow-Jones-Indizes. Diese Indexaktien sind in Deutschland nicht steuerlich zugelassen und haben daher gravierende steuerliche Nachteile.

www.ishares.com   Website von Barclays Global Investors zu deren Index-Shares (Markenname »i shares«. Diese Indexaktien sind in Deutschland nicht steuerlich zugelassen und haben daher gravierende steuerliche Nachteile. Die Website enthält allerdings viele nützliche Informationen über Indexaktien an sich.

(f) Websites zu Börsenindizes

Mittlerweile existieren weltweit mehr als 5 000 Wertpapierindizes. Jedes noch so kleine und kleinste Börsensegment wird gemessen. Natürlich ist nur ein Bruchteil dieser 5 000 Indizes für den durchschnittlichen Privatanleger relevant. Die wichtigsten vier Entwickler von Wertpapierindizes sind folgende Finanzdienstleister: Dow-Jones (USA), MSCI Morgan Stanley Capital International (USA), FTSE Financial Times London Stock Exchange (Großbritannien) und S&P Standard & Poors/McGraw-Hill (USA). Die Berechnung von Wertpapierindizes ist ein theoretisch und praktisch sehr anspruchsvolles Fachgebiet (die sprichwörtliche »Wissenschaft für sich«) und zugleich ein lukratives Geschäft. Jeder, der ein Finanzprodukt anbietet, das sich nach außen hin an einem Index orientiert oder auf ihm basiert (Indexfonds, Indexzertifikate, Indexaktien etc.), muss an den Indexproduzenten eine Lizenzgebühr entrichten; wer umfassende Datenreihen zur Entwicklung dieser Indizes im Zeitablauf benötigt, muss sie in der Regel bei den Produzenten käuflich erwerben. Immerhin werden zumindest ausgewählte Daten kostenfrei veröffentlicht – z. B. auf den folgenden Websites, die auch Hinweise zur Methodologie und Definition der einzelnen Indizes enthalten.

dowjones.indexes.com (englischsprachig) Website des Unternehmensbereiches Wertpapierindizes der Dow-Jones-Gruppe zu den Dow-Jones-Indizes.

www.stoxx.com (englischsprachig) Spezielle Website der Dow-Jones-Gruppe zur Stoxx-Index-Familie.

www.mscidata.com (englischsprachig) Website der Morgan Stanley Capital International, einer Tochtergesellschaft der Investmentbank Morgan Stanley, zu den MSCI-Indizes. Hier können recht komfortabel Datenreihen zu den MSCI-Börsenindizes für Zeiträume von bis zu zehn Jahren und mehr kostenlos heruntergeladen werden.

www.ftse.com (englischsprachig) Website der FTSE, ein Joint Venture zwischen der Zeitung *Financial Times* und der London Stock Exchange zu den FTSE-Indizes.

www.spglobal.com (englischsprachig) Website der Standard & Poors/McGraw-Hill-Gruppe zu den S&P-Indizes.

www.tse.or.jp (englischsprachig) Website der Tokyoter Börse zu den japanischen Topix-Indizes.

www.nasdaq-amex.com (englischsprachig) Website des New Yorker Nasdaq-Börse (der »Neue Markt« der USA), die auch Informationen zu den Nasdaq-Indizes enthält.

www.infos.com/deutsch/indices.htm (deutschsprachig) Websites des Discount-Brokers Infos GmbH, über die man auf recht benutzerfreundliche

Weise Charts (Diagramme) zur Entwicklung fast aller wesentlicher Börsenindizes über kurze und lange Perioden abfragen kann.

(g) Sonstige nützliche Websites zu Investmentfonds und Kapitalanlage

www.bakred.de   Website des Bundesaufsichtsamtes für das Kreditwesen, Berlin. Enthält u. a. eine aktuelle Liste, die alle in Deutschland zugelassenen ausländischen Investmentfonds aufführt.

www.barclaysglobal.com (englischsprachig) Website der größten Indexfondsgesellschaft der Welt (managt allerdings nur Fonds für institutionelle Investoren). Auf der Website kann die Entwicklung der gängigsten Indizes während der jüngsten zwölf Monate recht bequem abgerufen werden. Enthält auch einen komfortablen Devisenkursrechner.

www.bsv.de   Website der Bundesschuldenverwaltung. Informiert über Konditionen und Merkmale der wichtigsten festverzinslichen Wertpapiere; ferner darüber, wie man dort ein kostenloses Depot zur Verwaltung von Bundeswertpapieren einrichtet oder Sparpläne anlegt. Auch der Online-Kauf von Bundeswertpapieren ist neuerdings möglich. Sehr zu empfehlen.

finanzen.de.yahoo.com   Deutsche Yahoo-Internet-Seite zum Thema Finanzen. Gut geeignet, um die Entwicklung aller wesentlichen Wertpapierindizes weltweiter Aktienmärkte zu verfolgen (bis zu fünf Jahre in die Vergangenheit zurückreichend).

www.dowjones.com   Website der amerikanischen Dow-Jones-Gruppe mit vielfältigen Wirtschaftsinformationen.

www.fool.de   Deutschsprachiger Online-Ableger des in den USA sehr erfolgreichen Börsenbriefes »The Motley Fool« (»der bunte Narr«). Fool.de versucht das Thema Geldanlage von der heiteren, »respektlosen« Seite anzugehen.

www.fundsinteractive.com (englischsprachig) Amerikanische Website, die ein Online-Ratgeberbuch des Vermögensberaters Frank Armstrong für Anleger enthält. Titel: *Investment Strategies for the 21st Century.*

www.investorworld.de (deutschsprachig) Vielseitiges Finanzportal. Gehört zum HypoVereinsbank-Konzern.

www.handelsblatt.de   Online-Version des *Handelsblattes.* Nützlich ist die Möglichkeit, die historische Kursentwicklung von Fonds, Aktien, Devisen, Börsenindizes etc. der jüngsten 24 Monate abzufragen. Kostenpflichtig (26 DM pro Monat, Stand: April 2000)

www.investorhome.com (englischsprachig) Amerikanische Website, die allgemeine Anlegerinformationen und Links zu einer großen Zahl anderer Finanz-Websites enthält; bietet spezialisierte Suchsoftware.

www.exchange.de Website der Frankfurter Wertpapierbörse und ihrer Kooperationspartner.

www.schwab.com (englischsprachig) Website des weltweit größten Discount-Brokers Charles Schwab & Co, Inc. (USA). Interessante Broschüren zum Thema Geldanlage und eventuell interessant für Personen, die (in Kenntnis aller steuerlichen Implikationen) ein Depot in den USA eröffnen möchten.

www.thestreet.com (englischsprachig) Allgemeine Website zum Thema Finanzen, Börse, Geldanlage, Wirtschaft. Sehr umfassend.

Bücher

Beike, Rolf / Schlütz, Johannes: *Finanznachrichten lesen – verstehen – nutzen. Ein Wegweiser durch Kursnotierungen und Marktberichte.* 2. Aufl., Stuttgart 1999, 748 Seiten.
Sehr gelungenes Standardwerk, das sich in jeder Anlegerhandbibliothek gut macht.

Beike, Rolf: *Indexzertifikate. Optimal vom Börsentrend profitieren.* Stuttgart 1999, 242 Seiten.
Solide verfasstes, eher theoretisch orientiertes Buch. Enthält kaum praktische Handlungsempfehlungen und bietet damit dem normalen Privatanleger wenig konkreten Nutzen.

Belsky, Gary / Gilovich, Thomas: *Why Smart People Make Big Money. Mistakes – And How To Correct Them. Lessons from the New Science of Behavioral Economics.* New York 2000, 224 Seiten.
Gelungenes, streckenweise sehr unterhaltsames Buch zu Behavioral Finance. Beschreibt, wie man diese Erkenntnisse für sich persönlich nutzen kann.

Berkowitz, Stephen A. / Finney Louis D. / Logue, Dennis E.: *The Investment Performance of Corporate Pension Plans – Why They Do Not Beat the Market Regularly.* New York 1988.
Wissenschaftliche Studie, die belegt, dass die Mehrzahl aller Investmentfonds – in diesem Fall amerikanische Pensionsfonds – schlechter als angemessene Vergleichsbörsenindizes performen.

Bernstein, Peter L.: *Wider die Götter. Die Geschichte von Risiko und Risikomanagement von der Antike bis heute.* Berlin 1998, 472 Seiten.
Die ebenso spannende wie lehrreiche Geschichte des Risikomanagements im Allgemeinen und des Finanzrisikomanagements im Besonderen.

Bernstein, Peter L.: *Capital Ideas. The Improbable Origins of Modern Wall Street.* New York 1992, 340 Seiten.
Das Buch erzählt die faszinierende Geschichte der Modernen Portfoliotheorie. Für Leser, die dieses Thema vertiefen möchten.

Bernstein, William J.: *The Intelligent Asset Allocator: How to Build Your Portfolio to Maximize Returns and Minimize Risk.* New York 2000, 224 Seiten.
Ein von der Fachpresse zu Recht hoch gelobtes Buch. Es zeigt auf anspruchsvolle, aber dennoch lesbare Weise, wie man Asset-Allokation – größtenteils mit Indexanlagen – richtig durchführt. Sehr zu empfehlen.

Bodie, Zivi / Kane, Alex / Marcus, Alan J.: *Investments.* 2. Aufl., Boston 1995, 866 Seiten.
Akademisches Standardwerk zur Investmenttheorie. Sehr anspruchsvoll.

Bogle, John C.: *Common Sense on Mutual Funds. New Imperatives for the Intelligent Investor.* New York 1999, 468 Seiten.
John Bogle, Gründer und langjähriger Chef der amerikanischen Fondsgesellschaft Vanguard, ist wahrscheinlich der weltweit führende Experte zu Publikumsinvestmentfonds, und dies ist wohl das beste Buch zu Investmentfonds auf dem Markt. Umfassend und anspruchsvoll, aber dennoch für jeden verständlich geschrieben. Insbesondere die Kapitel über die Bedeutung von Kosten und über »Regression zum Mittelwert« sind brillant. Lässt sämtliche allgemeinen deutschsprachigen Ratgeber zu Investmentfonds meilenweit hinter sich.

Bogle, John C.: *Bogle on Mutual Funds: New Perspectives for the Intelligent Investor.* New York 1994, 320 Seiten.
Wie alle Bücher von John Bogle ist auch dieses hochgradig empfehlenswert. Etwas stärker auf die praktischen Bedürfnisse des Anlegers ausgerichtet als »Common Sense …«.

Brealey, Richard A. / Myers, Steward C.: *Principles of Corporate Finance.* 6. Aufl., New York 2000, 1093 Seiten.
Das vielleicht beste und vor allem lesbarste Lehrbuch zu moderner Finanzierungstheorie überhaupt. Ein Klassiker.

BVI Bundesverband Deutscher Investment Gesellschaften e.V.: *Investment 2000 Daten. Fakten, Entwicklungen.* Frankfurt/Main 2000, 149 Seiten.
Kostenlose Broschüre mit interessanten statistischen Daten über die Investmentfondsbranche in Deutschland; jährlich aktualisiert.

BVI Bundesverband Deutscher Investment-Gesellschaften e.V.: *Investment. Steuerinformationen. Hinweise für die steuerliche Behandlung der Aus-*

schüttungen deutscher Investmentfonds im Kalenderjahr 1999. Frankfurt/ Main 2000, 82 Seiten.
Kostenlose, sehr nützliche Broschüre, die beim BVI schriftlich oder online angefordert werden kann; wird jährlich aktualisiert. Exzellent.

Clements, Jonathan: *25 Myths You've Got to Avoid If You Want to Manage Your Money Right: The New Rules for Financial Success.* New York 1998, 254 Seiten.
Empfehlenswertes Buch, das mit den zahlreichen Irrtümern und »Mythen« zur Vermögensanlage, die von den populären Medien und vielen Kundenbetreuern der Banken verbreitet werden, aufräumt.

Dembo, Ron S. / Freeman, Andrew: *Die Revolution des finanziellen Riskomanagements. Gesetze, Regeln, Instrumente.* Berlin 1998, 252 Seiten.
Gelungener, allerdings eher theoretisch orientierter Essay zum Thema Riskomanagement.

Ellis, Charles D.: *Winning the Loser's Game. Timeless Strategies for Successful Investing.* 3. Aufl., New York 1998, 142 Seiten.
Unübertroffen, wenn es darum geht, die Grundprinzipien einer rationalen Anlagepolitik knapp und relativ leicht verständlich darzustellen. Ferner erläutert der Autor praktisch alle der zahlreichen Irrtümer über Vermögensanlage im Allgemeinen und Wertpapierinvestments im Besonderen.

Evans, Richard E. / Malkiel, Burton G.: *The Index Fund Solution: A Step-By-Step Investor's Guide.* New York 2000, 272 Seiten.
Gelungenes Buch zu den Themen Indexfonds und passives Portfoliomanagement.

GFA – Gesellschaft für Fondsanalyse mbH (Hrsg.): *FondsGuide Deutschland 2000. Ratgeber Investmentfonds.* Stuttgart 2000, 947 Seiten.
Der umfassendste Katalog der in Deutschland zugelassenen Fonds und ihrer wichtigsten Kennzahlen inkl. des Total Expense Ratios. Leider verbreitet auch dieses ansonsten sehr seriöse Buch den zwar allgegenwärtigen, aber falschen Irrglauben, dass die historische Performance von Fonds ein geeignetes Auswahlkriterium für Neuanlagen sei. Wird jährlich aktualisiert.

Goldberg, Joachim / von Nitzsch, Rüdiger: *Behavioral Finance. Gewinnen mit Kompetenz. Überlegenes Wissen für Ihre Anlageentscheidung.* München 1999.
Gut konzipierte, anspruchsvolle Veröffentlichung zur Behavioral Finance.

Isaacman, Max: *How to be an Index Investor. Trading Strategies for Short- and Long Term Gains.* New York 2000, 259 Seiten.
Das Buch behandelt ausschließlich Indexaktien; daher ist der Titel etwas irreführend. Das Schwergewicht liegt auf aktiven Strategien (vor allem Market-Timing, was von der Finanzwissenschaft sehr kritisch gesehen wird). Die behandelten amerikanischen Indexaktien sind in Deutschland nicht nach dem Auslandsinvestitionsgesetz zugelassen und werden daher steuerlich gegenüber zugelassenen Indexfonds benachteiligt. Der theoretische Teil des Buches ist dennoch allgemeingültig.

Kommer, Gerd: *Indexfonds und -zertifikate. Gewinnen mit der genial einfachen Anlagestrategie der Profis.* Frankfurt/Main; New York 2000, 228 Seiten.
Nützlich für Anleger, die sich speziell über passives Portfoliomanagement mit Indexfonds und Indexzertifikaten in Deutschland informieren wollen.

Kommer, Gerd: *Cleveres Banking. Profi-Know how für Klein- und mittelständische Unternehmen.* Frankfurt/Main 1999, 400 Seiten.
Vielleicht nützlich für Anleger, die zugleich Unternehmer oder Finanzprokuristen bei einem kleinen bis mittelgroßen Unternehmen sind.

Kreitler, Robert P.: *Getting Started in Global Investing. Featuring the Island Principle. With a Foreword by Roger G. Ibbotson.* New York 2000, 288 Seiten.
Akzeptables Buch zum weltweiten Investieren mit Fonds und Aktien, das allerdings einige gravierende Fehler und Auslassungen enthält.

Maley, Dale C.: *Index Mutual Funds. How to Simplify Your Financial Life and Beat the Pro's.* Watkinsville, Georgia 1999, 192 Seiten.
Sehr einfach gehaltenes, aber empfehlenswertes Buch zu Indexfonds und passivem Portfoliomanagement.

Malkiel, Burton G.: *Börsenerfolg ist kein Zufall. Die besten Investmentstrategien für das neue Jahrtausend.* München 1999, 411 Seiten.
Eines der besten Finanzratgeberbände, die jemals geschrieben wurden. Besitzt Kultbuchstatus. Erläutert auf anspruchsvolle, aber dennoch unterhaltsame Weise die neuesten Erkenntnisse der Finanzwissenschaft zum Thema Geldanlage. Insbesondere wird gezeigt, dass für praktisch keine aktive Anlagestrategie hinreichende Erfolgsbelege existieren, die wissenschaftlichen Kriterien standhalten.

Malkiel, Burton G. / Mei, J. P.: *Global Bargain Hunting. The Investor's Guide to Profits in Emerging Markets.* New York 1999, 240 Seiten.
Exzellentes Buch über Investments in den Schwellenländermärkten; wenn auch nicht unmittelbar auf die Bedürfnisse eines deutschen Anlegers zugeschnitten.

Niquet, Bernd: *Keine Angst vorm nächsten Crash. Warum Aktien als Langfristanlage unschlagbar sind.* Frankfurt/Main; New York 1999, 269 Seiten.
Interessantes Thema, interessanter Titel, leider über weite Strecken nur eine obskure Abhandlung über Geldtheorie, die keine konkreten Informationen zum eigentlichen Gegenstand des Buches liefert.

Prestbo, John A. / Sease, Douglas R.: *The Wall Street Journal Book of International Investing. Everything You Need to Know about Investing in Foreign Markets.* New York 1999, 336 Seiten.
Dem Buch fehlt der integrierende rote Faden. Zu viele, teilweise miteinander konkurrierende Informationsbruchstücke, zu wenig umsetzbare Empfehlungen. Dennoch nützlich.

Sherden, William: *The Fortune Sellers. The Big Business of Buying and Selling Predictions.* New York 1998, 308 Seiten.
Unterhaltsames Buch über das Geschäft mit Prognosen, z. B. von Aktienkursen, des Wetters, des Klimas, von Erdbeben oder volkswirtschaftlicher Wachstumsraten. Die völlig korrekte Hauptaussage des Buches: Die überwältigende Mehrzahl solcher Prognosen, die oft genug im »wissenschaftlichen« Gewand daherkommen, ist geradezu erschreckend fehlerhaft. Nur macht sich kaum jemand, wie in diesem Fall Sherden, die Mühe, diese Prognosen im Nachhinein zu überprüfen. Aus theoretischer Sicht ist das Buch aber eher schwach.

Simon, W. Scott: *Index Mutual Funds. Profiting from an Investment Revolution.* Camarillo, California 1998, 264 Seiten.
Gelungenes Buch zu Indexfonds und passivem Portfoliomanagement; theoretisch anspruchsvoll, aber zu knapp, was Umsetzungsempfehlungen betrifft.

Siegel, Jeremy J.: *Stocks for the Long Run. The Definite Guide to Financial Market Returns and Long Term Investment Strategies.* McGraw-Hill, New York 1998, 301 Seiten.
Ein Klassiker der Investmentliteratur. Hunderttausendfach zitiert. Das Buch liefert eine konkurrenzlose Fülle an historische Langfristdaten zum Aktienmarkt. Darüber hinaus werden die am meisten verbreiteten Anlagetheorien analysiert (und überwiegend zerpflückt). Und schließlich ist es eine exzellent geschriebene Geschichte des Kapitalmarktes und damit eines Kernelementes des Kapitalismus seit Beginn des 19. Jahrhunderts. Die Bibel der Buy-and-Hold-Anleger.

Stiftung Warentest: *Finanztest Spezial. Sonderheft Investmentfonds.* April 2000. Berlin, 123 Seiten.

Jährlich ein- bis zweimal erscheinendes, sehr nützliches Sonderheft mit aktuellen Fondslisten, steuerlichen Informationen und guten Hinweisen auf günstige Einkaufsquellen. Leider wird aber auch hier das falsche »Hohelied« der Fondsauswahl nach historischer Performance gepredigt.

Swedroe, Larry E.: *The Only Guide to a Winning Investment Strategy You'll Ever Need. Index Funds and Beyond. The Way Smart Money Invests Today.* New York 1998, 294 Seiten.
Das beste Buch über Indexfonds und passives Portfoliomanagement für Privatanleger. Räumt auf mit vielen Mythen der Geldanlage und falschen oder unfundierten Behauptungen der Fonds- und Finanzbranche.

Tweddell, Jerry / Pierce, Jack: *Winning With Index Mutual Funds: How to Beat Wall Street at Its Own Game.* New York 1996, 224 Seiten.
Überzeugend recherchierte Darstellung der Vorteile von Indexfonds, ausreichend praxisorientiert, einige Teile inzwischen etwas veraltet.

Tyson, Eric: *Mutual Fund for Dummies. A Reference for the Rest of Us.* 2. Aufl., New York 1998, 406 Seiten.
Sehr gelungenes einführendes Buch zu Investmentfonds; der Legion vergleichbarer Bücher auf dem deutschen Buchmarkt deutlich überlegen.

Aufsätze

Bernstein, Peter L.: »Where, Oh Where, Are the 400 Hitters of Yesteryear?« In: *Economics and Portfolio Strategy,* 15. April 1998.

Bernstein, William J.: »The Grand Infatuation«. 1999. Veröffentlicht im Internet unter www.fundsinteractive.com/expert.

Black, Fischer: »Implications of the Random Walk Hypothesis for Portfolio Management«. In: *Financial Analysts Journal,* March-April 1971.

Brinson, Gary P. / Hood, Randolph / Beebower, Gilbert L.: »Determinants of Portfolio Performance«. In: *Financial Analysts Journal,* July/August 1986.

Brinson, Gary P. / Singer, Brian D. / Beebower, Gilbert L.: »Determinants of Portfolio Performance II: An Update«. In: *Financial Analysts Journal,* May/June 1991.

Brown, Stephen J. / Goetzmann, William N. / Ibbotson, Roger G.: »Offshore Hedge Funds: Survival & Performance 1989–1995«. Veröffentlicht im Internet unter www.investorhome.com.

Carhart, Mark M.: »On Persistence in Mutual Fund Performance«. In: *Journal of Finance,* March 1997.

Fama, Eugene F.: »Random Walks in Stock Market Prices«. In: *Financial Analysts Journal*, Sept./Oct. 1965, neu abgedruckt im Heft Jan./Febr. 1995.

Fama, Eugene F.: »Market Efficiency, Long-term Returns, and Behavioral Finance«. In: *The Journal of Financial Economics*, 49 (1998).

Fortin, Rich / Michelson, Stuart: »Fund Indexing vs. Active Management: The Results are ...« In: *Journal of Financial Planning*, February 1999.

Goetzmann, William N. / Ibbotson, Roger: »Do Winners Repeat?« In: *The Journal of Portfolio Management*, Winter 1994.

Hendricks, Darryll / Patel, Jayendu / Zeckhauser, Richard: »Hot Hands in Mutual Funds. The Persistence of Performance, 1974–1987«. Cambridge, MA. National Bureau of Economic Research, *Working Paper no. 3389*.

Jensen, Michael C.: »Problems in Selection of Security Portfolios: The Performance of Mutual Funds in the Period 1945–1964«. In: *Journal of Finance* 23 (2), 1968.

Joos, Christian Martin / Kilka, Michael: »Sind Aktienportfolios privater Anleger ausreichend diversifiziert?« In: *Die Bank*, 12/1999.

Kahn, Ronald N. / Andrew Rudd, Andrew: »Does Historical Performance Predict Future Performance?« In: *Financial Analysts Journal*, Nov./Dec. 1995.

Lakonishok, Josef u. a.: »The Structure and Performance of the Money Management Industry.« *Brookings Papers on Economic Activity*. Brookings Institutions, Washington DC, 1992.

Malkiel, Burton: »Returns from Investing in Equity Mutual Funds 1971 to 1991.« In: *Journal of Finance*, June 1995.

Odean, Terrance / Barber, Brad: »Trading is Hazardous to Your Wealth: The Common Stock Investment Performance of Individual Investors«. In: *Journal of Finance*, Vol. LV, No. 2, April 2000.

Odean, Terrance / Barber, Brad: »Too Many Cooks Spoil the Profits: The Performance of Investment Clubs«. In: *Financial Analysts Journal*, Jan./Febr. 2000.

Odean, Terrance: »Do Investors Trade Too Much?« In: *American Economic Review*, Vol. 89, December 1999.

Plexus Group: »Decision Timeliness and Duration. Commentary no. 45«, November 1995.

Sharpe, William: »The Arithmetic of Active Management«. In: *Financial Analysts Journal*, Vol. 47, No. 1/1991.

Sharpe, William: »Mutual Fund Performance«. In: *Journal of Business*, Special Supplement, January 1966.

Thorley, Steven: »The Inefficient Markets Argument for Passive Investing«. February 1999, veröffentlicht im Internet bei www.indexfundsonline.com am 8. 11. 1999.

Glossar

Adressrisiko, Bonitätsrisiko – Besteht in der Gefahr negativer Wertschwankungen eines Wertpapiers (zum Beispiel Aktien oder Anleihen), d. h. von Wertverlusten, weil sich das finanzielle Standing (Bonität, Kreditwürdigkeit) des Unternehmens, zu dem dieses Wertpapier gehört, verschlechtert hat. Im engeren Sinne die Gefahr, dass der Emittent einer Anleihe seinen Zins- und Kapitalrückzahlungsverpflichtungen nicht oder nicht termingerecht nachkommt. Insbesondere Rentenfonds, die in Anleihen von Emittenten geringerer Bonität investieren, bringen ein höheres Risiko mit sich.

Agio – Aufgeld; gemeint ist der Betrag, um den der Ausgabepreis bei der Neuausgabe von Wertpapieren deren Nennbetrag übersteigt, bzw. der Betrag, um den der Börsenkurs den inneren Wert übersteigt. Auch das Aufgeld, das beim Kauf der meisten Fonds vom Anleger zu zahlen ist (→ Ausgabeaufschlag), wird gelegentlich als Agio bezeichnet. Gegenteil: → Disagio.

Aktionärsrendite – Engl.: *total shareholder return*; die Rendite (üblicherweise jährlich gemessen), welche *alle* Ertragsbestandteile eines Wertpapiers enthält – in erster Linie Dividenden und Kurssteigerungen.

Aktives Portfoliomanagement (aktiv gemanagter Fonds) – Der Versuch, auf der Basis einer bestimmten Anlagestrategie eine → Überrendite zu erzielen (also eine höhere Rendite als der Durchschnitt der übrigen Marktteilnehmer bzw. der Referenzindizes). Anders formuliert: Der Versuch eines einzelnen Investors (oder Fondsmanagers), Wertpapiere oder ganze Marktsegmente zu identifizieren, die die restlichen Marktteilnehmer vorübergehend entweder über- oder unterbewertet haben. Sobald der restliche Markt seinen »Irrtum« erkennt und korrigiert, kann der Investor/Fondsmanager einen Gewinn realisieren. Die Moderne Portfoliotheorie, bestätigt durch viele hundert empirische Studien, zeigt, dass aktives Portfoliomanagement nach Berücksichtigung von Transaktionskosten und Risiko nur in relativ wenigen, nicht vorhersagbaren Ausnahmefällen gelingt. Zu den gängigsten aktiven Anlagestrategien zählen: Stock-Picking auf Basis fundamentaler oder technischer Analyse, Market-Timing, Momentum-Investing, Contrarian-Investing, Value-Investing, Growth-Investing, Dividendenrendite-Strategie. Das Gegenteil von aktivem Portfoliomanagement ist → passives Portfoliomanagement.

Allokation – siehe → Asset-Allokation.

Anecdotal evidence – Englischer Ausdruck für Aussagen, Belege, Begründungen, »Beweise« etc., die nicht statistisch oder auf andere Weise wissenschaftlich nachprüfbar sind, also lediglich die subjektiven Erlebnisse bzw. Schilderungen einzelner Personen widerspiegeln. Viele so genannte heiße Aktientipps und Berichte über → Überrenditen sind nur durch Anecdotal evidence »belegt«.

Anlagehorizont – Die Dauer, für die ein Anleger eine bestimmte Anlage (→ Asset) mit großer bzw. größter Wahrscheinlichkeit zu halten beabsichtigt. Zum Beispiel sollte in Aktienfonds nur derjenige investieren, der einen Anlagehorizont von mindestens drei Jahren hat, bei Anlagen in Emerging-Market-Fonds ist sogar ein fünfjähriger Horizont zu empfehlen. Dessen ungeachtet kann es natürlich sein, dass ein Anleger dennoch eine solche Anlage »vorfristig« verkauft, weil ein unvorhergesehener finanzieller Notfall eingetreten ist und er Geldmittel (Liquidität) benötigt.

Anlagepolitik, Anlagestrategie, Anlagegrundsätze – Eine mehr oder minder genau definierten Anlagestrategie (in Bezug auf Kriterien wie Schwerpunktbranchen, Schwerpunktregionen, Blue-Chips versus Nebenwerte, aktives versus passives Anlagemanagement, Mindestbonitäten, Kauf- und Verkaufszeitpunkte, steuerliche Optimierung etc.), um einen Referenzindex (z. B. den Dax) zu schlagen. Die Anlagepolitik wird zunächst für einen bestimmten

Zeitraum festgelegt. Aktive Anlagestrategien (versus passive Strategien wie bei → Indexfonds) scheitern mehrheitlich an ihrem Ziel, den Referenzindex zu schlagen.

Anschlussrisiko – Bei einem Indexzertifikat das Risiko, bei Fälligkeit (am Ende der Laufzeitbegrenzung) nicht wieder kostenfrei die gleiche Anlage tätigen zu können. Da Investmentfonds normalerweise keine Laufzeitbegrenzung besitzen, entfällt bei ihnen dieses Risiko.

Anteilsklasse – Bei vielen Investmentfonds werden die Fondsanteile in unterschiedliche Klassen (oft mit unterschiedlichen Wertpapierkennnummern) aufgeteilt, obwohl jeder Fondsanteil – gleich aus welcher Klasse – genau dem gleichen Anteil am Fondsvermögen entspricht und daher gleich viel wert ist. Die Unterscheidung bezieht sich »lediglich« auf verschiedene Vertriebswege, die mit ungleichen Kostenbelastungen (Ausgabeaufschlägen, evtl. auch Verwaltungsgebühren) verbunden sind.

Anteilswert – Der Wert eines Anteilscheins, der sich aus der Teilung des gesamten Fondsvermögens durch die Zahl der umlaufenden Anteile ergibt. Der Anteilswert der Publikumsfonds wird börsentäglich von der Depotbank unter Mitwirkung der Fondsgesellschaft (KAG) ermittelt. Der Anteilswert ist identisch mit dem Rücknahmepreis, zu dem die KAG Fondsanteile zurücknimmt. Er wird zusammen mit dem Ausgabepreis veröffentlicht.

Anteilumlauf – Gesamtzahl aller ausgegebenen Anteile eines Fonds, die sich aktuell im Umlauf befinden. Bei jedem Kauf von Fondsanteilen werden von der Depotbank neue Stücke ausgegeben bzw. bei jedem Verkauf zurückgenommen. Dabei ist es unerheblich, ob sich die Anteile als »effektive«, physische Stücke im Besitz des Anlegers oder in der sogenannten Girosammelverwahrung befinden.

Antizyklisches (Anlage-)verhalten – Ein antizyklischer Anleger investiert nicht im Einklang mit dem Markttrend – das wäre prozyklisches Verhalten –, sondern nutzt subjektiv wahrgenommene Börsenhochs und -tiefs, um entgegen dem Markt (antizyklisch) Wertpapiere zu kaufen bzw. zu verkaufen. Antizyklisches Anlageverhalten kann theoretisch zu höheren Gewinnen führen als prozyklisches Verhalten, scheitert aber wie viele andere aktive Anlagestrategien regelmäßig in der Praxis.

Asset – Dt.: Vermögenswert (in Bezug auf Unternehmen auch gleichbedeutend mit »Aktivum«). Eine Aktie, ein festverzinsliches Wertpapier oder eine Immobilie sind in diesem Sinne Assets.

Asset-Allokation – Engl.: *Allocation*; (sinngemäß für) Zuweisung, Aufteilung; gemeint ist die Aufteilung eines Portfolios auf einzelne Wertpapiere oder → Asset-Klassen. Die Bedeutung der Asset-Allokation beruht auf der Tatsache, dass der langfristige Ertrag eines Portefeuilles zu 80 bis 95 % von der Auswahl der Wertpapierarten und Länder sowie deren Gewichtung bestimmt wird (nicht von der Auswahl einzelner Wertpapiere innerhalb der Asset-Klassen). Asset-Allokation zielt letztlich darauf, Rendite und Risiko eines Portefeuilles zu optimieren.

Asset-Management – Verwaltung (Management) von Vermögensanlagen durch in der Regel professionelle Vermögensverwalter.

Asset-Klasse – Eine Gruppe von Assets mit ähnlicher oder identischer Risiko-Rendite-Kombination. Beispiele für (Haupt-)Asset-Klassen: Cash (Termingelder, Geldmarktpapiere bis 12 Monate Laufzeit), festverzinsliche Wertpapiere (ab 12 Monaten Laufzeit), Aktien, Immobilien, Edelmetalle, Stapelgüter (Weizen, Öl, Kohl etc.). Diese Haupt-Asset-Klassen lassen sich wiederum unterteilen, die Haupt-Asset-Klasse *Aktien* etwa in Blue Chips, Mid Caps und Nebenwerte. Diese Unterklassen können wiederum in nationale und internationale Titel und diese wiederum in bestimmte Branchen und/oder Unternehmensgrößen untergliedert werden. Wie in den meisten Klassifikationssystemen können auch Asset-Klassen – je nach Zielsetzung – in unterschiedlicher Weise gebildet werden und sich hierarchisch überlappen. Ein Asset kann zu vielen verschiedenen Asset-Klassen gehören.

Asset-Klassen-Konzept – Da 80 bis 95 % der langfristigen Rendite eines Portfolios darauf basiert, welche Asset-Klassen es repräsentiert, sollte eine Anlagestrategie in erster Linie auf der sinnvollen Diversifizierung über Asset-Klassen hinweg beruhen und nicht auf die Auswahl einzelner Wertpapiere innerhalb der Asset-Klassen.

Asset-Klassen-Risiko – Risikobegriff aus der Modernen Portfoliotheorie. Bezeichnet Wertschwankungen eines Wertpapiers, die sich aufgrund von Einflussfaktoren ergeben, welche die ganze Asset-

Klasse, zu der das Wertpapier gehört, gleichermaßen beeinflussen. Dieses Risiko lässt sich durch Diversifikation über Asset-Klassen hinweg beseitigen. Siehe auch → Gesamtmarktbezogenes Risiko und → Einzelwertrisiko.

Ausgabeaufschlag (Agio) – Differenz zwischen Ausgabepreis und Anteilwert, die der Anleger beim Erwerb von Investmentanteilen zahlt. Die Gebühr dient in erster Linie zur Deckung der Vertriebskosten der Fondsgesellschaft. Der Ausgabeaufschlag wird als Prozentsatz auf Basis des Rücknahmepreises oder des Anlagebetrags berechnet. Die Höhe des Ausgabeaufschlags hängt im Wesentlichen von der Art des Fonds und seinem Anlageschwerpunkt ab.

Ausgabepreis – Preis, zu dem Anleger Investmentfondsanteile kaufen können. Die Höhe dieses täglich ermittelten Preises ergibt sich aus dem Anteilwert zuzüglich des Ausgabeaufschlags. Der Ausgabepreis wird in der Regel börsentäglich ermittelt und veröffentlicht.

Ausschüttender Fonds – Ein Investmentfonds, der die Dividenden und andere Barausschüttungen der in ihm enthaltenen Aktien einmal oder zweimal jährlich an die Fondsanleger ausschüttet. Das Gegenstück ist ein → Thesaurierender Fonds.

Auszahlplan – siehe → Entnahmeplan.

Baisse, Bärenmarkt – Engl.: *Bear market*, ein Börsenabschwung; Gegenteil von Bullenmarkt. Baisse = französisch für (sinngemäß) Börsenabschwung.

Barreserve – Auch Cash- oder Liquiditätsreserve genannt. Jeder aktiv gemanagte Investmentfonds muss einen Teil seiner Fondsmittel in Cash (das heißt sehr kurzfristig verfügbare Geldmarktanlagen) investieren, um jederzeit Fondsanteile von Anlegern zurückkaufen zu können. Diese Barreserve drückt die Performance jedes Aktien- und Rentenfonds in Aufschwungphasen nach unten. Laut KAGG (Gesetz über Kapitalanlagegesellschaften) darf ein Fonds – außer kurz nach der Auflegung – jedoch höchstens 49 % Liquidität halten. Die relativ höhere Barreserve aktiv gemanagter Fonds ist einer der Gründe für ihren Renditenachteil gegenüber Indexfonds.

Basispunkt – Zinssätze und Renditen werden von Fachleuten oft in Basispunkten angegeben. Ein Basispunkt entspricht einem hundertstel Prozent. Fünf Basispunkte sind zum Beispiel 0,05 % oder 0,0005.

Basket – Dt.: Korb. Gelegentlich werden Indexfonds – wenn sie auf weniger bekannten Indizes beruhen – Basket-Fonds genannt (z. B. die Indexfonds der Commerzbank-Tochter CICM). Häufiger wird als »Basket« jedoch ein von einer Fondsgesellschaft oder Bank selbst kreierter »Index« bezeichnet, der kein neutrales Börsensegmentbarometer darstellt, sondern vielmehr eine auf der Basis einer bestimmten aktiven Anlagestrategie ausgewählte Aktiengruppe.

Basketzertifikat – Engl.: *Basket* = Korb. Indexzertifikat, das auf einem von der Emissionsbank selbst kreierten »Index« basiert. Diese Zertifikate weisen fast immer höhere Kosten auf als einfache (→ Plain-Vanilla-) Zertifikate. Bei einigen Basketzertifikaten kann die Zusammensetzung des Baskets während der Laufzeit des Zertifikates von der Emissionsbank verändert werden, bei den meisten jedoch nicht. Von Basket-Zertifikaten raten wir ab.

Benchmark – Engl. für (sinngemäß) Vergleichsgröße, Vergleichsindex: Die Entwicklung eines bestimmten Index, der einem Fonds als Vergleichsbasis für die Wertentwicklung dient. Ziel eines aktiv gemanagten Fonds *muss* es sein, den Vergleichsindex zu schlagen. Um die → Performance von Investmentfonds objektiv beurteilen zu können, werden häufig Indizes als Benchmark verwendet. Aber auch ein anderes (»vergleichbares«) Wertpapier kann als Benchmark dienen. Passiv gemanagte (Index)-Fonds entwickeln sich immer genau wie der Benchmark-Index abzüglich des → Tracking errors.

Besteuerungsrisiko, Steueränderungsrisiko – Das Risiko der Senkung der Nachsteuerrendite einer Geldanlage aufgrund unerwarteter Änderung der Besteuerungsvorschrift. In den letzten Jahren hat dieses Risiko für die meisten Wertpapieranlageformen in Deutschland stark zugenommen.

Beta – Risikomaß, das die Volatilität von Wertpapieren oder Investmentfonds relativ zum relevanten Gesamtmarkt ausdrückt. In diesem Buch nicht berücksichtigt.

Bezugsverhältnis – Auch Zertifikatsverhältnis genannt. Das Verhältnis zwischen einem Indexzertifikat und dem Index selbst. Beispiel: Eine Bezugsverhältnis von 1 zu 10 (also 0,1) bedeutet, dass ein Zertifikat nur zu einem Zehntel an einer Indexveränderung partizipiert. Anders formuliert: Man benötigt zehn Zertifikate, um in voller Höhe an Indexveränderungen teilzunehmen. Der Kehrwert des Bezugsverhältnisses wird *Zertifikatsverhältnis* genannt.

Blue Chips – Engl. Bezeichnung für *Standardwerte* (also Aktien von etablierten Großunternehmen mit sehr hoher Marktkapitalisierung; in Deutschland die im Dax gelisteten Unternehmen). Vgl. auch → Mid Caps und → Small Caps.

Bond – Engl. Bezeichnung für Anleihe, Schuldverschreibung, Industrieobligation (mittel- bis langfristige Schuldtitel); siehe → Festverzinsliche Wertpapiere.

Bonität – Die Zahlungsfähigkeit und Kreditwürdigkeit eines Schuldners (Emittenten) entscheidet über die Sicherheit einer Anleihe. Die Schuldnerbonität ist deshalb ein sehr wichtiges Kriterium für die Anlageentscheidung. Internationale Rating-Agenturen wie »Moody's Investors Service Inc.« (Moody's) oder »Standard & Poor's Inc.« (S&P) überprüfen in regelmäßigen Abständen die Bonität von Schuldnern, die sich aufgrund von Entwicklungen im gesamtwirtschaftlichen oder unternehmensspezifischen Umfeld ändern kann. Die Bewertungen reichen von »AAA« (sehr gute Bonität) bis »D« (Schuldner befindet sich in Zahlungsschwierigkeiten) bei Standard & Poor's bzw. von »AAA« bis »C« bei Moody's.

Bonitätsrisiko – siehe → Adressrisiko.

Börsenkapitalisierung – Anderer Ausdruck für → Marktkapitalisierung.

Briefkurs – Verkaufskurs (engl.: *Ask rate*); hier derjenige Preis, zu dem ein Händler ein Wertpapier, z. B. ein Indexzertifikat, an einen Käufer verkauft. Der Briefkurs des Händlers ist stets höher als der *Geldkurs* (Kaufkurs, englisch *Bid rate*), zu dem er das Zertifikat ankauft. Die Spanne zwischen beiden Kursen heißt Geld-/Briefspanne oder *Bid-ask spread*.

Bullenmarkt – Auch engl. *Bull market* oder Hausse genannt, Börsenaufschwung. Gegenteil: Bear market, Bärenmarkt, Baisse.

Bundesaufsichtsamt für das Kreditwesen (BAKred) – Kapitalanlagegesellschaften unterliegen als Kreditinstitute der Aufsicht durch das Berliner Bundesaufsichtsamt für das Kreditwesen. Das BAKred erteilt Kreditinstituten die Erlaubnis zum Geschäftsbetrieb und überwacht die Einhaltung der im Kreditwesen- und Kapitalanlagegesetz festgehaltenen Vorschriften.

Buy and Hold – Dt.: »Kaufen und Halten«. Einfache Strategie, die zum Ziel hat, Wertpapieranlagen sehr langfristig im Portfolio zu halten und diese gerade nicht aufgrund kurzfristiger Kursschwankungen laufend zu traden (kaufen/verkaufen). Buy and Hold macht deshalb Sinn, weil häufiges Traden hohe Transaktionskosten verursacht, die mögliche Erträge aus der besseren Bruttorendite der »neuen« Wertpapiere mehr als aufwiegen.

BVI Bundesverband Deutscher Investment-Gesellschaften – Im BVI sind nahezu alle deutschen Investmentgesellschaften zusammengeschlossen. Zu den Aufgaben des Verbandes gehört die Wahrnehmung der Interessen der Investmentbranche und die Förderung des Investmentgedankens.

BVI-Methode – Methode zur Berechnung der Wertentwicklung eines Investmentfonds. Kalkulationsgrundlage bildet die Veränderung der Anteilwerte innerhalb eines bestimmten Zeitraums. Die BVI-Methode eliminiert bestimmte Einflussfaktoren wie Ausgabeaufschlag, Rücknahmespesen, Depotgebühren oder Kontoführungsgebühren bei der Berechnung der Wertentwicklung. Die Methode unterstellt, dass sämtliche Erträge, die der Fonds dem Anteilinhaber auszahlt, rechnerisch kostenfrei wieder angelegt werden.

Cap-Indexzertifikat – Engl. »*Cap*« steht für Kappe, Deckel, Obergrenze. Bei einem Indexzertifikat mit Cap ist die Rückzahlung auf maximal diesen Cap-Wert begrenzt, auch wenn der Indexstand höher als der Cap-Wert liegen sollte. Die Gewinnchance, verglichen mit einem herkömmlichen Zertifikat, ist also begrenzt. Im Gegenzug ist der Kaufpreis des Cap-Zertifikats niedriger, daher auch als Discount-Zertifikat bezeichnet. Gegenteil: → Floor-Zertifikat.

Cost-Averaging-Effect – Dt.: Durchschnittskosteneffekt. Führt zu einer cleveren, empfehlenswerten Investionsform, ganz besonders für Kleininvestoren; oft als »Wertpapiersparvertrag« bezeichnet.

Sie besteht darin, monatlich den gleichen Euro-Betrag in Wertpapiere (zum Beispiel in einen Fonds) zu investieren. Der Vorteil: Durch den monatlich konstanten Investitionsbetrag kauft man mehr Anteile (Aktien), wenn die Preise tief sind, als wenn sie hoch sind. Im Ergebnis wird der durchschnittliche Anteilspreis im Depot niedriger liegen als der tatsächliche Durchschnittspreis während dieser Periode.

Depotbank – Eine KAG (Kapitalanlagegesellschaft, Fondsgesellschaft) darf gemäß dem Gesetz für Kapitalanlagegesellschaften (KAGG) ein von ihr aufgelegtes Sondervermögen nicht selbst verwahren, sondern muss damit eine unabhängige Depotbank beauftragen. Dadurch bleibt das Fondsvermögen strikt vom Vermögen der KAG getrennt. Zu den Aufgaben der Depotbank gehören u. a. die Ausgabe und Rücknahme von Anteilscheinen sowie die Prüfung der von der KAG ermittelten börsentäglichen Ausgabe- und Rücknahmepreise, die Durchführung der Ausschüttung an die Anteilinhaber, aber auch die Abwicklung des Fondsvermögens im Falle der Auflösung des Fonds.

Depotbankgebühr – Die Depotbank erhält für ihre Verwahrungs- und Kontrolltätigkeit eine Vergütung, die einige Promille des Fondsvermögens beträgt. Die genaue Höhe dieser Vergütung ist in den Besonderen Vertragsbedingungen des einzelnen Fonds angegeben. Die Gebühr wird dem Anleger nicht direkt belastet, sondern dem Fondsvermögen entnommen. Nicht zu verwechseln mit der → Depotgebühr.

Depotgebühr – Gebühr, die ein Kreditinstitut für die Verwahrung und Verwaltung von Fondsanteilen eines Anlegers erhält, also die persönlichen Wertpapierdepotkosten des Investors. Die Gebühr wird dem Anleger nicht direkt belastet, sondern dem Fondsvermögen entnommen. Nicht zu verwechseln mit der → Depotbankgebühr.

Disagio – Abgeld; gemeint ist der Betrag, um den der Ausgabepreis bei der Neuausgabe von Wertpapieren deren Nennbetrag unterschreitet, bzw. der Betrag, um den der Börsenkurs den inneren Wert unterschreitet. Gegenteil: → Agio.

Discount-Zertifikat – siehe → Cap-Indexzertifikat.

Diversifikation (Risikostreuung) – Grundidee der Anlage in Investmentfonds ist der Grundsatz der Risikomischung. Das Portfolio eines Investmentfonds besteht aus einer Vielzahl verschiedener Wertpapiere. Jedes einzelne Wertpapier birgt neben Chancen auf Kursgewinne auch Risiken, die zum einen im Wertpapier selbst liegen und als »titelspezifische Risiken« bezeichnet werden. Zum anderen resultieren Gefahren aus der Entwicklung der einzelnen Wertpapiermärkte (Asset-Klassen-Risiko) und des Weltaktienmarktes insgesamt (Gesamtmarktrisiko). Die ersten beiden Risikoarten können durch eine richtig verstandene, systematische Diversifikation vollständig beseitigt werden, die dritte nicht. Da die ersten beiden Risikoarten nicht zwingend getragen werden müssen, »zahlt« der Markt dafür auch keinen Risikozuschlag. Somit tragen Anleger, die das titelspezifische und das Asset-Klassen-Risiko nicht wegdiversifizieren, Risiken, für die sie keinen Renditeaufschlag erhalten. Eine systematische Diversifikation führt also dazu, dass das Risiko eines Portefeuilles geringer ausfällt als der gewichtete Durchschnitt der Risiken seiner Einzelpositionen.

Einzelwertengagement – Investition in Aktien (bzw. andere Wertpapiere) nur eines einzigen Unternehmens. Hier steht v. a. die Situation der Einzelunternehmung im Vordergrund. Aufgrund dessen unterliegt das Investment häufig starken Schwankungen, bis hin zum Verlust des eingesetzten Kapitals. Eine Anlage in Investmentfonds oder Indexaktien schützt vor einem solchen Totalverlust.

Einzelwertrisiko – Risikobegriff aus der Modernen Portfoliotheorie. Bezeichnet Wertschwankungen eines Wertpapiers, die sich aufgrund von Einflussfaktoren ergeben, welche ausschließlich das spezielle Unternehmen betreffen. Dieses Risiko lässt sich durch Diversifikation innerhalb der betreffenden → Asset-Klasse beseitigen. Siehe auch → Asset-Klassen-Risiko und → Gesamtmarktbezogenes Risiko.

Emerging markets – Dt.: »Schwellenländermärkte«; die Kapitalmärkte mittelmäßig entwickelter Volkswirtschaften (vor allem in Osteuropa, Lateinamerika, Südostasien), – üblicherweise gemessen am Bruttosozialprodukt pro Kopf. In dieser Hinsicht stehen Schwellenländer also zwischen wirtschaftlich hoch entwickelten

Industrieländern und gering entwickelten Dritte-Welt-Ländern. Schwellenländeraktien haben langfristig meist höhere Wachstumsraten als diejenigen von Industrieländern, weisen aber auch stärkere Wertschwankungen und häufig eine geringe Liquidität auf (d. h., größere Wertpapierkäufe oder -verkäufe können einen stärkeren Einfluss auf die Kursentwicklung haben).

Entnahmeplan – Auch Auszahlplan genannt; die Möglichkeit, sich aus einem Investmentfondsdepot einen monatlich gleichbleibenden Betrag auszahlen zu lassen, zum Beispiel als »Zusatzrente«. Der Anleger kann sich entweder nur die regelmäßig erwirtschafteten Erträge auszahlen lassen (Auszahlung ohne Kapitalverzehr) oder das Investmentvermögen allmählich aufbrauchen (Auszahlung mit Kapitalverzehr).

Erwartete Rendite, erwartetes Risiko – Engl.: *expected return*; finanzwissenschaftlicher Begriff. Bezeichnet den auf der Basis einer bestimmten Methode für die Zukunft angenommenen (geschätzten) durchschnittlichen Wert für Rendite oder Risiko. Der Erwartungswert für die Rendite von Gesamtmärkten wird üblicherweise ermittelt, indem man einen Durchschnitt aller Jahresrenditen während eines mehr oder weniger langen vergangenen Zeitraums, zum Beispiel über dreißig Jahre, errechnet. Das erwartete Risiko in Form der Standardabweichung ist aufgrund der Definition der Standardabweichung von vornherein ein Durchschnittswert. Dieser (historische) Erwartungswert muss aber in einem bestimmten, einzelnen Zeitraum in der Zukunft nicht notwendigerweise vorliegen, und bei Aktien wird das überwiegend auch nicht der Fall sein. Dennoch ist dieser Erwartungswert im Allgemeinen die bestmögliche Prognose für die zukünftigen Werte. Häufig wird vereinfacht von »Rendite« gesprochen, wenn eigentlich »erwartete Rendite« gemeint ist. Für ein Portfolio von Wertpapieren gilt: Je länger die Anlageperiode, desto höher die Wahrscheinlichkeit, die erwartete Rendite auch tatsächlich zu erzielen.

Exoten – Saloppe Bezeichnung für Finanzprodukte mit unüblichen Ausstattungsmerkmalen.

Fairer Preis – Engl.: *fair value*; bei → Plain-Vanilla-Indexzertifikaten der aktuelle Marktpreis, bei börsengehandelten Indexfonds der zu

Marktpreisen der im Fonds enthaltenen Wertpapiere bewertete, anteilige Wert eines Fondsanteils. Der Begriff »fair« hat hier anders als im allgemeinen Sprachgebrauch keine moralische Bedeutung.

Festverzinsliche Wertpapiere – Engl.: *Bond*; Schuldverschreibungen mit einem feststehenden gleichbleibenden Verzinsungssatz (Nominalverzinsung). Dem Emittenten wird vom Anleger quasi ein Darlehen in Höhe des Nennwertes gewährt und der Anleger hat Anspruch auf eine feste nominale Verzinsung sowie Rückzahlung zu 100 % zum Laufzeitende.

Floor-Indexzertifikat – Floor steht für dt.: Boden, Untergrenze. Bei einem Indexzertifikat mit Floor erfolgt die Rückzahlung in Höhe des Floor-Betrages, wenn der Index unter den Floor-Wert gesunken sein sollte, daher auch die Bezeichnung Garantiezertifikat. Die Verlustchance ist also verglichen mit einem herkömmlichen Zertifikat begrenzt. Im Gegenzug ist der Kaufpreis des Floor-Zertifikats höher. Gegenteil: → Cap-Zertifikat (Discount-Zertifikat).

Fonds – siehe → Investmentfonds.

Fondsmanager, Fondsmanagement – Sie treffen die konkreten Anlageentscheidungen bei einem aktiv gemanagten Fonds im Rahmen der Anlagebedingungen, der Anlagegrundsätze und der gesetzlichen Anlagegrenzen. Das Fondsmanagement ist nicht frei von Fehleinschätzungen. Auch kann ein Wechsel im Management eines Fonds erhebliche Auswirkungen auf die Performance haben – im positiven wie im negativen Sinn. Dieses Risiko ist nur durch Indexfonds zu umgehen.

Fonds-Picking, standardisierte Vermögensverwaltung – Dem → Stock-Picking vergleichbar (siehe auch die Erläuterungen zu Dachfonds und Umbrella-Fonds in Übersicht 2; S. 128). Fonds-Picking ist eine Vermögensverwaltung auf Fondsbasis und wird mittlerweile von zahlreichen Banken, Versicherungen und unabhängigen Vermögensverwaltern angeboten. Aber auch der einzelne Anleger kann Fonds-Picking praktizieren, wenn er mehr oder weniger laufend zwischen Fonds wechselt, um dadurch eine → Überrendite zu erzielen. Im Gegenteil zum klassischen Vermögensverwalter investiert der Fonds-Picker nicht direkt in Aktien oder Rentenpapiere, sondern ausschließlich in Investmentfonds einer einzigen oder mehrerer KAGs (Fondsgesellschaften). Die sogenannte standardisierte Vermögensverwaltung bei Banken basiert zumeist auf dem Fonds-Picking-Prinzip. Bei kleineren Beträgen werden Anlegern zumeist drei verschiedene standardisierte Depottypen (z. B. je ein ertragsorientiertes, chancenorientiertes und wachstumsorientiertes Depot) – angeboten, unter denen der Anleger je nach Risikoneigung auswählt. Die Depotvarianten unterscheiden sich üblicherweise nach ihrem Aktienanteil. Dieser ist wiederum ausschlaggebend dafür, wie stark der Wert eines Depots schwankt. Fonds-Picking funktioniert noch schlechter als Stock-Picking. Von solchen Produkten ist aufgrund hoher Gebühren, mangelnder Transparenz und nicht nachgewiesenem Langfristerfolg abzuraten.

Fonds-Rating – Einstufung von Fonds nach ihrem Marktpreisrisiko durch anerkannte Rating-Agenturen wie GFA, Moody's«, Micropal (S&P), Morningstar etc. Fonds-Ratings ermöglichen die Beurteilung des Gesamtrisikos einer Fondsanlage.

Fonds-Shop/Fonds-Boutique/Fondsladen – Fonds-Shops bieten eine mehr oder weniger breite Auswahl von Fonds verschiedener Kapitalanlagegesellschaften (Fondsgesellschaften) an. Fonds-Shops reklamieren, »unabhängig« zu sein, was aber insofern nicht stimmt, als dass sie mit einer relativ begrenzten Anzahl von Fondsgesellschaften Vertriebsabkommen unterhalten, die dazu führen, dass der Shop fast ausschließlich die Produkte dieser KAGs empfiehlt. Die Qualität von Fonds-Shops variiert sehr stark.

Fondssparplan – Auch gelegentlich Wertpapiersparplan, Ansparplan, Sparplan, Wertpapiersparen genannt. Ein monatlich unveränderlicher Betrag, z. B. 100 Euro, wird per Dauerauftrag in einen bestimmten Investmentfonds investiert. Siehe auch → Cost-Averaging-Effect.

Fondsvermögen – Die Gesamtheit aller im Fonds befindlichen Vermögenswerte. Das Fondsvermögen besteht bei einem Wertpapierfonds aus Wertpapieren, Bankguthaben sowie den sonstigen Vermögensgegenständen.

Free float – Dt. etwa: »Streubesitz«; der Anteil der ausgegebenen Aktien eines Unternehmens, der jedenfalls im Prinzip für den Börsenhandel zur Verfügung steht. Aktienpakete im Staats- oder in

Familienbesitz ohne »prinzipielle Handelsabsichten« gehören nicht zum free float.

Freistellungsauftrag – Um den Sparerfreibetrag unverzüglich und nicht erst im Rahmen der Einkommensteuererklärung auszuschöpfen, kann jeder Anleger gegenüber seiner Investmentgesellschaft, Bank oder Sparkasse einen Freistellungsauftrag erteilen. Bei rechtzeitiger Vorlage werden im Falle einer Depotverwahrung der Anteilscheine die steuerpflichtigen Teile der Ausschüttungen des Fonds bis zur Höhe des Freistellungsauftrags (maximal 3 100 DM pro Anleger bei Einzelveranlagung, bei Zusammenveranlagung maximal 6 200 DM) ohne Abzug ausgezahlt bzw. bei thesaurierenden Fonds die Zinsabschlagssteuer den Anlegern erstattet.

Fundamentalanalyse – Die am meisten verbreitete Methode zur Erstellung von Kursprognosen. Dabei werden in erster Linie finanzwirtschaftliche Kennzahlen, aber auch »weiche« Fakten (wie Managementqualität) sowie Marktposition, Marktwachstum, makroökonomische Einflüsse und andere Faktoren, die Einfluss auf die Ertragsperspektiven des Unternehmens haben sollen, berücksichtigt. Siehe auch → Technische Analyse.

Fungibilität – Die Einfachheit und Geschwindigkeit, mit welcher ein Vermögenswert in Bargeld umgewandelt (verkauft) werden kann.

Garantiezertifikat – siehe → Floor-Indexzertifikat.

Geldkurs – Ankaufskurs; engl.: *bid rate*. Siehe → Briefkurs.

Geldmarktanlagen – Kurzfristige, risikoarme (und in der Regel niedrig verzinsliche) Geldanlagen, wie Termin- oder Festgelder, Geldmarktfonds, Sparbücher oder Konten mit variabler Guthabenverzinsung.

Gesamtmarktbezogenes Risiko, Marktrisiko – Risikobegriff aus der Modernen Portfoliotheorie; bezeichnet Wertschwankungen eines Wertpapiers, die sich aufgrund ungünstiger Einflussfaktoren ergeben, welche alle Unternehmen im Weltaktienmarkt gleichermaßen betreffen. Dieses Risiko lässt sich durch Diversifikation nicht beseitigen. Allerdings sinkt es – wie die beiden anderen Risikoarten, → Asset-Klassen-Risiko – und → Einzelwertrisiko – mit wachsendem Anlagehorizont.

Gesetz über Kapitalanlagegesellschaften (KAGG) – Das 1957 verabschiedete und seitdem mehrmals novellierte KAGG verpflichtet alle deutschen Investmentgesellschaften zur Einhaltung bestimmter Anlagegrundsätze. Hierzu gehört vor allem die Risikostreuung. Das Gesetz dient also in erster Linie dem Schutz der Fondsanleger.

Grauer Kapitalmarkt – Unreglementierter, teils legaler, teils illegaler Kapitalmarkt, der keiner staatlichen Aufsicht unterliegt. Hier werden Werte gehandelt, die nicht auf dem organisierten Kapitalmarkt, etwa im amtlichen Börsenhandel, vertreten sind. Typisch für den Grauen Kapitalmarkt sind Beteiligungen an Feriensiedlungen und Spekulationsgeschäfte mit hohen Renditeversprechen. Es handelt sich bei diesen Geschäften in der Regel um Kreditbeziehungen zwischen Unternehmen und Privathaushalten ohne Beteiligung von Geldinstituten. Veröffentlicht werden solche Angebote häufig in Kleinanzeigen überregionaler Tageszeitungen. Wegen fehlender Markttransparenz ist der graue Kapitalmarkt überwiegend das Handlungsfeld unseriöser Anbieter. Den versprochenen Renditen steht ein extrem hohes Risiko gegenüber – bis hin zum Totalverlust des eingesetzten Geldes.

Growth-Aktie – Eine Aktie mit einem hohen Kurs-/Gewinn- bzw. hohen Kurs-/Buchwert-Verhältnis – also eine »teure« Aktie. Diese Aktien weisen oft einen vergleichsweise niedrigen gegenwärtigen Gewinn (bzw. eine niedrige Eigenkapitalrendite) und eine geringe Dividendenrendite auf. Es wird ihnen jedoch für die Zukunft ein starkes Gewinnwachstum attestiert. Im Unterschied zu einer verbreiteten These sind Growth-Aktien statistisch *weniger* riskant als ihr Gegenteil, die sogenannten → Value-Aktien. Im langfristigen historischen Vergleich haben sich Growth-Aktien schlechter entwickelt als Value-Aktien; allerdings war es in der zweiten Hälfte der neunziger Jahre umgekehrt.

Hedging – siehe → Kurssicherung.

Index – Ein Index ist eine statistische Maßzahl für die kollektive Wertentwicklung einer Gruppe von Aktien, festverzinslichen Wertpapieren oder anderer Asset-Typen mit einigen gemeinsamen objektiven Eigenschaften. Der Deutsche Aktienindex (Dax) etwa repräsentiert die Wertentwicklung der nach der → Marktkapitalisierung 30 größten deutschen Aktiengesellschaften. Indizes dienen unter anderem als Vergleichsmaßstab (→ Benchmark) für die Wertentwicklung von aktiv gemanagten Investmentfonds. Neben bekannten und repräsentativen Aktienindizes wie dem Dax, dem amerikanischen Dow-Jones-Index für 30 Industriewerte, dem Nikkei-225-Index für japanische Titel oder den diversen Morgan Stanley Capital International (MSCI)-Indizes gibt es auch weniger bekannte Indizes wie den amerikanischen Russell 2000, der 2000 amerikanische Nebenwerte umfasst. Hinzu kommen Rentenindizes wie der deutsche REX oder der Salomon Brothers (SALB). Weltweit existieren etwa 5 000 verschiedene Wertpapierindizes.

Indexaktien – Engl.: *Index Shares*; börsengehandelte Indexfonds (der Begriff Index*aktie* ist deshalb missverständlich).

Indexzertifikate – Bankschuldverschreibungen, deren Ertrag nicht in Zinszahlungen besteht (wie bei konventionellen Bankanleihen), sondern an die Entwicklung eines Index (zumeist eines Aktienindex) gebunden ist. Ihr Risiko-Rendite-Profil ist daher einem Indexfonds vergleichbar, allerdings haben Indexzertifikate eine begrenzte Laufzeit.

Inflationsrisiko – Das Risiko von Wertverlusten auf inflationsbereinigter Basis, das heißt gemessen in echter Kaufkraft. Eine nominelle (Vor-Inflations-)Rendite von 4 % p. a. bei einer jährlichen Inflation von 5 % bedeutet inflationsbereinigt einen Wertverlust (Kaufkraftverlust) des entsprechenden Wertpapiers. Dieses Risiko betrifft vor allem festverzinsliche Anlagen und Termingelder, weniger stark jedoch Aktien. Diese sind Sachwerte, – deren Preis im Allgemeinen mit der Inflation steigt.

Informationsrisiko – Darstellungen in Medien können Anlegern einen Sachverhalt zeitverzögert, unrichtig oder unvollständig wiedergeben. Daraus resultiert die Gefahr, zu spät über wichtige Informationen zu verfügen und daraus Verluste zu erleiden oder die Entscheidung für den Kauf oder Verkauf von Fondsanteilen aufgrund fehlerhafter oder unzureichender Informationen zu fällen. Bei Indexfonds oder Indexanlagen besteht kein oder nur ein sehr niedriges Informationsrisiko.

Institutionelle Investoren – Banken, Versicherungen, Investmentfonds, Pensionskassen, Sozialversicherungsträger und andere Kapitalsammelstellen werden als institutionelle Investoren bezeichnet; ihnen ist gemeinsam, dass sie ständig große Volumina von Geldern in praktisch allen Segmenten des Kapitalmarktes anlegen. Institutionelle Investoren gelten als die »professionellsten« Anleger am Kapitalmarkt.

Interpretationsrisiko – In Deutschland werden Wertentwicklungstabellen publiziert, die auf unterschiedlichen Annahmen, Berechnungsmethoden und Stichtagsbetrachtungen beruhen. Es ist also ratsam, sich beim Vergleich von Fonds auf Daten zu verlassen, die jeweils nach derselben Methode erarbeitet sind. Ferner muss darauf geachtet werden, dass nur Fonds mit ähnlichen Anlagegrundsätzen verglichen werden. Auch kann die in der Vergangenheit erzielte Performance nicht einfach in die Zukunft fortgeschrieben werden. Bei Indexfonds oder Indexanlagen besteht nur ein sehr niedriges Interpretationsrisiko.

Investitionsgrad – Fondsvermögen abzüglich der → Barreserve, d. h. der Anteil des Fondsvermögens, der in Wertpapieren, Immobilien oder Derivaten angelegt ist. Ein Fonds muss nach dem Gesetz über Kapitalanlagegesellschaften (KAGG) jederzeit mit mindestens 51 % seines Vermögens in den Anlagen investiert sein, die der Verkaufsprospekt als Anlageschwerpunkt vorsieht.

Investmentfonds (= Fonds) – Nach deutschem Recht ist ein Investmentfonds ein Sondervermögen, das von einer Kapitalanlagegesellschaft verwaltet und von einer von ihr unabhängigen Depotbank verwahrt wird. In einem Investmentfonds bündelt die Anlagegesellschaft die Gelder vieler Anleger, um sie nach dem Prinzip der Risikomischung in verschiedenen Vermögenswerten nach definierten Anlagegrundsätzen gewinnbringend anzulegen.

Investmentgesellschaft – siehe → Kapitalanlagegesellschaft.

KAGG – siehe → Gesetz über Kapitalanlagegesellschaften.

Kapitalanlagegesellschaft (KAG) – Umgangssprachlich auch »Fondsgesellschaft«; Unternehmen, das einen Investmentfonds auflegt und verwaltet. Formaler ausgedrückt: ein Institut, dessen Geschäftsbetrieb darauf gerichtet ist, bei ihm eingelegte Gelder im eigenen Namen für gemeinschaftliche Rechnung der Anleger nach dem Grundsatz der Risikomischung gesondert vom eigenen Vermögen anzulegen. Die KAG muss über die sich hieraus ergebenden

Rechte der Anleger (Anteilinhaber) Urkunden (Anteilsscheine) ausstellen. Die Anlage der Gelder kann nach dem Gesetz über Kapitalanlagegesellschaften (KAGG) in Form von Wertpapier-, Beteiligungs- oder Grundstücksvermögen erfolgen. Eine KAG darf in Deutschland nur in der Rechtsform der Aktiengesellschaft oder der Gesellschaft mit beschränkter Haftung (GmbH) betrieben werden. Deutsche KAGs unterliegen dem Gesetz über Kapitalanlagegesellschaften (KAGG) und gleichzeitig als Spezialkreditinstitute dem Gesetz über das Kreditwesen (KWG).

Kennzahlen – Verhältniszahlen oder Prozentzahlen (engl.: *Ratios*), die absolute Zahlen (Leistungswerte) miteinander vergleichbar machen, typischerweise (aber nicht immer), indem eine Größe zu einer zweiten ins Verhältnis gesetzt wird. Beispiel für eine Kennzahl ist die prozentuale Rendite: Sie misst die Wertsteigerung eines Fonds im Verhältnis zum eingesetzten Kapital für einen bestimmten Zeitraum. Andere komplexere Kennzahlen im Zusammenhang mit Investmentfonds sind die → Volatilität und das → Sharpe-Ratio.

Körperschaftsteuerguthaben – Aktionäre erhalten beim Bezug von Dividenden eine Steuergutschrift über die abgezogene Körperschaftssteuer (für Einkommensteuererklärungen bis einschließlich 2001). Bei deutschen Investmentfonds mit deutschen Dividendenerträgen ist dies ähnlich; dem Anleger wird dieses Steuerguthaben ebenfalls bescheinigt; es beträgt 3/7 der im Fondsertrag enthaltenen inländischen Dividendenanteile. Das Steuerguthaben kann im Rahmen der Einkommen- oder Körperschaftsteuer-Veranlagung geltend gemacht werden. Bei rechtzeitiger Vorlage einer Nichtveranlagungsbescheinigung oder eines Freistellungsauftrags wird das Steuerguthaben sofort mit der Ausschüttung bzw. Thesaurierung gutgeschrieben.

Korrelation, Korrelationskoeffizient – Der Grad der Parallelität der Entwicklung zweier Größen (Zahlenreihen), zum Beispiel der Kursveränderungen zweier Aktien. Die Korrelation wird gemessen in Form des Korrelationskoeffizienten, der zwischen + 1 und – 1 liegen kann. Eins steht für vollständige Korrelation (exakte Parallelentwicklung), Null steht für vollständig unabhängige Entwicklung (allenfalls zufällige Parallelentwicklung) und – 1 steht für exakt gegenläufige Entwicklung. Je niedriger die Korrelation zwischen zwei Finanz-Assets, desto besser eignen sie sich zur Diversifizierung in einem gemeinsamen Portfolio.

Kosten – Die Kosten von Investmentfonds lassen sich in vielerlei Weise klassifizieren: einmalige versus laufende Kosten; mit der Performance des Wertpapier verrechnete versus dem Anleger separat belastete Kosten; ausgewiesene versus nicht ausgewiesene Kosten etc. Kosten sind eines der wichtigsten Auswahlkriterien für Investmentfonds und andere Kapitalanlagen.

Kurs-Gewinn-Verhältnis – Engl.: *P/E Ratio* (*Price-Earnings-Ratio*); das Verhältnis des Aktienkurses zum jährlichen Gewinn der Aktiengesellschaft.

Kurssicherung (Hedging) – Absicherung eines erreichten Kursniveaus durch entsprechende Transaktionen am Options- oder Terminmarkt. Beispielsweise lässt sich ein Fonds durch Devisenkurssicherungsgeschäfte vor Währungsverlusten schützen. Die Kosten für diese Geschäfte werden dem Fondsvermögen entnommen und belasten damit den möglichen Wertzuwachs.

Kurzfristrisiko – Kurzfristiges Risiko: Je kürzer eine Anlageperiode, desto geringer ist die Wahrscheinlichkeit, die erwartete Rendite (wird in der Regel mit der historischen Durchschnittsrendite gleichgesetzt) auch tatsächlich zu erzielen. Mathematisch kommt dies z. B. darin zum Ausdruck, dass die Standardabweichung (ein Risikomaß) der Tagesrenditen über einen Zeitraum von 30 Tagen wesentlich höher ist als die Standardabweichung der Jahresrenditen über einen 30-Jahres-Zeitraum.

Länderrisiko – Negative Wertschwankungen eines ausländischen Wertpapiers aufgrund hoheitlicher Maßnahmen des jeweiligen Staates. Werden zum Beispiel in einem Schwellenland Beschränkungen des freien Devisentransfers erlassen, kann dies den Aktienkurs von international agierenden Unternehmen dieses Landes negativ beeinflussen.

Langfristrisiko – Je länger eine Anlageperiode dauert, desto höher ist die Wahrscheinlichkeit, die erwartete Rendite (wird in der Regel mit der historischen Durchschnittsrendite gleichgesetzt) auch tatsächlich zu erzielen.

Leverage – Dt.: Hebelwirkung; gemeint ist im Zusammenhang mit

Kapitalanlagen, dass diese teilweise über einen Kredit (statt komplett aus Eigenmitteln) finanziert werden. Dadurch erhöht sich die Rendite des eigenen Kapitals, vorausgesetzt, die Rendite der Kapitalanlage ist höher als die Kreditzinsen. Durch Leverage wird der Risikograd eines Portfolios erhöht. Privaten Anlegern ist von diesem Vorgehen fast immer abzuraten.

Liquidität – Finanzielle Mittel in Form von Bargeld (Cash) bzw. Girokontoguthaben oder sehr kurzfristigen Geldmarktanlagen wie Sparguthaben, Termingeld, Festgeld oder Geldmarktfondsanteilen. Siehe auch → Barreserve.

Managementrisiko – Negative Wertschwankungen, gemessen in absoluten Zahlen oder relativ zu einem Vergleichsindex, aufgrund von fehlerhaften Anlageentscheidungen des Managers eines aktiv gemanagten Investmentfonds. (Bei Indexfonds und -zertifikaten entfällt dieses Risiko.)

Market-Timing – Eine Anlagestrategie, die definiert ist als die kurzfristige Veränderung der Gewichtungen einzelner → Asset-Klassen in einem Portfolio mit dem Ziel, von zyklischen Marktveränderungen zu profitieren. Hintergrund ist die Vorstellung, dass angesichts der Unmöglichkeit, systematisch erfolgreiches Stock-Picking zu praktizieren, ein entsprechendes Vorgehen doch wenigstens für ganze Asset-Klassen bzw. ganze Märkte funktionieren müsste. Ein Erfolg dieser Strategie ist wissenschaftlich nicht nachweisbar.

Marktanomalien – Engl.: *mispricings*; Wertpapierkurse, die systematisch von ihrem »intrinsischen« (d. h. »wahren«, »fairen«) Wert abweichen und daher eine Möglichkeit zur Erzielung einer → Überrendite bieten. So haben einige Studien gezeigt, dass bestimmte Aktienmärkte im Januar durchschnittlich eine höhere Kurssteigerung aufwiesen als in allen anderen Monaten. Um diese Anomalie auszubeuten, könnte man Aktien unmittelbar vor dem Beginn des Januar kaufen, um sie unmittelbar nach Monatsende wieder zu verkaufen, was zu einer Überrendite führen müsste. Zahlreiche Marktanomalien scheinen zwar zu existieren, werden aber nach ihrer Entdeckung regelmäßig »wegarbitriert«, d. h. verschwinden oder sind so gering, dass sich eine Ausbeutung bei Berücksichtigung von Transaktionskosten nicht lohnt.

Marktkapitalisierung – Auch »Börsenwert« oder »Börsenkapitalisierung« genannt; entspricht dem Aktienkurs multipliziert mit der Anzahl der ausgegebenen Aktien. Die Marktkapitalisierung ist also der aktuelle Markt- oder Börsenwert des Gesamtunternehmens, das heißt der Marktwert seines Eigenkapials.

Marktpreisrisiko – Das Marktpreisrisiko repräsentiert die Gefahr negativer Wertschwankungen eines Wertpapiers/Fondsanteiles aus der Perspektive eines einzelnen Anlegers; wird oft auch als Kursrisiko bezeichnet. Das Marktpreisrisiko wird durch das → Fonds-Rating gemessen.

Marktrisiko – siehe → Gesamtmarktbezogenes Risiko.

Mid caps – *Mid-sized capitalization*; englische Bezeichnung für mittelgroße Unternehmen mit mittlerer Marktkapitalisierung (in Deutschland zum Beispiel die 70 Unternehmen des MDax, die auf die 30 Dax-Unternehmen folgen).

Moderne Portfoliotheorie – Wissenschaftliches Theoriegebäude, das mehrere Hauptthesen formuliert, darunter: (a) Finanzmärkte sind so effizient (vollkommen), dass systematisch erzielbare → Überrenditen (nach → Transaktionskosten/Steuern) durch Kaufen und Verkaufen ausgeschlossen sind. (b) → Asset-Klassen erbringen langfristig genau die Rendite, die ihrem Risikograd entspricht. Überdurchschnittliche Renditen einer Asset-Klasse gehen mit überdurchschnittlichen Risiken einher. (c) Diversifikation über Asset-Klassen hinweg kann Risiken reduzieren und gleichzeitig Renditen erhöhen. Für jedes gegebene Risikoniveau gibt es ein bestimmtes Portfolio, das die maximale erwartete Rendite produziert. (d) Da jeder Investor eine individuelle Risikopräferenz und Risikotragekapazität hat, gibt es auch für jeden Investor ein individuelles, optimales Anlegerportfolio.

Nachsteuerrendite – Das Ziel jeder soliden Anlagestrategie liegt in einer möglichst hohen Rendite der Vermögensanlagen nach Abzug der individuellen Steuer.

Net Asset Value (NAV) – Dt.: Nettoinventarwert (NAV). Gesamtwert des Fondsvermögens bewertet zu aktuellen Marktkursen/-preisen abzüglich eventueller Verbindlichkeiten des Fonds.

Neuer Markt – Erst in den späten neunziger Jahren in Deutschland etabliertes Börsensegment für vergleichsweise kleine, überwiegend im Technologie- und Internetbereich angesiedelte Unternehmen. Die Börsenzulassungsvorschriften am Neuen Markt sind weniger streng (und damit für das Unternehmen weniger teuer) als am »amtlichen« Markt. Die Unternehmen des Neuen Marktes sind → Small-Caps und ihre Kursentwicklung vergleichsweise volatil (risikoreich).

New Economy – Kontroverser und wenig genau definierter Begriff für bestimmte »neue« wirtschaftliche Rahmenbedingungen in den Industrieländern seit Anfang der neunziger Jahre (Globalisierungstrend und verschärfter internationaler Wettbewerb, Internet, Biotechnologie, Deregulierung und Liberalisierung, Schwächung der Gewerkschaften, Abkehr vom Keynesianismus etc.). Diese veränderten Rahmenbedingungen im Verein mit weiteren Einflussfaktoren sollen ein insgesamt dauerhaft höheres und relativ inflationsfreies Wirtschaftswachstum bewirken. Im Gefolge davon sollen auch langfristig höhere Aktienkurse (im Sinne von höheren → Kurs-Gewinn-Verhältnissen) möglich sein. Somit wären die Wertpapiermärkte trotz historisch annähernd einmalig hoher durchschnittlicher KGVs (8/2000) nicht überbewertet, mit einem Crash wäre somit nicht zu rechnen. Ob diese sehr umstrittene These zutrifft, werden die kommenden Jahre zeigen. Oft wird mit »New Economy« auch eine bestimmte Gruppe von Unternehmen umschrieben, nämlich Internet- und neue Technologieunternehmen, darunter besonders oft Neugründungen (»Start-ups«), die sich Kapital eher über die Börse (per Aktienemission) als über Bankkredite beschaffen und sich in ihrer Unternehmenskultur von »Old-Economy-Unternehmen« unterscheiden.

Nichtveranlagungsbescheinigung – Bestimmte natürliche und juristische Personen sind von der Einkommensteuer bzw. der Körperschaftsteuer befreit. Sofern diese Personen Kapitalanlagen bei Banken unterhalten, können Sie mit einer »NV-Bescheinigung« des Finanzamtes verhindern, dass die Bank → Zinsabschlagsteuer an das Finanzamt abführt.

Nullsummenspiel – Metaphorischer Ausdruck für eine Situation, in der einer nur gewinnen kann, was ein anderer verliert. Der Gesamtgewinn des »Spieles« ist begrenzt. Hinsichtlich der Verteilung der Über- und Unterrenditen unter den einzelnen Anlegern ist der Wertpapiermarkt ein Nullsummenspiel. Die Marktwirtschaft als übergreifendes System ist dagegen kein Nullsummenspiel.

Optionsgeschäft – Erwerb oder Veräußerung des Rechts, eine bestimmte Anzahl von Wertpapieren jederzeit während der Laufzeit der Option zu einem im voraus vereinbarten Preis (Basispreis) entweder vom Kontrahenten (Stillhalter) zu kaufen oder an ihn zu verkaufen. Für dieses Recht hat der Käufer bei Abschluss des Optionsgeschäfts den Optionspreis (Prämie) zu zahlen. Gehandelt werden Kaufoptionen (*Call*) und Verkaufsoptionen (*Put*), die jeweils ge- und verkauft (geschrieben) werden können. Während Kaufoptionen das Recht, nicht jedoch die Pflicht gewähren, ein bestimmtes Wertpapier innerhalb eines bestimmten Zeitraums zu einem festgelegten Preis (dem Basispreis) zu kaufen, verbriefen Verkaufsoptionen das Recht, aber nicht die Pflicht, ein bestimmtes Wertpapier innerhalb einer definierten Zeitspanne zu einem festgelegten Preis zu verkaufen. Mit Calls spekuliert ein Anleger mit geringerem Kapitaleinsatz auf steigende Kurse, während er mit Puts sein Portfolio gegen fallende Kurse versichern kann, um sich gegen Rückschläge am Markt zu schützen.

p. a. – per annum oder pro anno (lateinisch für pro Jahr, jährlich)

Passives Portfoliomanagement (passiv gemanagter Fonds) – Das Gegenteil → Aktiven Portfoliomanagements. Eine Buy-and-Hold-Strategie, bei der ein Investor alle Wertpapiere, die zu einer bestimmten → Asset-Klasse gehören, im Umfang zumeist proportional zu ihrem Anteil an der Marktkapitalisierung der gesamten Asset-Klasse kauft. Aktives Trading (Kaufen/Verkaufen) findet nicht oder nur zu Zwecken des → Rebalancing statt.

Performance – In diesem Buch verstehen wir unter Performance eine risikoadjustierte (risikogewichtete) Nettorendite (netto heißt hier: nach Berücksichtigung aller Kosten der Anlage). Siehe auch → Sharpe-Ratio. Häufig wird der Begriff Performance jedoch synonym mit (einfacher) Rendite verwendet.

Performance-Index – Wertpapierindex, dessen Entwicklung sowohl die Kursgewinne der im Index enthaltenen Wertpapiere (z. B. Aktien bei einem Aktienindex) reflektiert als auch die unterjährig ausgezahlten Dividenden und andere Ausschüttungen. Hierbei wird rechnerisch angenommen, dass diese Ausschüttungen sofort wieder in die Aktien des Index reinvestiert werden. Gegenteil: → Preisindex.

Plain-Vanilla-Indexzertifikat – Mit dem Ausdruck *Plain Vanilla* (dt. »einfache Vanille«) werden salopp Wertpapiere beschrieben, die vergleichsweise einfach strukturiert sind. Bei Indexzertifikaten sind dies z. B. Zertifikate ohne → Cap/Renditegrenze (Discount-Zertifikate), → Floor/Renditeminimum (Garantiezertifikate) oder andere besondere Ausstattungsmerkmale. Im Unterschied zu »strukturierten« Zertifikaten partizipieren Plain-Vanilla-Zertifikate vollständig parallel am entsprechenden Index.

Portfolio, Portefeuille – Die Summe aller Vermögenswerte eines Anlegers; im engeren Sinne die Summe seiner Wertpapiere oder die Zusammensetzung eines Depots. Bei Investmentfonds versteht man unter Portefeuille die Summe der Anlageinstrumente eines Fonds.

Preisindex – Wertpapierindex, der kurssenkende Ausschüttungen im Gegensatz zu einem → Performance-Index nicht rechnerisch berücksichtigt. Insofern stellt ein Preisindex keinen objektiven Maßstab für die Rendite des gemessenen Wertpapiermarktes dar.

Pricing-Risiko – Bei Indexzertifikaten und Indexaktien die Gefahr, dass der Preis des Zertifikates oder der Indexaktie unerwartet vom Bezugsindex abweicht.

Prozentpunkt – Es ist eine Unsitte, »Prozent« zu sagen, wenn »Prozentpunkt« gemeint ist. Beides ist nicht identisch. Wenn beispielsweise die Renditen zweier Investmentfonds 14,6 % und 18,8 % p. a. betragen, liegen einerseits 4,2 Prozent*punkte* zwischen beiden Renditen, andererseits hat der bessere Fonds jedoch einen Renditevorsprung von 28,8 *Prozent*. Mit dem bewusst falschen Gebrauch dieser beiden Begriffe wird – je nach Interessenlage – die Tragweite von Renditeunterschieden zwischen Anlageprodukten oft bewusst übertrieben oder verharmlost.

Quellensteuer – In Deutschland gilt seit dem 1. Januar 1993 eine Zinsabschlagssteuer (Quellensteuer) von 30 %, wobei über entsprechende Freistellungsaufträge jährlich 3 100 DM für Alleinstehende und 6 200 DM für Verheiratete steuerfrei bleiben. Auch in anderen Ländern unterliegen die Erträge von Wertpapieren einer Quellensteuer. Investmentfonds, die Papiere aus solchen Ländern in ihrem Depot halten, erhalten die Erträge gemindert um diese Quellensteuer. Der Fonds kann die im jeweiligen Ausschüttungsland einbehaltene Quellensteuer nicht anrechnen. Über die einbehaltene anrechnungsfähige Steuer wird eine Bescheinigung ausgestellt. Die Anleger können sich damit in Rahmen ihrer Steuerveranlagung die auf die ausländischen Bruttoerträge einbehaltene Quellensteuer anrechnen bzw. bei der Ermittlung des Gesamtbetrags ihrer Einkünfte auf Wunsch abziehen lassen. Eine Erstattung aufgrund eines Freistellungsauftrags oder einer Nichtveranlagungsbescheinigung ist nicht möglich.

Rebalancing – Der Prozess der Wiederangleichung eines Portfolios an seine ursprüngliche Asset-Allokation in größeren Abständen (z. B. alle 12 oder 24 Monate). Geschieht durch Umschichtung von Kapital zwischen verschiedenen → Asset-Klassen oder durch entsprechenden Hinzukauf der »unterrepräsentierten« Asset-Klasse.

Rechenschaftsbericht – Eine KAG (Fondsgesellschaft) ist gesetzlich verpflichtet, über jeden ihrer Fonds jährlich – spätestens drei Monate nach Abschluss des Fondsgeschäftsjahres – einen Rechenschaftsbericht zur Information der Anleger zu veröffentlichen. Der Rechenschaftsbericht enthält zum Berichtsstichtag u. a. die Vermögensaufstellung, die Aufwands- und Ertragsrechnung sowie die Höhe einer evtl. Ausschüttung, ergänzt durch Informationen zur Geschäfts- und Fondsentwicklung. Außerdem muss die KAG zusätzlich einen Halbjahresbericht erstellen.

Rechtsrisiko – Das Risiko von negativen Wert- oder Renditeschwankungen (d. h. Wert-/Renditeverlusten) aufgrund von unerwarteten Änderungen bestimmter rechtlicher Vorschriften. Das Rechtsrisiko schließt das → Besteuerungsrisiko ein. In gewisser Weise ist auch das → Länderrisiko eine spezielle Form des Rechtsrisikos.

Regression zum Mittelwert – Engl.: *Regression to the mean*; durch viele empirische Studien nachgewiesenes statistisches Phänomen, demzufolge sowohl ansteigende/überdurchschnittliche als auch absteigende/unterdurchschnittliche Renditen von Investmentfonds (wie auch anderer Wertpapiere) langfristig sich wieder dem für die jeweilige Asset-Klasse durchschnittlichen Wert annähern. Das heißt, die Rendite eines einzelnen Papiers schwankt im Zeitablauf um diesen Mittelwert. Anders formuliert: Über- oder Unterrenditen haben fast immer vorübergehenden Charakter. Dieses Phänomen kann übrigens in praktisch allen physikalischen, biologischen, sozialen und ökonomischen Systemen auf breiter Front beobachtet werden. Regression zum Mittelwert ist nur der Ausdruck anderer (zumeist mehrerer) Ursachen, nicht aber die Ursache selbst. Regression zum Mittelwert kann auch als eine Art Gleichgewichtsgesetz oder -tendenz verstanden werden, denn ohne sie würden wohl die meisten ökonomischen, sozialen, biologischen und physikalischen Systeme – metaphorisch gesprochen – sehr schnell implodieren oder explodieren.

Rendite – Der Ertrag pro Zeiteinheit einer Investition ins Verhältnis gesetzt zu dieser Investition (Verzinsung des eingesetzten Kapitals). Die Zeiteinheit ist häufig ein Jahr. Es existieren eine Vielzahl von Renditebegriffen, die oft nicht sauber voneinander getrennt verwendet werden: Vorsteuerrendite, Nachsteuerrendite, Bruttorendite, nominale Rendite, reale Rendite, zeitgewichtete Rendite, geldgewichtete Rendite etc. Die Rendite einer Investmentanlage beruht auf den liquiden Ertragseinnahmen des Fonds (z. B. Zinsen, Dividenden, realisierte Kursgewinne) und den Kursveränderungen der im Fonds befindlichen Werte. Siehe auch → Performance.

Research – Dt.: Forschung; Analyse eines Wertpapiers hinsichtlich seiner Kurschancen bzw. eines Unternehmens hinsichtlich seiner Ertragskraft.

Risiko – Die negative Abweichung der Wertentwicklung eines → Assets gegenüber seiner erwarteten Wertentwicklung.

Risikoadjustierung von Renditen – Zwei Renditen können nur durch eine Risikoadjustierung (Risikoanpassung) objektiv miteinander verglichen werden, denn eine höhere Rendite mit einem höheren Risiko (in Bezug auf Wertschwankungen) ist nicht unbedingt einer niedrigeren Rendite mit niedrigerem Risiko vorzuziehen (Problem des Äpfel-Birnen-Vergleichs). Die einfachste Form

der Risikoadjustierung besteht darin, dass man nur Renditen vergleicht, die dasselbe Risiko in Form von Wertschwankungen des →
Assets beinhalten. Da das in der Praxis aber oft nicht möglich ist,
behilft man sich z. B. damit, dass die Renditen zum entsprechenden
Risiko ins Verhältnis gesetzt (durch dieses dividiert) werden. Das
Ergebnis ist dann eine objektiv vergleichbare Renditezahl, bezogen
auf eine Einheit Risiko. Die bekannteste Kennzahl hierfür ist das →
Sharpe-Ratio.

Risikofreie Anlage, risikofreier Zins – Der risikofreie Zinssatz ist
ein Zinssatz, der kein Ausfallrisiko (Bonitätsrisiko), aber durchaus
ein Marktrisiko (z. B. das allgemeine Zinsänderungsrisiko) beinhaltet. In der realen Welt gibt es nur Näherungsgrößen für diesen
Zinssatz. Die in Deutschland zumeist verwendete Näherungsgröße
ist der Zinssatz für kurzfristige Verbindlichkeiten des Staates. Ersatzweise kann man auch den Festgeldzinssatz großer Banken mit
einwandfreier Bonität für z. B. dreimonatige Laufzeiten verwenden.

Risikotragekapazität – Jeder Anleger hat eine spezifische Risikotragekapazität, die sich aus dem Zusammenwirken vieler Faktoren
ergibt, darunter seine psychologische Risikoneigung (seine »Nerven«), sein Vermögen, sein laufendes Einkommen, sein monatlicher Geldverbrauch, seine restliche Lebensarbeitszeit und seine
Restlebenszeit. Eine Person mit einer hohen R. ist in der Lage, einen
nach Höhe und Dauer bestimmten Wertverlust ihres Portfolios
emotional und finanziell leichter zu ertragen als eine Person mit
niedriger R.

Rücknahme (von Fondsanteilen) – Bei einem offenen Fonds ist eine
KAG (Fondsgesellschaft) verpflichtet, die vom Anleger zurückgegebenen Anteile zum Rücknahmepreis (siehe → Net Asset Value)
börsentäglich zurückzunehmen.

Rücknahmegebühr – Einige ausländische Fondsanbieter erheben
nicht nur beim Kauf, sondern auch beim Verkauf von Fondsanteilen eine Gebühr. Derartige Gebühren sollten Anleger – es sei denn,
dieser Gebühr stehen andere spezifische Vorteile gegenüber – nicht
akzeptieren und deshalb auf andere Fonds ausweichen.

Rücknahmepreis – Entspricht dem Anteilwert. Der Rücknahmepreis ist der Preis, den der Anleger beim Verkauf seiner Fondsanteile erzielt (=Nettoinventarwert). Er wird in der Regel börsentäglich errechnet und veröffentlicht. Allerdings erheben einige Kapitalanlagegesellschaften gestaffelte Rücknahmegebühren, wobei die Gebühr sinkt, je länger ein Anteil gehalten wird. Von solchen Fonds ist in der Regel abzuraten.

Sachwert – Aktien, Aktienfondsanteile und Immobilien sind Sachwerte, die normalerweise durch Geldentwertung nicht an Wert einbüßen (ihr Wert steigt parallel zur Inflation), während festverzinsliche Wertpapiere und Rentenfondsanteile, Sparguthaben, Festgelder und Bargeld durch Inflation an Wert verlieren.

Sekundärmarkt – Der Markt, auf dem bereits umlaufende Wertpapiere (zum Beispiel Aktien, festverzinsliche Wertpapiere, Indexzertifikate) gehandelt werden. Der Sekundärmarkt ist abzugrenzen vom *Primärmarkt* (dem Markt der neu emittierten Wertpapiere). Ein gegebenes Wertpapier wird im Augenblick der Emission zunächst auf dem Primärmarkt gehandelt und danach bei Bedarf – mehr oder weniger einfach – auf dem Sekundärmarkt (in der Regel über Börse, Banken oder Broker) von einem Anleger zum nächsten weiterveräußert. Für konventionelle Investmentfondsanteile existiert im engeren Sinne kein Sekundärmarkt, da sie von den Anlegern direkt an die Fondsgesellschaft zurückgegeben (zurückverkauft) werden.

Shareholder-Value – Der Vermögenswert (*Value*), den ein Aktionär (*Shareholder*) einer Aktiengesellschaft besitzt; besteht aus dem (Kurs-)Wert der entsprechenden Aktie multipliziert mit der Summe der gehaltenen Anteile zuzüglich der Dividenden, die er im Zeitablauf erhält. Eine auf Shareholder-Value angelegte Unternehmenspolitik versucht im Interesse der Anteilseigner, den Shareholder-Value (und damit den Marktwert des Gesamtunternehmens) zu maximieren.

Sharpe-Ratio – Eine Kennzahl, die – in ihrer einfachsten Form – die Rendite eines Fonds (oder eines sonstigen Portfolios) dividiert durch seine Standardabweichung (Maßzahl für Risiko, Volatilität, Wertschwankungen) misst. Das Sharpe-Ratio ist somit eine risikoadjustierte Renditekennzahl, die die Rendite pro einem Prozent

Standardabweichung ausdrückt. Mit ihrer Hilfe lassen sich die Renditen von Fonds, die unterschiedliche Risiken aufweisen, vergleichen. Das Sharpe-Ratio ist somit ein besserer Vergleichsmaßstab zwischen Fonds als die Rendite oder die Standardabweichung (Volatilität) alleine.

SICAV – Die SICAV ist eine besonders in Frankreich und in Luxemburg gebräuchliche Form einer Aktiengesellschaft. Eine solche Gesellschaft verfügt über Gesellschaftsorgane sowie über ein Mindestkapital, das tatsächliche Kapital der Gesellschaft variiert jedoch. Es entspricht jederzeit dem Wert des Nettovermögens aller Teilfonds der Gesellschaft und wird durch Anteile ohne Angabe eines Nominalwertes dargestellt. Im Unterschied zu einer Aktiengesellschaft im klassischen Sinn ist der Zweck der SICAV auf die Anlage des Gesellschaftskapitals in Wertpapieren nach dem Grundsatz der Risikostreuung beschränkt – ähnlich wie es das KAGG (Gesetz über Kapitalanlagegesellschaften) für deutsche Investmentgesellschaften vorschreibt.

Small Caps – *Small capitalization*; englische Bezeichnung für Unternehmen mit kleiner Marktkapitalisierung (in Deutschland zum Beispiel die meisten AGs des → Neuen Marktes).

Solidaritätszuschlag – Seit Anfang 1998 wird auf Einkünfte ein zusätzlicher Solidaritätszuschlag von 5,5 % der entsprechenden Steuerart erhoben. Bei Investmentfonds sind davon die zinsabschlagsteuerpflichtigen Anteile der Ausschüttung/Thesaurierung betroffen. Die Zinsabschlagssteuer erhöht sich entsprechend von 30 % auf 31,65 %.

Sparerfreibetrag – Das Einkommenssteuergesetz gewährt jeder natürlichen Person einen jährlichen Sparerfreibetrag (also eine Befreiung von der Einkommenssteuer) in Höhe von 3 000 DM (Ehepaare 6 000 DM) zzgl. einer Werbungskostenpauschale von 100 DM pro Person. Das heißt, Einkünfte aus Zinsen, Dividenden und Kursgewinnen (sofern innerhalb der Spekulationsfrist von zwölf Monaten realisiert) brauchen bis zu dieser Höhe nicht versteuert zu werden.

Sparplan – Regelmäßige Einzahlung eines bestimmten Anlagebetrages zum Kauf von Investmentanteilen. Der Kauf von Fondsanteilen über einen Sparplan bietet neben dem Vorteil des → Cost-Averaging auch die Möglichkeit, Höhe und Dauer der Einzahlungen flexibel zu gestalten. Bei Sparplänen entfällt für den Anleger zudem die Schwierigkeit, den idealen Anlagezeitpunkt zu finden (siehe auch → Market-Timing).

Spekulationsfrist – Je nach Anlageform sind Kursgewinne unter deutschem Steuerrecht nach einer gewissen Frist steuerfrei. Bei Immobilien beträgt diese Frist 10 Jahre, bei einzelnen Aktien sowie Aktien-, Renten- und Immobilienfonds ein Jahr, bei Investmentfonds (gleich welcher Art) entfällt eine Wartefrist, auch wenn die ursprüngliche Quelle von Kurssteigerungen in Dividenden oder Zinserträgen lag. Ausschüttungen von Investmentfonds sind allerdings stets steuerpflichtig. Siehe auch → Sparerfreibetrag.

Spread-Risiko – Bei Indexzertifikaten: Gefahr, dass sich die Geld-/Briefspanne unerwartet ausweitet. Für Käufer bedeutet eine solche Ausweitung eine Erhöhung des effektiven Kaufpreises, für Verkäufer eine Senkung des effektiven Verkaufspreises.

Standardabweichung – Eine statistische Maßzahl für Risiko oder Volatilität (Wertschwankungen, Risiko), genauer formuliert: für die Häufigkeit und Intensität von Wertschwankungen. Beispiel: Die Jahresrendite eines Portfolios besitzt eine Standardabweichung von 12 % (korrekter: 12 Prozentpunkten). Das bedeutet: (a) Im Durchschnitt schwankt die Jahresrendite um ±12 Prozentpunkte um die langfristige Durchschnittsrendite; (b) in zwei Drittel aller Jahre wird die tatsächliche Rendite zu keinem Zeitpunkt mehr als 12 Prozentpunkte vom langjährigen Durchschnitt abweichen. Die *Varianz* ist eine der Standardabweichung sehr ähnliche statistische Maßzahl, bei der allerdings ein bestimmter Rechenschritt (die Quadrierung der Abweichungen von der Durchschnittsrendite) nicht vorgenommen wird. Die Varianz ist weniger gebräuchlich als die Standardabweichung.

Steueränderungsrisiko – siehe → Besteuerungsrisiko

Steuerbescheinigung – Anleger in deutschen Investmentfonds erhalten von ihrer depotführenden Stelle in der Regel einmal jährlich eine Steuerbescheinigung, aus der der zinsabschlagsteuerpflichtige Anteil der Erträge, der inländische Dividendenanteil sowie gegebenenfalls einbehaltene Zinsabschlagsteuern, Solidaritätszuschläge, Körperschaftsteuerguthaben und ausländische Quellensteuern hervorgehen.

Steueroptimierte Anlagen – Anlagen, die mit bestimmten Methoden und Instrumenten versuchen, steuerpflichtige Erträge (zum Beispiel Zinsen) in steuerfreie Erträge (zum Beispiel Kursgewinne) umzuwandeln, um für den Anleger eine höhere Nachsteuerrendite (auf die es schließlich ankommt) zu erwirtschaften. Solche Fonds kommen daher speziell für Anleger mit dem höchsten persönlichen Grenzsteuersatz (der Einkommensteuer) in Frage.

Steuerpflichtiger Ertragsanteil – Bezeichnet den Teil des gesamten Wertzuwachses eines Fonds, der aus Zinsen, Dividenden und Mieteinnahmen (im Unterschied zu realisierten und nicht realisierten Kursgewinnen) stammt. Der steuerpflichtige Ertragsanteil ist bei Aktienfonds am geringsten und bei klassischen Rentenfonds am höchsten.

Stock-Picking – In der einfachsten Form der Kauf einzelner Aktien (bzw. Wertpapiere im Allgemeinen), die vermeintlich unterbewertet sind, mit dem Ziel, diese Aktien wieder zu verkaufen, sobald der Markt die Unterbewertung korrigiert hat. Wenn Stock-Picking funktionierte, könnte der Anleger systematisch Überrenditen erzielen. Stock-Picking ist im Wesentlichen identisch mit Fonds-Picking.

Style drift – Dt.: »Stilverschiebung«. Der Begriff bezeichnet die Abweichung im tatsächlichen Anlageverhalten vieler aktiv gemanagter Fonds von ihrer publizierten Anlagestrategie. Dadurch kann sich eine unerwünschte Änderung des Rendite-Risiko-Profils eines Fonds ergeben, die der Fondsanleger u. U. nicht bemerkt. Style drift erschwert Portfoliomanagement auf dem Basis des überlegenen → Asset-Klassen-Konzeptes für private Anleger enorm.

Survivorship bias – Dt.: »Ungleichgewicht zugunsten der Überlebenden«. Sämtliche Fondsgesellschaften liquidieren erfolglose Fonds nach einer bestimmten Zeit. Dies führt dazu, dass die kollektive Performance der Gruppe der aktiv gemanagten Fonds als Ganze besser ausgewiesen wird als in Wirklichkeit gerechtfertigt, da die »Pleitefonds« laufend aus der Kalkulation herausfallen. Der Survivorship bias verbessert die durchschnittliche Jahresrendite aller aktiv gemanagten Fonds in der Statistik um einen bis zwei Prozentpunkte, je nach Fondssegment und betrachteter Zeitperiode. Wenn man ihn in jeder Vergleichsstudie berücksichtigen würde, dann lägen noch mehr aktiv gemanagte Fonds unter dem Index, als dies ohnehin der Fall ist.

Technische Analyse – Eine umstrittene Methode der Aktienkursprognose, die sich lediglich auf die nicht wissenschaftlich hergeleitete Interpretation des graphisch sichtbar gemachten Aktienkursverlaufes (Charts) in der jüngeren Vergangenheit stützt. Die technische Analyse verzichtet völlig auf die Berücksichtigung von Unternehmensdaten (Gewinn, Cash Flow etc.) wie auch volkswirtschaftlicher Daten. Das Funktionieren dieser Anlagestrategie (Erzielung von risikoadjustierten Überrenditen) ist wissenschaftlich nicht nachweisbar.

Themenzertifikat – Indexzertifikat, das in eine bestimmte Branche oder in ein von der Emissionsbank relativ eng definiertes Aktiensegment investiert (z. B. deutsche Internet-Akien). Diese Zertifikate haben zumeist höhere Kosten als einfache (→ Plain-Vanilla-) Zertifikate. Von einem Kauf von Themenzertifikaten raten wir ab.

Thesaurierender Fonds – Fonds, der die liquiden Erträge seiner Wertpapiere nicht ausschüttet, sondern sofort wieder intern investiert. (Die Besteuerung dieser Erträge ist unabhängig davon, ob sie ausgeschüttet werden oder nicht.) Siehe auch → ausschüttender Fonds.

Total Expense Ratio (TER) – Gesamtkostenquote eines Fonds. Umfasst alle laufenden Kosten eines Fonds (mit Ausnahme der Wertpapierhandelskosten), die seine Bruttorendite senken, z. B. die Verwaltungsgebühr, die Kosten für Fondsmanagement und -research sowie die Depotbankgebühr. Diese Kosten werden ins Verhältnis gesetzt zum Fondsvolumen an einem bestimmten Stichtag (Net Asset Value). Nicht berücksichtigt sind hierbei einmalige Kosten wie z. B. der Ausgabeaufschlag, ein eventueller Rückgabeabschlag sowie die (laufenden) persönlichen Depotkosten des Anlegers. Das TER ist die wichtigste Kostengröße für die Beurteilung eines Fonds.

Tracking error – Beschreibt das Ausmaß, mit dem die Rendite eines

Indexfonds gegenüber dem Index zurückbleibt. Da ein Indexfonds im Unterschied zum Index selbst stets Performance-reduzierende Kosten (Transaktionskosten) verkraften muss, ist bei einem echten Indexfonds immer ein Tracking error vorhanden. So genannte Indexfonds, die etwas über dem Index liegen, beweisen damit zumeist, dass sie keine vollkommen echten Indexfonds sind. Die besten Indexfonds weisen aufgrund ihrer niedrigen Transaktionskosten Tracking errors von 0,25 Prozentpunkten und darunter auf. Der Durchschnitt liegt in der Größenordnung von 0,5 % Prozentpunkten.

Trading – Das tendenziell kurzfristig orientierte Kaufen und Verkaufen von Wertpapieren (oder Fondsanteilen) mit dem Ziel der Realisierung von Kursgewinnen. Unzählige Studien haben gezeigt, dass bei objektiver Messung lediglich eine fast vernachlässigenswert kleine Minderheit von Privatanlegern hierbei Überrenditen erzielt.

Transaktionskosten – Sämtliche Kosten, die mit dem Kaufen, Halten und Verkaufen von Wertpapieren einhergehen (Geld-/Briefspanne, Courtagen, Spesen, Provisionen, Ausgabeaufschläge, Verwaltungsgebühren, Spekulationssteuer – etc.). Häufig wird dieser Begriff auch enger gefasst und lediglich auf die Kosten, die *unmittelbar* mit dem Kauf und Verkauf von Wertpapieren entstehen, eingegrenzt (also exklusive Steuern, Verwaltungsgebühren etc.).

Überrendite (Outperformance) – Eine Überrendite (engl.: *excess return*) liegt vor, wenn ein Einzelinvestment während einer bestimmten Periode eine höhere Rendite erzielt als die durchschnittliche Rendite der betreffenden Asset-Klasse in dieser Periode. Nach der → Modernen Portfoliotheorie können dauerhafte Überrenditen nur bei Inkaufnahme eines höheren Risikos erzielt werden; umgekehrt lassen sich bei gleichem Risiko langfristig keine Überrenditen erzielen.

Umschlagshäufigkeit – Engl.: *turnover.* Begriff, der die durchschnittliche Haltedauer der von einem Fonds gehaltenen Wertpapiere bezogen auf ein Jahr beschreibt. Eine Umschlagshäufigkeit von 0,9 oder 90 % sagt z. B. aus, dass ein Aktienfonds eine einzelne Aktie durchschnittlich 90 % eines Jahres (also 329 Tage) hält. Je höher die Umschlagshäufigkeit, desto höher auch die renditebelastenden Transaktionskosten des Fonds. Die Umschlagshäufigkeiten deutscher Investmentfonds sind in den letzten 20 Jahren kontinuierlich gestiegen.

Underlying – Der einem Derivat (einem abgeleiteten Wertpapier) zugrunde liegende (*underlying*) Vermögenswert; auch *Basiswert* genannt. Zum Beispiel hat eine Call-Option (Derivat) auf eine Siemens-Aktie Letztere als Underlying (Basisobjekt).

Value-Aktie – Eine Aktie mit einem niedrigen Kurs-/Gewinn- bzw. Kurs-/Buchwertverhältnis – also eine »billige« Aktie. Diese Aktien weisen oft einen vergleichsweise hohen gegenwärtigen Gewinn (bzw. eine hohe Eigenkapitalrendite) und überwiegend auch eine hohe Dividendenrendite auf. Es wird ihnen jedoch nur geringes Gewinnwachstum attestiert. Im Unterschied zu einer verbreiteten These besitzen Value-Aktien statistisch ein höheres Risiko als ihr Gegenteil, die sogenannten → Growth-Aktien. Im langfristigen historischen Vergleich haben sich Value-Aktien besser entwickelt als Growth-Aktien; allerdings war es in der zweiten Hälfte der neunziger Jahre umgekehrt.

Vergleichsindex – siehe → Benchmark.

Verkaufsprospekt – Das deutsche Investmentrecht schreibt vor, dass vor dem Kaufabschluss über Investmentanteile ein Verkaufsprospekt mit den Vertragsbedingungen des Investmentfonds ausgehändigt werden muss. Der Inhalt des Verkaufsprospekts ist durch das Gesetz über Kapitalanlagegesellschaften (KAGG) genau festgelegt. Er enthält alle Angaben, die für die Beurteilung einer Anlage in Investmentfonds von wesentlicher Bedeutung sind. Auch die Medien, in denen die Anteilspreisveröffentlichung erfolgt, sind darin festgehalten.

Vermögenswirksame Leistungen (5. Vermögensbildungsgesetz) – Staatlich gefördertes Hilfsprogramm zur Vermögensbildung. Der Arbeitgeber überweist im Auftrag des Arbeitnehmers die vermögenswirksamen Leistungen, die bis zu einem Höchstbetrag von 1 872 DM (=12 × 2 × 78) pro Jahr gefördert werden und z. B. in einem Investmentfonds anlegbar sind (hälftig vom Arbeitgeber und vom Arbeitnehmer zu zahlen). Voraussetzung für eine staatliche Förderung ist eine sechs- bzw. siebenjährige Anlagedauer, je nach

Anlageform. Die staatliche Förderung erfolgt durch die Arbeitnehmer-Sparzulage. Sie beträgt für Beteiligungen im Produktivvermögen (insbesondere also Aktienfonds) 20 % (160 DM jährlich), für Arbeitnehmer mit Hauptwohnsitz in den neuen Bundesländern 25 % (200 DM jährlich). Die staatliche Förderung ist jedoch abhängig vom zu versteuernden Einkommen des Arbeitnehmers. Die Grenze liegt bei 35 000 DM für Alleinstehende und 70 000 DM für Ehepaare.

Vertragsbedingungen – Bevor eine Investmentgesellschaft Anteile eines Fonds ausgeben darf, müssen die Vertragsbedingungen eines Fonds vom Bundesaufsichtsamt für das Kreditwesen genehmigt werden. Die Vertragsbedingungen regeln das Rechtsverhältnis zwischen Anleger und Fondsgesellschaft (KAG).

Vertriebszulassung – Bevor ausländische Fondsanteile in Deutschland öffentlich zum Vertrieb angeboten werden können, muss die Investmentgesellschaft das Anzeigeverfahren für den öffentlichen Vertrieb beim Bundesaufsichtsamt für das Kreditwesen ordnungsgemäß durchlaufen haben. Nicht zugelassene Fonds werde massiv steuerlich benachteiligt.

Verwaltungsgebühr – Auch Managementgebühr oder engl. *Management fee* genannt; jährlich vereinnahmte Grundgebühr (als Prozentsatz des vom einzelnen Anleger in den Fonds investierten Anlagevolumens) der Kapitalanlagegesellschaft für die Verwaltung. Liegt im Allgemeinen zwischen 0,5 % und 2,5 % p. a., bei Emerging-Market-Fonds oft auch höher. Die Gebühr wird direkt aus dem Fondsvermögen entnommen, sodass sie scheinbar weniger »schmerzt«, da der Fondsanleger sie nicht gesondert zu bezahlen hat.

Volatilität – Volatilität bezeichnet die Schwankung von Renditen um ihren langfristigen Durchschnitt herum. Sie drückt damit den Risikogehalt einer Kapitalanlage aus. Je stärker Renditen schwanken, desto volatiler, d. h. risikoreicher sind sie. Volatilität wird zumeist in Form der statistischen Kennzahl → Standardabweichung gemessen.

Wechselkursrisiko – Negative Wertschwankungen, verursacht durch Änderungen von Wechselkursen. Beispiel: Japanische Aktien bzw.

Aktienfonds werden in Yen notiert. Wenn der Yen relativ zum Euro fällt, erleidet ein deutscher Besitzer eines solchen Investments (bei unverändertem Yen-Preis) einen Verlust, da es nunmehr weniger Euro wert ist. Das Währungsrisiko wird manchmal (wie das → Marktpreisrisiko) auch als Kursrisiko bezeichnet. Teilweise betreiben Fonds eine Absicherungsstrategie gegen Währungsrisiken.

Weltportfolio – Eine in diesem Buch verwendete Bezeichnung für ein Aktienportfolio, das mehrere breit anlegende Investmentfonds enthält, die die sechs wichtigsten regionalen → Asset-Klassen repräsentieren: Aktien Nordamerika, Aktien Westeuropa, Aktien Japan + Ozeanien, Aktien Ost- und Südostasien (ohne Japan), Aktien Osteuropa, Aktien Lateinamerika. Die Gewichtung der sechs Asset-Klassen entspricht etwa den volkswirtschaftlichen Größenverhältnissen dieser Regionen (gemessen anhand des Bruttoinlandsprodukts) mit einer leichten Übergewichtung zugunsten Westeuropas. Zusammen mit der → risikofreien Anlage ergibt das Weltportfolio ein spezifisches Anlegerportfolio, dessen gesamter Risikograd über das Größenverhältnis zwischen risikofreier Anlage und Weltportfolio gesteuert wird, nicht jedoch über die Struktur des Weltportfolios selbst.

Wiederanlagerabatt – Investmentgesellschaften gewähren entweder einen vollständigen oder reduzierten Rabatt auf den Ausgabeaufschlag, wenn Anleger den Ausschüttungsbetrag innerhalb einer bestimmten Frist in demselben Fonds wieder anlegen wollen (besonders häufig bei Fondssparplänen). Die Höhe des Wiederanlagerabatts wird auch mit der Ausschüttungsbekanntmachung veröffentlicht.

Zertifikat – Siehe Anteilschein (eines Investmentfonds); nicht zu verwechseln mit dem Begriff → Indexzertifikat.

Zinsabschlagsteuer – Auf den zinsabschlagsteuerpflichtigen Anteil der eingenommenen Ausschüttungen (überwiegend sind dies Zinseinkünfte oder Erträge aus Vermietung und Verpachtung) sind 30 Prozent Zinsabschlagsteuern abzuführen. Bei Thesaurierung werden generell 30 Prozent des zinsabschlagsteuerpflichtigen Teils der thesaurierten Erträge einbehalten. In allen genannten Fällen wird zusätzlich ein Solidaritätszuschlag in Höhe von 5,5 % der Zinsabschlagsteuer erhoben. Im Wege eines → Freistellungsauftrags bzw. einer Nichtveranlagungsbescheinigung kann eine Freistellung von dieser Vorabsteuerzahlung erreicht werden.

Zinseszinseffekt – Wieder angelegte Ausschüttungen eines Investmentfonds erhöhen den Anlagebetrag und damit den Zinserlös. So ergibt sich ein größerer Wertzuwachs des eingesetzten Kapitals im Vergleich zur regelmäßigen Entnahme der Erträge.

Zinsstrukturkurve – Bezeichnet das Zinssatzgefüge zwischen kurz-, mittel- und langfristigen Zinsen, also zum Beispiel zwischen Zinssätzen mit eintägiger Zinsbindung (Tagesgeld) und Zinssätzen mit 30-jähriger Zinsbindung. Üblicherweise steigen die Sätze mit der Dauer der Zinsbindung mehr oder weniger kontinuierlich an (normale Zinsstruktur). In bestimmten historischen Perioden verläuft das Gefälle jedoch umgekehrt (inverse Zinsstruktur). Dann sind die kurzfristigen Geldmarktzinsen höher als die mittel- oder langfristigen Kapitalmarktzinsen.

Zwischengewinnbesteuerung – Die bei Verkauf von Anteilscheinen zwischen zwei Ausschüttungs-/Thesaurierungsterminen aufgelaufenen Zinserträge sind einkommensteuerpflichtig. Beim Fondskauf im Anteilpreis gezahlte Zwischengewinne können als negative Einnahmen von den bei Anteilsrückgabe zu versteuernden Zwischengewinnen bzw. von sonstigen Erträgen des gleichen Kalenderjahres abgezogen werden. Somit ist die effektive Besteuerung des Zwischengewinns für den Käufer des Fondsanteils gleich Null.

Anmerkungen

1 Alle in diesem Buch verwendeten Fachbegriffe werden im Glossar erläutert.
2 Dieser Index besteht aus 23 unterschiedlich gewichteten Kriterien, die sich auf die Beschaffenheit von »Institutionen« beziehen, die ökonomische Freiheit oder Unfreiheit bewirken. Zu diesen Institutionen zählen: Schutz von Eigentumsrechten, Steuerquote, Staatsquote, Vertragsfreiheit im Arbeitsmarkt, Subventionsvolumen, Genehmigungs- und Lizensierungsbarrieren, Devisen- und Kapitalverkehrskontrollen und vieles anderes mehr.
3 Nach einer Definition der Weltbank sind Schwellenländer (Emerging market countries) gekennzeichnet durch ein monatliches Pro-Kopf-Einkommen zwischen etwa 250 und 950 US-Dollar (brutto).
4 Die Rechnung ist natürlich zu schön, um wahr zu sein: Ihre Familie hätte zwischenzeitlich einen erklecklichen Teil der gut 12 Millionen Dollar in Form von Erbschaftssteuern an den Fiskus abführen müssen. Und die 100 Dollar von damals entsprächen einer heutigen Kaufkraft von etwa 5000 Dollar.
5 Der Begriff der Rendite umfasst stets Dividenden *und* Kursgewinne.
6 Näheres zu dieser Methode beim BVI, Frankfurt/Main, Tel. 069-154090-0 oder im Internet über www.bvi.de (Stichwort »Wertentwicklung« in der Rubrik »Investment-ABC« anklicken).
7 Einer, der es wissen muss, sagt über Kursprognosen: »Der einzige Nutzen von Aktienkursprognostikern besteht darin, Wahrsager gut aussehen zu lassen« (Warren Buffet, Anleger und Milliardär).
8 Wer sich für die komplexe finanzmathematische Darlegung interessiert, sei auf Brealey/Myers, Seite 169 ff., verwiesen.
9 Leider kursieren für diese drei Risikotypen unter Fachleuten eine Unmenge unterschiedlicher Bezeichnungen. Wundern Sie sich daher nicht, wenn Sie anderswo andere lesen.
10 Erläuterungen zu den hier zu verwendeten Bezeichnungen »Blue Chips«, »Mid Caps« etc. finden sich im Glossar.
11 »Unsere ganze Forschung wie auch die Erfahrung zeigen, dass die meisten

Finanzmärkte tatsächlich hochgradig effizient sind. Die vorhandene Beweislage – manche würden sagen: brutale Beweislage – ist so überwältigend, dass Widerlegungsversuche inzwischen aussichtslos erscheinen.« (John Bogle, »History of Index Funds«, Download über www.vanguard.com).

12 Mathematisch bewanderte Leser werden erkennen, dass diese Formulierung nur korrekt ist, wenn man von einer völlig symmetrischen Verteilung der Renditen um ihren Zentralwert (Median) ausgeht. Diese Annahme – das haben viele Untersuchungen gezeigt – trifft jedoch für fast alle Wertpapiermärkte zu. Ursächlich dafür ist vor allem die große Zahl von Anlegern verbunden mit der Effizienz der Märkte.

13 Die renommierte Zeitschrift *Economist* stellt in diesem Zusammenhang Folgendes fest: Hätte ein Anleger im Jahr 1900 einmalig einen einzelnen US-Dollar angelegt und am Ende des Jahres dieses Investment in die im Folgejahr jeweils weltweit rentierlichste Asset-Klasse (Aktien, Edelmetalle, Bonds, Immobilien oder Kunstgegenstände) investiert, wäre dieser eine Dollar Ende 1999 auf die ganz und gar unvorstellbare Summe von rund 1 300 Billionen Dollar (1 300 000 Milliarden) angewachsen, und das nach Berücksichtigung von 1 % Trading-Kosten und einer jährlichen Steuerquote von 25 %. Das wäre 15 000-mal mehr als das Vermögen von Bill Gates zu diesem Zeitpunkt und entspräche einer auf den ersten Blick gar nicht so hohen Netto-Nachsteuerrendite von 35,3 % p. a. Hätte dieser Anleger mit dem märchenhaften Prognosevermögen nun stattdessen das getan, was die meisten Anleger tatsächlich tun, nämlich sein Vermögen jedes Jahr in die Asset-Klasse umgeschichtet, die *im Vorjahr* die (weltweit) rentierlichste war, dann hätte er nach diesen 100 Jahren mickrige 290 Dollar (nach Abzug der gleichen Transaktionskosten- und Steuersätze) sein Eigen nennen können. Eine Jahresrendite von 5,8 % und damit weniger als die durchschnittliche Inflationsrate in diesem Zeitraum. Fast exakt genauso viel hätte eine »antizyklische« Anlagestrategie erbracht, bei der man jedes Jahr in diejenige Asset-Klasse investiert hätte, die im Vorjahr die *schlechteste* Performance aufwies (*The Economist*, 18. 12. 1999 und 12. 2. 2000).

14 Wenn man bedenkt, dass rund 195 Staaten existieren, erscheint die Zahl 50 noch gering, doch schließt sie die bevölkerungsreichsten Länder der Erde (China, Indien, USA, Russland, Indonesien etc.) ein.

15 An anderer Stelle schreibt Lynch über Rentenfonds sarkastisch: »Es ist ziemlich sinnlos, Yo-Yo Ma [einer der weltbesten Cellisten; d. A.] dafür zu bezahlen, das Radio anzustellen.« (Peter Lynch, Beating the Street, 1993, S. 58.)

16 Ohne den zweifellosen Nutzen des Internets in Abrede stellen zu wollen,

fühlt man sich doch zuweilen an die berühmte Stelle in Shakespeares *Macbeth* erinnert: »Eine Geschichte voller Lärm und Aufregung, erzählt von einem Idioten, und ohne jede Bedeutung.«

17 So verlieh etwa die Zeitschrift *Finanzen* im Februar 2000 dem Japaner Masato Kawada für die 1999er Performance seiner drei japanischen Aktienfonds den stolzen Titel eines »Finanzen-Fondsmanager des Jahres«. Ein halbes Jahr später befanden sich die drei Fonds für die Periode von Januar bis Juli 2000 im untersten Fünftel aller in Deutschland zugelassenen Japan-Fonds.

18 Die vom Autor mitentwickelte Website www.indexinvestments.de enthält weitere Informationen zu Indexanlagen und ein relativ umfassendes Produktverzeichnis.

19 In der umfangreichsten und anspruchsvollsten Studie zur Langfrist-Performance von Investmentfonds, die jemals durchgeführt wurde, untersuchte der amerikanische Finanzökonom Mark Carhard die Performance von 1 892 aktiv gemanagten amerikanischen Investmentfonds über die Periode von 1961 bis 1995. In dieser Studie lagen knapp über 91 % aller aktiv gemanagten Fonds unter ihrer Benchmark.

20 Griechenland kann aufgrund seiner geringen volkswirtschaftlichen Größe für diese Zwecke vernachlässigt werden. (Griechische Leser mögen uns diese rein technokratische Einstufung nachsehen).

21 Jonathan Clements beschreibt in seinem gelungenen Buch »*25 Myths You've Got to Avoid If You Wankt to Manage Your Money Right*« unter anderem die folgenden Grundirrtümer, die Anleger unbedingt vermeiden sollten: (1) Zu glauben, man könne den Markt schlagen; (2) zu glauben, man könne den nächsten »Überflieger-Investmentfonds« finden; (3) zu glauben, Indexfonds seien garantierte Mittelmäßigkeit; (4) zu glauben, Immobilien seien eine gute Vermögensanlage; (5) zu glauben, Kapitallebensversicherungen seien notwendig zur Alterssicherung; (6) zu glauben, man müsse sich gegen jedes Risiko mit einer Versicherung schützen; (7) zu glauben, wenn man einen Vermögensberater habe, könne nichts »schiefgehen«.

22 Malkiel nennt einige der entsprechenden Studien, S. 187 ff. Das Buch von Kommer zu Indexfonds enthält ebenfalls ein Kapitel über aktive Anlagestrategien (darunter Market-Timing), die – bei methodisch korrekter Analyse – alle an dem Ziel scheitern, eine Überrendite zu produzieren.

23 Es gibt auch *scheinbar* kostenlose Risikoabsicherungen (wie z. B. Devisentermingeschäfte), die für sich genommen keine in Geld zu bezahlende Aufwendungen verursachen. Doch auch bei dieser Art der Risikoabsicherung entstehen ökonomische Kosten, die hier im Verlust der Chance auf Kursgewinne bestehen.

Register

Lesen bildet Meinung.
Mit uns garantiert.
Frankfurter Rundschau
Unabhängige Tageszeitung
Die Zeitung zwei Wochen zum Nulltarif.
☎ 08 00/8 666 8 66